JN232730

三輪 伸春
Miwa Nobuharu

シェイクスピアの文法と語彙

英語史で読むシェイクスピア

松柏社

目　次

序論　　シェイクスピアの英語を研究する……………………………… *1*

第一部　文　法

第1章　動名詞―名詞から動詞へ―……………………………… *25*
第2章　不定詞―「態」の区別の誕生―………………………… *58*
第3章　進行形―どの程度発達していたのか―………………… *86*
第4章　関係代名詞 who と which ―シェイクスピアとポープ―……… *104*
第5章　命令文の thee ― thee の正体―………………………… *134*
第6章　中性所有代名詞 its
　　　　―ベン・ジョンソンの *The English Grammar* ―……… *152*
　　　　附：its とベン・ジョンソンの *The English Grammar* …… *168*
第7章　中性所有代名詞 its の変遷
　　　　―エリザベス女王訳『哲学の慰め』にみる―…………… *176*
第8章　一致(呼応)の問題……………………………………… *194*

第二部　語　彙

第9章　シェイクスピアの catched と caught ―違いはあるのか―… *241*
第10章　色彩語 grey の意味領域―構造的意味論への試み―………… *250*
第11章　carry の意味, 用法―基本語彙の意味, 用法研究の方法―…… *270*
第12章　品詞転換(機能転換)……………………………………… *285*
第13章　強意語―その特質―……………………………………… *320*

i

第14章　go と walk の意味変化―基本語彙の意味変化研究の視点― … *360*
第15章　キャクストンの同義語反復構文 ………………………… *393*

あとがき ……………………………………………………………… *417*
参考文献 ……………………………………………………………… *423*
索　引 ………………………………………………………………… *431*
執筆者一覧 …………………………………………………………… *433*

序論：シェイクスピアの英語を研究する

第一節　シェイクスピアの英語とは

　古期英語（OE）にはほぼ純粋なゲルマン語であった英語は，1066年のノルマン・コンクェスト以降，中期英語（ME），近代英語（Early Mod.E.）を経て現代までも続く，長く大きいラテン語・フランス語の影響により，ゲルマン語的言語からロマンス語的言語へと性格を大きく変えた。[1]

　古いゲルマン語的英語から新しいロマンス語的英語へ転換する正にその交叉点にシェイクスピアは位置する，ということは常に念頭におかなければならない。即ち，シェイクスピアの英語は，古期英語・中期英語から近代英語へと転換する過渡期に位置づけられる。このことは下図のように表すことができるであろう。

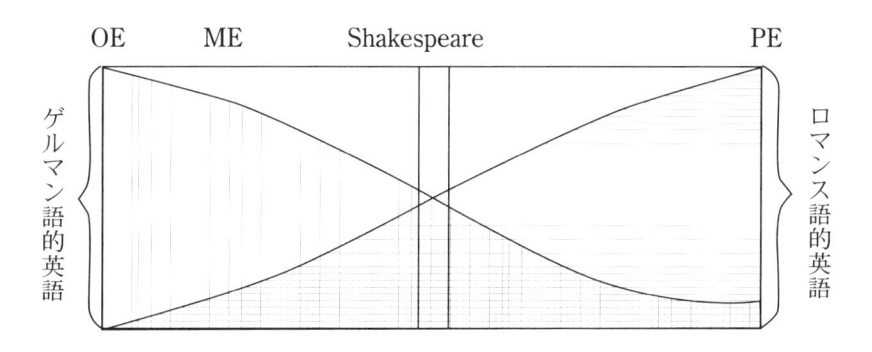

```
    OE    ME      Shakespeare           PE
ゲ                                          ロ
ル                                          マ
マ                                          ン
ン                                          語
語                                          的
的                                          英
英                                          語
語
```

　英語がゲルマン語からロマンス語へとその性格を大きく転換する，正にその決定的瞬間にシェイクスピアは登場し，ロマンス語の影響を大きく受けた近代・現代英語の確立にはかりしれない貢献をした。シェイクスピアは，ゲルマン語的性質を残した古い英語を左手に，ロマンス語的特質を取り入れた新しい英語を右手に持って，新旧の英語を臨機応変に自由自在

1

に活用しながら，英語が近代語として確立するのに限りない貢献をした。シェイクスピアの英語は，近代英語誕生の壮大にして華麗な実験室であったと考えることができる。[2] このことは，形態とシンタックス，即ち，いわゆる文法についてもいえるし，語彙，意味，発音についてもいえる。本書で論じている，関係代名詞の用法の確立，現在進行形の発生，itsの発生と確立，動名詞の動詞的機能の確立，不定詞の「態」の区別の発生などの文法現象についていえる。同時に多数の新語の創造，様々な外国語からの借用語の導入，本来語ばかりでなく外国語をも取り入れた新しい派生語の創造といった語彙の面，従来からある語に新しい意味を付加するといった意味の面に関しても，シェイクスピアが近代英語・現代英語の確立に果たした役割は極めて大きい。

　本書の各章で取り上げたテーマは，文法面，語彙面を中心に，シェイクスピアにみられる言語現象はすべてシェイクスピアの英語が古いゲルマン語的英語から新しいロマンス語的英語への正に転換の瞬間，入れ替わりの交叉点に位置する，ということを常に念頭において考察した。シェイクスピアの英語をこのような視点で認識することは，筆者がシェイクスピアの英語を研究するうちに自ずと導き出された結論である。発音についてはすでに拙著『英語史への試み』(1988, こびあん書房)で論じたので本書では取り上げてないが，同じ観点で考えることができる。

　本節は本書全体のテーマであり、同時に結論である。本書のひとつひとつの章が横糸とすれば本節の主張は縦糸である。

第二節　レポート・論文の考え方・書き方

　本書所載の論文はすべて首尾一貫した構成で書くことを心がけた。「首尾一貫した構成」というのは，要するに，基本的に「起承（転）結」という手順に従って書くということである。

　第1に，「起」即ち「問題提起」である。シェイクスピアを読んでいて

疑問に思ったことをテーマとして設定し，各種参考文献・辞書にあたってみる。そしてなにが問題であるのかを明言する。その際の手順として，取り上げたテーマ関して現代英語における概要と問題点をまず調べ，次にシェイクスピアの英語における概要と問題点を比較すると取り組みやすい。

　第2に，「承」即ち「展開」である。疑問に思ったことを，先行研究である大小各種の注釈書・辞書・研究文献の該当個所に「労をいとわず」あたってみる。それぞれの辞書・研究書・研究者間にみられる見解を整理し，その結果認められる見解の相違が即ちそのテーマの問題点である。全く同じテーマ，同じ問題点に関して学者間で全く同じ解釈というのはありえないからである。先行する研究と全く同じ解釈を反復して述べるのであれば，論文・著書として出版する意味はない。従って，各研究者の論には先行研究とは違う新しい解釈・見解が必ずある。同じ疑問に対して複数の違う解釈・説明があれば，そのうちのいずれかが正しくて別の解釈・説明は間違いである。原則として，正しい答えはひとつしかないはずだからである。その点，いろいろな視点からの研究が可能な文学の鑑賞・批評とは違って，言語学としては妥当な答えはひとつしかないという姿勢で考察した。

　調査研究に「転」は必要ないので省略して，第3は，各学者間の見解の相違を頭に入れて，シェイクスピアの英語を具体的に自分で実際に調査を進める。その結果，どの学者の見解が正しいかは自ずから明らかとなる。この手順を「検討」と称している。テーマにもよるが，例えば，関係代名詞 who と which の違いを調べる場合，47作品すべてを調べるのは難しい，あるいは全部の作品を調べる必要がないのであれば，初期，中期，後期の任意の作品を取り上げる。そうするとシェイクスピアの英語には，初期，中期，後期という時間軸に沿ってひとつの言語現象が刻々と変化し，古い英語から新しい英語へと転換してゆく姿を実感できる場合が多い。なお，この時重要なのは，クォート版と4種類のフォリオ版とをまず参照することである。第4フォリオ版 (1685) 以降編纂されたシェイクスピア全集は，原則として注釈と付録の語彙集のみを参考にした。そして，テーマによって文体が同じである方が望ましければ，悲劇，喜劇，歴史劇，もしくは散

文か詩文のいずれかに限って調べる。その際の座右の銘は「神は細部に宿りたまう」である。辞書・注釈書・文法書の解説・記述の微細な文言に特に注意を払う。例えば，『リア王』に次のような一節がある。

 Regan: Thus out of season, threading dark ey'd night, (LR II. 1. 199)
 （かく，時もあろうに真夜中，闇夜に絲を通すかのように＝斉藤勇訳）

たった1行のこの一節だけでも疑問に思うことはいくつもある。問題点だけを簡潔に挙げておく。まず，ファースト・フォリオ版（1623）では，thredding（=threading）となっているが，クォート版（1608）ではthreatingとなっている。threadingとthreatingとでは明らかに単語が違う、従って意味が違う。なぜ単語が置き換えられているのか。threddingはなぜ -dd- と子音を重ねているのか。threadingの母音はなぜ -e- であったり -ea- であったりするのか。ここには，「大母音推移（Great Vowel Shift）」ばかりでなく語幹母音の長音・短音と語末の子音の綴り字法が相互に関係している。dark ey'd night は dark ey'd が night を修飾するという構文になっている。-ed は動詞の過去・過去分詞を形成する動詞語尾ではなく,「名詞または形容詞＋名詞＋ -ed」で「…を持った，…を備えた」という意味を表す派生接尾辞 -ed である。例えば, kind-hearted は「優しい心を持った」である。従って文字通りの意味は「暗い目をした夜」である。しかし，実際の意味は「闇夜に，針で糸を通すように見にくい」であって，「闇夜で見ることができない」のは「自分の目」であって「夜」ではない。この構文は「転移修飾語 (transferred epithet)」という現象（修辞法）であって，構造上は「形容詞句（dark ey'd）＋名詞（night）」で，この形容詞句は表面上すぐ次の名詞を修飾しているようにみえるが，実は，別の名詞を修飾しているのである。日本語でも「安い店」「うまい店」という表現で，「安い」「うまい」のは「店」そのものではなくて「その店で売られている料理」である。次に, dark が「闇夜」と解釈されているのは「暗い」ではなく「漆黒の」だからである。ここには, 英語の dark, black と日本語の「暗い」「黒い」とは1対1の対応ではなくて，意味領域がずれていることが考えられる。

日本語と英語の色彩語は、「青 =blue」「黒 =black」「赤 =red」等々、という1対1の対応をしていないのである。一般的に、言語と言語との間には1対1で対応する単語はないと言っていい。例えば、英語の dog と日本語の「犬」は同じではない。[3]

シェイクスピアには接尾辞 -eyed を持つ語が 16 種類ある（sad-eyed, fire-eyed, blue-eyed, young-eyed, thick-eyed, dark-eyed, evil-eyed, wall-eyed, dull-eyed, green-eyed, open-eyed, onion-eyed, sour-eyed, hollow-eyed, grey-eyed, dizzy-eyed)。その中の一例として blue ey'd (=blue eyed) を取り上げて辞書、注釈書にあたってみると、与えられた説明は同じではない。OED（以下すべて第 2 版）では、blue eye と blue-eyed とは別の見出し語であって、定義が異なる。

> blue eye
> †a. = BLACK EYE 2. (cf. BLUE a. 3). †b. A blueness or dark circle round the eye, from weeping or other cause. c. An eye of which the iris is blue.
> (OED, blue eye)
>
> blue-eyed
> a. [See BLUE EYE] 1.a. Having a blue eyes (now in sense c)
>   1610 SHAKS. Temp.1.ii.269 This blue ey'd hag,….
> (OED, blue-eyed)

一方、OED のシェイクスピアに関する部分だけを抜粋して編纂されたアニアンズ（C.T.Onions）の *A Shakespeare Glossary*[2] は OED とは異なった記述をしている。

> blue-eyed adj.
> (See BLUE sense 3) With dark circles around the eyes TMP 1.2.269 The blue-ey'd hag,…
> (Onions, *A Shakespeare Glossary*[2], blue-eyed)

blue. adj.

(...) 3 With bluish black circles (caused by weeping and lack of sleep) AYL 3.2.373 a blue eye and sunken, LUC 1587.

(Onions, *A Shakespeare Glossary*[2], blue)

　第一に，OEDとアニアンズとを比べただけでも，blue eyed, blue-eyed の表記が一定しない。一般的に，シェイクスピアの合成語には多くの問題点がある。合成語として1語なのか（blue-eyed），あるいは修飾語と被修飾語からなる別の2語（blue eyed）なのか。第二には，blueの意味は辞書・注釈書により blue, black, bluish black, dark と一定しない。一体，シェイクスピア時代のblueはどのような色なのか。この種の疑問の一端を明らかにしようと試みたのが本書「第10章 greyの意味領域」である。シェイクスピアの色彩語の区分はまだまだ解明されていない。一般的に「黒（black）」と「青（blue）」は非常に近い意味範囲を持ち，言語，文化によっては区別をしない。また，子供の言語習得でも「黒」と「青」の区別の習得は比較的遅い。

　辞書・注釈書・研究書の中には，はっきりわかっていることは明晰な文章で書かれているが，はっきりしないことは曖昧な書き方をされていることがよくある。従って，研究文献の文章が明晰でない箇所，含みのある書き方をしている箇所には特に注意する。また，「cf.」とか「…参照」という場合には，時として自分の見解とは違う意見を述べている別の研究者の記述を指示している場合が多いので特に注意する。同じ問題についての違う見解は，問題解決にとって極めて有用な場合が多い。

　第4の「結論」は，自らの調査結果と，あらかじめ調べておいた学者間の見解の相違を比較検討すれば答えは自ずからでてくる。即ち，どの学者の見解が正しくてどの学者の見解が間違っているのか，少なくとも自分の調べた限りではこの研究者の見解が正しいという結論が得られる。

　以上が，調査研究の基本的手順である。

　テーマを何にするかについていえば，どのようなことでも問題になり

うることは本書の各章で取り上げたテーマを一見すれば自明である。関係代名詞，命令文，強意語，意味，動名詞，walk と go の意味変化，carry の用法等々身近でなじみのある事項，テーマばかりである。

　以上に述べてきたことを念頭に入れて進めてゆけば，レポート・卒業論文は書けるはずである。

第三節　基本的視点－共時態（synchrony）と通時態（diachrony）－

　19 世紀に始まった現代の言語学は，サンスクリット語発見に端を発し，インド・ヨーロッパ祖語の再建への傾倒の時代，グリムの法則，ヴェルネルの法則，グラスマンの法則といった法則発見の時代と続いたが，研究の姿勢は一貫して歴史主義であった。そのことを端的に表現しているのが，インド・ヨーロッパ比較言語学の方法的原理を確立したヘルマン・パウルの『言語史の原理』の次の一節である。

　　言語の史的考察以外に，科学的な考察法があると，異議が唱えられているが，自分はそれを否定しなければならない。非歴史的であり，しかも科学的な言語の考察法といわれるものは，結局不完全な史的考察に他ならない（...）

　　　　　　　　　　　　　　　　　　（パウル『言語史の原理』p.17）

　19 世紀の歴史・比較言語学は，「歴史」というパラダイムのまっただ中にあった。しかし，パウルといえども非歴史的な記述文法を全く無視していたわけではない。例えば次の一節。

　　記述文法は，ある時代において，一言語団体内で，一般に行われている文法的形式と状態，また他のものに誤解されず，奇異の感も与えないで，誰にでも用いられることを，記述するものである。その内容は事実ではなく，観察した事実よりの抽象にすぎない。このよ

うな抽象が，同じ言語団体内で，異なった時代に行われるとすれば，それによって異なった結果が生ずることにあるだろう。これら異なった抽象を比較すれば，幾多の変革が生じたことは確実になり，また相互の関係に，ある程度の一様性も認められるが，しかし，これによって，この変革自体の本質は解明されてないのである。

(パウル『言語史の原理』p.19)

　共時的な記述文法にはそれなりの価値を認めながらも歴史言語学とは相いれない，というのがパウルの主張である。共時的な視点を否定的に評価しているかのように読めるパウルの言葉であるが，抽出された時代ごとの言語体系を比較検討するという方法に言及しているのであるから，先鋭な歴史言語学者のひとりであるパウルが書いたという先入観なしに読めば，ソシュールの共時言語学と通時言語学との統合という主張と同じである。ほんのすこしだけ視点を変えればソシュールと同じ着想が得られるのだが，19世紀言語学の「歴史」というパラダイムにひたりきっていたパウルには，ついに共時言語学をもあわせ考察するという通時言語学への扉を開くことはなかった。

　古代からある記述文法・静態言語学（インドのサンスクリット語は，紀元前4・5世紀にすでに明確な記述文法を持っていた）と19世紀の歴史言語学とが，相対立し相容れないものであるという見方に，コペルニクス的な発想の転換を成し遂げたのがソシュールである。ソシュールはいう。

> 言語学はこれまで歴史に重点を置きすぎてきたが，今後は伝統的文法の静態的観点にたちもどる。ただし考え方をいれかえ，方法を改めた上で。そして史的方法はこの軌道修正に寄与することになろう。静態的観点に歴史的観点を取り入れることによって言語状態をよりよく理解できるであろう。従来の文法は共時論的事実しか見なかったのに対し，このように考えられた言語学は新しい現象を指し示すことができる。しかしそれだけではない。静態と歴史というふたつの秩序の対立を引き立たせて，両者に含まれるすべての帰結を引き

出さねばならないのである。

(『講義』p.119, 大意)

　普通，ソシュールといえば歴史言語学よりも共時言語学の優先を主張したかのように考えられているが，上の引用を虚心に読めばわかるように，ソシュールは，何も共時言語学を強く主張し歴史言語学を否定したのではない。言語のあらゆる側面を個々の要素の個別の歴史としてしか考察しない従来のアトミスティックな歴史言語学を批判し，共時（静態）言語学と歴史言語学との双方を均等に考察することを主張したのである。

　では，ソシュールの，共時（静態）言語学と歴史言語学を統合した「通時言語学」とはどのようなものか。

　　われわれは，ふたつの言語学【静態言語学と歴史言語学】を識別する。それらをなんと名付けたものであろうか。「歴史言語学」および「史的言語学」は採用しがたい，なぜなら，それらはあまりに漠然たる観念をよびおこすからである。言語という同一の対象に関するふたつの観点の対立および統合を，さらにはっきりさせるには，共時言語学 (linguistique synchronique) および通時言語学 (linguistique diachronique) と称した方がよいと思う。

(『講義』p.117, 大意)

　ソシュールのいう通時言語学とは，まず各時代の共時的体系を考察し，その上で時代ごとの体系全体として考察することである。例えば，英語の歴史であれば，古期英語期（OE＝Old English），中期英語期（ME＝Middle English），初期近代英語（Early Mod. English），現代英語（PE＝Present-day English）それぞれの体系を調べた後に，それぞれの時代の体系間の類似点，相違点に留意して考察するのである。その際に注意すべき点は以下のことである。

　　通時論的事実は，体系を変えようとするものではない。変更は体系内の配列の仕方に行われるのではなく，共時的体系に配列された要

素になされるのである。体系は決して直接変更されるものではない。体系自体は不変である。ただ体系を構成する要素のみが変遷するのである。体系の総体が変化するわけではない，一つの体系が別の体系に変わるのではない。前の時代の体系の要素が変化するのである。

(『講義』p.121，大意)

　各時代の言語の色々な側面，色々な現象の共時的事実をまず考察し，次いで，各時代の体系全体の中での各構成要素の張り合い関係がどのように変化したのかという視点から類似点，相違点に留意して考察する。それが従来の歴史言語学とは違う点である。体系そのものは変化せずに，体系を構成する要素間の相関関係，張り合い関係が異なっているのである。

　言語の共時的観点をふまえた通時的考察の一例を，トリア (Jost Trier) の「意味の場 (semantic field)」の研究にみることができる。トリアは，1200年から1300年に至る間のドイツ語における「知識」に関連する語彙の変遷を構造的に，体系的に考察して以下のような結論を導き出している。

　1200年のドイツ語における「知識」に関する単語は3つあった：Wîsheit「知恵」，Kunst「芸術」，List「技巧」である。Kunstは貴族に必要とされる知識，Listは庶民の知識に適用される。一方，WîsheitはKunst，Listの両方をおおうとともに対立しており，その意味は貴族とも庶民とも違って，宗教的に認識された精神的な知識である。ところが，100年後の1300年には，Wîsheit「知恵」，Kunst「芸術」，それにListに取って代わったWizzen「知」の3つになるとともに，三者の互いの相関関係も異なってくる。Kunstは「知識のもっとも高い領域；芸術」を示し，WizzenはKunstに対立して「知識一般，熟達；技術」に適用される。一方，Wîsheit「知恵」は，KunstとWizzenをおおう語ではなくなる。宗教世界と俗世界とが分離してしまったことを示している。1200年から1300年にわたる，中世ドイツの「知」の世界は以下の図のように表すことができる。

序論：シェイクスピアの英語を研究する

```
       1200 年              1300 年
   ┌──────────┐         ┌──────────┐
   │  KUNST   │         │  WÎSHEIT │
   │ WÎSHEIT  │   ⇒     │  KUNST   │
   │  LIST    │         │  WIZZEN  │
   └──────────┘         └──────────┘
```

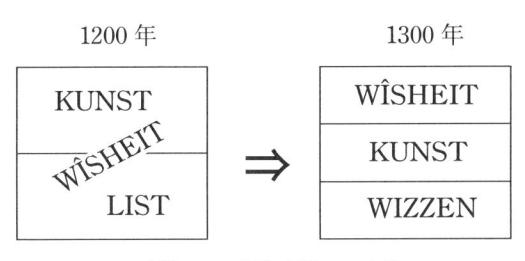

（ギロー『意味論』p.91）

即ち，体系そのものは変化していなくて，要素間の張り合い関係に変化が生じて，その結果100年の間に別の内容を持った体系になった。

シェイクスピアでは hat, bonnet, cap に同じような構造的変化の簡単な例をみることができる。[4] シュミットの *Shakespeare Lexicon* には bonnet は「男性がかぶる」として次のようにある。

Bonnet, subst. covering for the head; *worn by men*:
(Schmidt, *Shakespeare Lexicon*)

例えば，次のような例がある。

(1) And with his *bonnet* hides his angry brow, (Ven. 339)
(2) The lion and the belly-pinched wolf his round hose In France, his *bonne*t In Germany, (MV. 1.2.75)
(3) Keep their fur dry, *unbonneted* he runs, (Lear, 3.1.12-3)

これらの例にみられるように，シェイクスピアの時代には bonnet は男性がかぶるものであった。hat についてシュミットは，

Hat, a covering for head; *worn by men*:

として29例を挙げている。

(4) With one fair hand she heaveth up his *hat*, (Ven. 351)

ところが，同じ hat の項の後半に「女性がかぶる」とも記している。

Worn by women:

そして 13 例を挙げている。OED にも「女性がかぶる」としてシュミットとは別のシェイクスピアからの例が挙げてある。

(5) her thrum'd *hat*, and her muffler too.（MWW. 4.2.78）

女性も hat をかぶったのである。現代であれば女性が hat をかぶるのは特殊な場合である。また，cap についてはどうであったか。シュミットには，

Cap, subst., a garment to cover the head; *worn as well by women* (Ado 3.4.72, LLL 2.209, Shr. 4.3.55, 63, 5.2.121, All's 1.1.170, H4B 2.4.298, Otth. 4.3.74) *as by men*;

とあるので 8 回は女性がかぶった例があることになる。その例。

(6) Beatrice. It is not seen enough, you should wear it in your【i.e.Margaret】*cap*.（Ado. 3.4.71）

女性（マーガレット）が cap をかぶっているのである。

以上の例から，シェイクスピア時代の「帽子」の類は次のような意味体系をなしていた。

シェイクスピア時代の帽子の意味体系

	hat	cap	bonnet
男性	○	○	○
女性	○	○	×

ところが，現代英語の bonnet, cap について，ホーンビー（A.S.Hornby, *Oxford Advanced Learner's Dictionary of Current English*[4], 1989）には次のように記されている。

bonnet *n* 1 hat tied with strings under the chin, *worn by babies and formerly by women.*

cap *n* 1 soft head-covering without a brim but often with a peak *worn by men and boys*;

hat については記述がないので COD (*The Concise Oxford Dictionary of Current English*^{6}, 1976) をみると,

hat 1. *n. Men's, Woman's,* or *child's* esp. outdoor head-covering, usu. with brim;

とあるので 現代英語の「帽子」の意味体系は原則的には下図のように表される。

現代英語の帽子の意味体系

	hat	cap	bonnet
男性	○	○	×
女性	△	×	○

シェイクスピアの英語から現代英語にみられる「帽子」の意味体系の変化も，変更が認められるのは体系を構成する要素にのみであって，意味体系そのものは変化していない。

　シェイクスピアに関連して英語史にみられる構造的意味変化の例をもうひとつ取り上げてみる。

(7) sir, in fine,
　　Seeing how loathly opposite I stood
　　To his unnatural purpose, in fell *motion*, (Lear, 2.1.50-2)

この一節中で，motion はフェンシングの用語として用いられている。その motion を OED でみる。太字で (***Sh***) はシェイクスピアが初出であることを示す。

	1300	1400	1500	1600	1700	1800
1　a（1412-20）		1412-20				1883
2　a 体の移動（1588）				1588（**Sh**)		1813
+b（芸術で）				1598		
c　動力				1603（**Sh**)	1698	
d　足どり				1598（**Sh**)	1711	
+e　肉体運動				1602（**Sh**)	1695	
3　a　運動				1608		1842
c 規則的な体の動き（フェンシング）			1601（**Sh**)			1809
4　動揺		1387				1971
6　a　In motion で運動の状態				1601（**Sh**)		1841
b　活発な状態				1596（**Sh**)		1855
+7　a 激励・奨励　c1374					1796	
8　a 提案			1579-80		1880	
9 +a 精神的な衝動		1430-40			1726	
+10 衝動・理由			1533	1658		
11 腸の不随意な動き				1598（**Sh**)		1897
+13　a 人形劇で			1589	1678		
b　人形				1591（**Sh**)	1689	
14 機械				1605		1894

　OED によると，motion は，精神的な意味（7,8,9）の方が具体的な身体の動きの意味よりも先であることがわかる。また，具体的な運動の意味 15 例のほとんどがシェイクスピア時代が初例である。しかも，そのうち 9 例はシェイクスピアが初出である。約 3 分の 2 がシェイクスピアの初例であることから，シェイクスピアは motion という単語に新しい具体的な意味を次々と増やしていったと考えられる。では，シェイクスピアは元々の精神的意味はどのように用いていたのか。OED には，精神的意

味でのシェイクスピアの例は全く出ていない。つまり，OED によるかぎりシェイクスピアは精神的意味で motion を用いなかった。今日でも精神的意味での使用がみられないことから，motion はシェイクスピアの時代に元々の精神に関する意味から具体的な身体の運動に関する意味に推移した。単純に表現すれば，シェイクスピアは motion の意味を元来の精神的な意味から具体的な身体に関する意味に変えてしまった。あるいは，当時すでに一般民衆の用法では精神的な意味から具体的な意味に推移していた motion の意味を敏感に察知していたシェイクスピアは，motion を新しい意味で作品に取り入れた。この例は，あるひとつの単語の意味変化がシェイクスピアによって加速されたという例である。

　motion の意味変化で問題なのは，motion はシェイクスピアを境にして古い精神的な意味から新しい具体的な意味へとほぼ全面的に切り替わったということである。その際，シェイクスピア自身は motion を 9 種類もの新しい具体的意味で用いて，古い motion から新しい motion への生まれ変わりに顕著な貢献をしていることである。

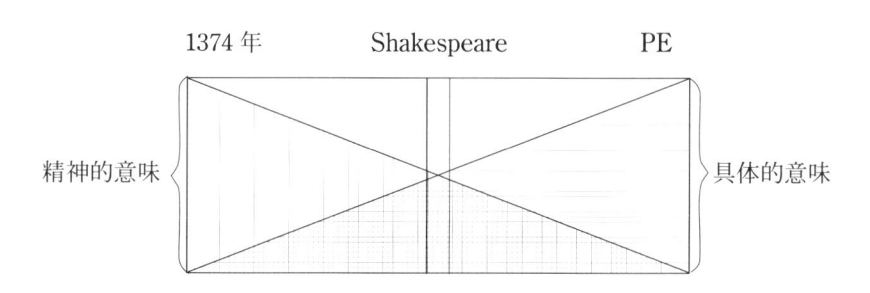

```
              1374 年       Shakespeare       PE
         ┌─────────────┬─────────────┐
         │╲            │            ╱│
精神的意味 ⟨ ╲           │           ╱ ⟩ 具体的意味
         │  ╲          │          ╱  │
         └─────────────┴─────────────┘
```

上の図は英語史におけるシェイクスピアの位置を表している。ここで注意すべきことは，motion という 1 単語の意味変化に象徴されるように，一般的に文法，語彙，意味，発音の変化のいずれにもシェイクスピアは，古いゲルマン語的英語が新しいロマンス語的英語に生まれ変わる瞬間に決定的な役割を果たしているということである。本書全体がこのことを証明している。[5]

ただし次の例は，シェイクスピアの時代に motion の意味変化と同じような構造的意味変化が生じたにもかかわらず，シェイクスピアは関与しなかった例である。現代英語で「情報」を意味する単語は普通 information であるが，シェイクスピア以前に「情報」を意味する単語は intelligence であった。シュミットによれば，シェイクスピアは「情報」という意味では information を 1 回しか使用していない。反対に，intelligence は頻繁に使われている。このことからシェイクスピアは，「情報」という意味にはもっぱら古い intelligence を使用し，新しく使われ始めた information の普及には貢献していない。[6]

　もうひとつ英語史にみられる体系的変化のいささか複雑な例を，英語の人称代名詞の形態変化にとってみる。古期英語の人称代名詞の体系をわかりやすく現代英語で表し，現代英語の体系と比較してみる。

古期英語の人称代名詞

		単数			複		
1人称		I	my	me	we	our	us
2人称		*thou*	*thy*	*thee*	*ye*	*your*	*you*
3人称	男性	he	his	him	*hīe*	*hira*	*heom*
	中性	(h)it	*his*	(h)it			
	女性	*hēo*	hire	hire			

これに対応する現代英語の人称代名詞の体系は以下のようである。

現代英語の人称代名詞

		単数			複		
1人称		I	my	me	we	our	us
2人称		*you*	*your*	*you*	*you*	*your*	*you*
3人称	男性	he	his	him	*they*	*their*	*them*
	中性	it	*its*	it			
	女性	*she*	her	her			

古期英語期から現代英語までの変化のうち，斜字の部分が変化している。ソシュールの通時言語学に従って検証してゆくと，まず，確かに人称代名詞の体系そのものはなんらの変化も受けていない。変化したのは英語の人称代名詞の体系を構成するいくつかの要素である。
　では，なぜある特定の要素だけが変化を余儀なくさせられたのか。
　従来の英語史の研究では，例えば，she の起源・語源は何か，あるいは，いつから hēo から she に変化したのか，その過程はどのようであったのか，といった問いかたがなされてきた。その答えは大体以下の4つである。
　　(1) she の起源は古スカンディナヴィア語の sja
　　(2) 古期英語の指示代名詞 sēo
　　(3) was hēo（= was she）という構文から was の s と hēo の hē- が間違って結合した
　　(4) hēo から she への発音の変化（日本語でも [s] は [h] と交替する。例えば，「おとうさん，おかあさん」は「おとうはん，おかあはん」に交替する）

そして，学者により各説ごとに証拠の提示と理論づけが行われてきた。しかし，古期英語の人称代名詞の体系全体を考慮に入れて，なぜ hēo から she へと変化しなければならなかったのか，ということこそまず最初に問われなければならない。答えは，英語の人称代名詞という体系の中にあって，男性単数の he，及び複数の hīe という他の要素との混同が生じて非常に不都合であったからである。結果として，単数男性 he，単数女性 hēo，複数 hīe という語頭に h- を持つよく似た3つの主格形のうち，女性 hēo と複数 hīe がそれぞれ she，they に変化させられた。
　thou, thy, thee の場合はどうか。英語という言語にあって，2人称代名詞の単数と複数の区別は非常に重要なはずである。しかし，2人称の単数・複数の区別を維持することをあきらめてまで thou, thy, thee を廃用にした要因はなにか。それは，thou, thy, thee の語頭の有声音 th-[ð-] が2人称には不適当だからである。英語にあって，語頭に有声音 th-[ð-] が現れる環境を調べてみればすぐに分かる事実がある。語頭の有声

音 th-[ð-] は，「3人称に相当する指示詞」の意味を持っているのである。例えば，this, that, these, those, there, then, the, thence 等は，同じ th- という綴りでありながら無声音の th-[θ-] とは明らかに違うのである。例えば，theater, theology, theory, therapy といった外来語も，thank, thick, thing, thin といった本来語も「3人称に相当する指示詞」の意味とは全く関係がない。つまり，英語の有声音 th-[ð-] は，「3人称に相当する指示詞」という特定の機能を持っているので，人称代名詞という体系においては2人称には不都合だったのである。

本書の第6章と第7章で論じている中性単数 it の所有格 its の場合はどうか。文法上の約束と自然界の現実とがまったく別の範疇であると認識されていた時代には問題にはならなかったが，近代になって，文法上の性（gender）と自然界の性（sex）とを一致させようという傾向が生じると，男性単数の所有格と中性単数の所有格が同じ his では不都合になった。従って，中性の所有格は，主格 it と目的格 it とに形態に整合性を持たせ，さらに名詞の所有格（例，John's），代名詞の所有格語尾（his, 独立所有格の hers, yours, theirs, ours）として用いられる -s をつけて，its を生み出した。この変化は，ひとつの体系の中では個々の要素は互いに否定しあい，示差的，排他的でなければならないのに，異なる機能を持つ要素が同じ形になって生じた不都合を解決するためにもたらされた変化である。

3人称複数の場合はどうか。hīe, hira, heom は単数形との混同が生じて不都合になったために変化を受けた。代名詞というのは言語の基本的な語彙であるから普通は簡単には変化しないものであるが，この場合は，外国語のスカンディナビア語から借用してまで変化してしまった。外来語ではあるが，英語の「3人称に相当する指示詞」の音形態を持っていた they, their, them が採用されたことに意義がある。英語の代名詞の中にあって，他の要素との混同を避け，示差機能を維持するための変化である。同時に「3人称に相当する指示詞」の意味を持つ英語の語頭の有声音 th-[ð-] を活用することになり，英語にとっては望ましい結果となった。

英語の人称代名詞は，古期英語の頃から現代英語に至るまで，性，数，

格の区別を保持しており基本的には変化していない。その中にあって上に述べた交替だけが生じたが，人称代名詞の体系全体の中の事情を考慮すればそれぞれの変化に至った要因は解明される。ソシュールの主張通り，体系自体は変化せず，体系内の各要素間の張り合い関係，即ち，互いに否定しあい，対立しあわねばならないという体系内の要素に課せられた宿命（示差的特徴）という視点から説明が可能なのである。図で示してみる。

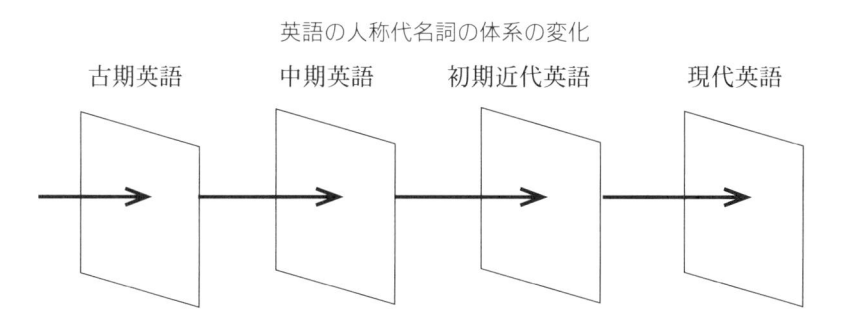

英語の人称代名詞の体系の変化

古期英語　　中期英語　　初期近代英語　　現代英語

このように，まず時代ごとの共時的体系を構築し，次に体系と体系との相違点・類似点を比較考察するという観点から考察された言語変化研究は，個々の要素の変化の過程を個別に追究したソシュール以前の歴史観とは全く異なったものである。いわば，「点（一要素）」と「線（一要素の時間的推移）」の追究から，「面（ある時代の共時的体系）」から「面（次の時代の共時的体系）」の変化の追究に視点を変えたといえる。

結　論

　本章では，シェイクスピアの英語を理解するためには英語史全体を常に視野に入れ，言語の共時的体系と通時言語学という視点で研究することを提唱した。さらに，シェイクスピアの英語そのものについては，単純に表現すれば，シェイクスピアはOE，MEまでの古いゲルマン語的英語から近・現代のロマンス語的英語への転換点に位置し，英語がゲルマン語的言語からロマンス語的言語へとその性質を大きく変える正にその瞬間に登場し，英語が生まれ変わるのに計り知れない貢献を成し遂げた。その現象は，発音，形態，シンタックス，語彙，意味といった英語のあらゆる側面に観察される。

注

(1) ただし，英語が本来の性格を放棄して，完全にロマンス語に変質してしまったと考えるのではなく，英語はその本質においては，依然として当初のゲルマン語的性質を堅持していると考えた方が適切であろう。拙著『英語史への試み』第1部，第2部，特にpp.128-34。
(2) シェイクスピアは，英文学の歴史においても同じような役割を果たしている。即ち，英文学が伝統的な中世的性質を近代のヒューマニズムへと方向転換するのに大いに貢献した。「シェイクスピアは，中世も近代も，伝統の複雑な網目も知性の前向きの運動も，意のままに利用することができた。」「シェイクスピア生誕400年祭」ジョージ・スタイナー『言語と沈黙』所収，p.269。
(3) この件に関しては，*The Pocket Oxford Dictionary* (*POD*) の初版 (1924) のdogの定義と，*POD*に関する福原麟太郎の解説を参照（新英語教育講座第6巻「英語辞書の話」1949）。
(4) シェイクスピアの英語，現代英語それぞれにみられる「帽子」の意味体系そのものも興味深いが詳細は省略する。類義語間の織りなす意味

体系の見本は，ハートマンの『辞書学』の「椅子」「カップ」の意味体系の記述にみられる（p.114, p.117）。
(5) 2003年度山本香織の演習発表より。
(6) このことは，イェスペルセンの次の一文を思い出させる。イェスペルセンはシェイクスピア時代に用いられていたのに，シェイクスピアが全く用いていない語（斜字体）を織り込んで次のような一節を書いている。

I have amused myself with making up the following sentences of words not used by Shakespeare though found in the language of that time: In Shakespeare we find no *blunders*, although *decency* and *delicacy* had *disappeared*; *energy* and *enthusiasm* are not in *existence*, and we see no *elegant expressions* nor any *gleams* of *genius*, etc.
(Jespersen, *Growth and Structure of the English Language*, pp.202-3)

本章の参考文献

パウル，H. 『言語史原理』福本喜之助訳，講談社，1965, 1976
ギロー，P. 『意味論』佐藤信夫訳，白水社，1990
ソシュール，F.de 『一般言語学講義』小林英夫訳，岩波書店，1972
三輪伸春 『英語史への試み』こびあん書房，1988
ハートマン，R.R.K. 『辞書学－その原理と実際』木原研三・加藤知己翻訳監修，三省堂，1984

第一部　文　法

第 1 章　動名詞
―名詞から動詞へ―

はじめに

　現代英語における動名詞 (Gerund) は，名詞的性質と動詞的性質の両方を併せ持つ準動詞のひとつである。名詞的性質とは，動名詞が文の主語や補語，目的語になることである。動詞的性質とは，動名詞が目的語や補語をとったり，副詞で修飾されることである。例を示す。

　　(a) **The shooting of** birds is forbidden. ［名詞的性質，現代英語では文語］
　　(b) **Shooting** birds is forbidden. ［動詞的性質］

　動名詞の起源をふり返ってみると，OE では動名詞は動詞的性質を持っていなかった。つまり，動詞に -ing を付加した形は，純粋な名詞であった。現代の動名詞に至るまで，どのようにして動詞的性質や機能を発達させてきたのか。また，シェイクスピアが使った動名詞には，現代では使われていない用法を含めて 4 パターンの動名詞を見出すことができる。なぜ，4 つの用法が存在していたのか。シェイクスピアの英語における動名詞が，どこまで名詞的，動詞的な性格を持っているのか，また現代英語に至るまでの動名詞の発達の過程において，シェイクスピアの英語はどの位置にあたるのか，明らかにする。

第一節　現代英語における動名詞

　現代の動名詞は名詞的性質と動詞的性質を持っている。名詞的性質とは

名詞と同じ機能を持つ。動詞的性質は，元々名詞であった動名詞が次第にその動詞的機能を発達させ，定動詞と同じ機能を果たすようになったものである。

動名詞の名詞的性質

1) 主語になる：**Seeing** is believing.（百聞は一見に如かず）
2) 目的語になる
   a) 動詞の目的語：I don't like **wearing** this tie.
   b) 前置詞の目的語：A telescope is a machine for **viewing** distant objects.
3) 補語になる：His latest hobby is **collecting** seaweed.
4) 複数形がある：Their **comings** and **goings** were frequent.
   （往来は活発だった）
5) 所有格になる：Some people read only for **reading's** sake.
6) 冠詞をつける：The **singing** of carols is an ancient Christmas custom.（聖歌を歌うことは，古くからあるクリスマスの習慣である）

   This **knitting** of his brow was typical of John.
   （こうして顔をしかめるのがジョンの特徴であった）
7) 形容詞に修飾される：Loud **talking** is certainly out of place in a library.
8) 所有格の修飾語がつく：There is no chance of Frank's **dropping in**.
   （フランクが立ち寄る可能性はない）

動名詞の動詞的性質

1) 副詞に修飾される：He is not interested in **dancing** *professionally*.
2) 目的語，補語をとる：He enjoyed **playing** *practical jokes*.
3) 完了形・受動態・完了受動態：The witness denied **having seen** the accused.
   （証人は被告に会ったことを否定した）
4) *There is ...* の構文：No one would have dreamed of **there being**

such a beautiful place.（そんな美しい場所があろうとは，誰も夢想だにしなかったであろう）

このように動名詞は現在，名詞と動詞というふたつの異なった性質を併せ持っている。動名詞は何世紀もかけて徐々に動詞的な機能を拡大させてきた。しかし，動名詞の起源は動作名詞（verbal noun）である。この純粋な名詞が，今日のような動詞的性質を帯びるようになったのはなぜか。動名詞発達の歴史をみていく。

まず，『英語語源辞典』から接尾辞 -ing の項を取りあげる。

-ing[1]　suf. 主に原形動詞に付いて動名詞・名詞を造る。
◆OE -ing, -ung ＜ Gmc* -ung (Du. -ing/G -ung/ON -ung, -ing).
◇(...) OE では -ung, -ing が共に用いられたが，ME 初期には -ung は急速に衰退し，1250 年以降はほとんど消失した。これらはもともと弱変化動詞に付いて動作名詞を造る働きをしたが，すでに OE 期間中に強変化動詞にも及ぼされ，1200 年ごろまでには本来語・借入語の別を問わず用いられるようになった。(...) OE -ing, -ung の名詞は本来抽象的概念を表したが，OE 期にすでに動作の完了・結果・習慣などを表して複数形をとるようになり，さらに進んで具体的な事物，事象をも表すようになった。-ing 形が副詞的修飾語や目的語・補語をとる，いわゆる動名詞としての用法は 1340 年ごろにさかのぼる。最初の用例は downcoming のような複合名詞の副詞を後置して coming down とする類のものであったが，この用法は次第に発達して -ing 名詞の動詞的色彩を濃くした。

(『英語語源辞典』-ing[1])

『英語語源辞典』によると，OE では，-ing, -ung が共に用いられ，それらは抽象的観念を表す名詞であった。それから，OE 期に複数形をとるようになった。動名詞としての用法は 1340 年頃にさかのぼる。

大塚高信編『新英文法辞典』によると，ing-form 動名詞が動詞的性質を発達させるに至ったのは 14 世紀になってからであり，その主な理由と

第一部　文法

して，この頃までに現在分詞と形が同じになって用法上その影響を受けたこと，更には不定詞語尾 -en と -ing が発音上混用されたことが挙げられている。

　動名詞の起源については諸説あるが，そのひとつにモセ (F. Mossé) の説がある。モセは，後期 OE 以来，現在分詞 -end (e) と動詞的名詞 -ing の間に音韻的混同 (-nd＞n, -ng＞-n, -ng＞-nd, -nd＞-ng) が生じ，結局，現在分詞，動名詞共に -ing となって，動名詞は現在分詞に -ing という形態を与え，逆に現在分詞から動詞的機能を得たと考える。

　次に，英文法シリーズの『分詞・動名詞』から動名詞発達の過程を取りあげる。

　1) 冠詞がついていて目的属格を示す of が伴う形：*the procuring of* money
　2) 1) の冠詞が落ちた形（of はそのまま）：*procuring of* money
　3) 1) の of が省かれ目的語と直接結びついた形（冠詞はそのまま）：*the procuring* money
　4) 冠詞も of もつかず目的語と直結した形：*procuring* money

　　1) は最も古い形であるが，現代英語でも用いられている。2) は Chaucer あたりから用いられ出しているようであるが，現代英語ではほとんど廃用に帰している。3) は 2) とほぼ同時期に発生した形のようであるが，初期近代英語（Early ModE）では盛んに行われたにもかかわらず，現代ではあまり用いられない。4) は動名詞の代表的な用法として現用されているものである。

(乾亮一『分詞・動名詞』英文法シリーズ第 15 巻，pp. 36-7)

第二節　シェイクスピアの英語における動名詞

　シェイクスピアの英語には，動名詞が目的語をとる場合 4 パターンの用

法がみられる。
　Ｉ．the ＋動名詞＋ of ＋目的語
　　　I wish **the having of** it; (PER. 2.1.139) （私はそれを所有したい）
　　　Between **the acting of** a dreadful thing And the first motion, (JC. 2.1.63)（恐ろしい事を思い立っていよいよそれを実行するまでに至るまでの間は）
　Ⅱ．動名詞＋ of ＋目的語
　　　I mean your voice for **crowning of** the King. (R3. 3.4.28)
　　　（王位につかせることに対するあなたの意見のことを言っている）
　　　I neither lend nor borrow By taking nor by **giving of** excess (MAC. 1.3.63)
　　　（利子をとったり払ったりして金を貸しもしなければ借りもしない）
　Ⅲ．the ＋動名詞＋目的語
　　　for on **the reading** it he chang'd almost into another man. (AWW. 4.3.5)
　　　（というのもそれを読んで彼はほとんど別人のようになってしまった）
　　　You need not fear Lady **the having** any of these Lords (MV. 1.2.89)
　　　（お嬢様，こういった方々をお婿様にする心配はなくなりました）
　Ⅳ．動名詞＋目的語
　　　In **spending** your wit in the praise of mine. (LLL. 2.1.19)
　　　（私の才知を誉めるためにあなたの知恵を使うことで）
　　　by **observing** him, (2H4. 5.1.66) （彼を観察することによって）
ⅠとⅣは現代英語にもみられる用法である。しかし，Ⅱ，Ⅲは現代ではほとんど用いられない。現代英語では認められないとする意見もある。第一節で取りあげた動名詞発達の過程において，シェイクスピアが使用した動名詞はすべての形に当てはまる。シェイクスピアの英語は，名詞的性質だけを持っていた動名詞が動詞的性質をも持つようになる，ちょうど転換期にあたると考えられる。即ち，シェイクスピアの動名詞の用法は，英語の歴史上の他の多くの言語現象と同じように，名詞としての古い動名詞が動

第一部　文法

詞としての新しい動名詞に移り変わる正にその交叉点上にある。

　しかし，シェイクスピアの英語がどこまで名詞的性質を帯び，他方，どこまで動詞的性質を発達させていたのか明らかではない。そこで，シェイクスピアの作品を初期，中期，後期から選び，動名詞を検証する。初期作品から *1Henry VI* (1592) と *Romeo and Juliet* (1595)，中期から *Hamlet* (1601)，後期から *The Tempest* (1612) を取りあげる。

　シェイクスピアの英語には，動名詞が目的語をとる場合，上記の4つの用法が存在している。下の表1は，4作品中に見受けられる4つの構文の数を示したものである。表2は，4作品に現れる動名詞の，名詞的性質と動詞的性質の使用例総数を示したものである。

表1

	1H6	ROM	HAM	TMP	合計
Ⅰ．the ＋動名詞＋ of ＋目的語	3	0	9	4	16
Ⅱ．動名詞＋ of ＋目的語	2	0	3	3	8
Ⅲ．the ＋動名詞＋目的語	0	2	1	0	3
Ⅳ．動名詞＋目的語	2	15	4	4	25

表2

	1H6	ROM	HAM	TMP
名詞的性質	21 例	29 例	56 例	40 例
名詞的から動詞的へ	2 例	2 例	2 例	3 例
動詞的性質	3 例	15 例	8 例	6 例
合計	26 例	46 例	68 例	49 例

　表2から，*1 HenryVI* と *The Tempest* の動名詞の数を比べてみると，およそ倍に増えている。これは，動名詞が徐々に発達してきていることを表していると思われる。もちろん名詞的性質も多い。しかし，動詞的性質も増えているので，動名詞が動詞的機能を獲得してきているといえる。また，名詞的性質と動詞的性質を同時に持つ動名詞がシェイクスピアの英語にお

いて存在している。このことから，動名詞が発達していく中で，シェイクスピアの英語が古い名詞的用法から新しい動詞的用法に移り変わるちょうど転換期にあると考えられる。

§1　*1 Henry VI*
○名詞的性質≪21 例≫
　1) 主語になる＜2 例＞
　　（1）Him that thou magnifi'st with all these titles
　　　　Stinking and fly-blown lies here at our feet. (4.7.5-6)
　　（2）O, burn her, burn her! **hanging** is too good. (5.4.33)
　2) 形容詞で修飾される＜5 例＞
　　（3）Mars his *true* **moving**, (1.2.1)
　　（4）Till by *broad* **spreading** (1.2.135)
　　（5）Or how haps it I seek not to advance
　　　　Or raise myself, but keep my *wonted* **calling**? (3.1.31-2)
　　（6）The *envious* **barking of** your saucy tongue (3.4.33)
　　（7）This *factious* **bandying** of their favorites, (4.1.190)
　3) 前置詞の目的語になる＜8 例＞
　　（8）To keep the horsemen off *from* **breaking** in. (1.1.119)
　　（9）And he may well *in* **fretting** spend his gall– (1.2.16)
　　（10）And take foul scorn to fawn on him *by* **sending**. (4.4.35)
　4) 動詞の目的語 , 補語になる＜6 例＞
　　（11）To *give* me **hearing** what I shall reply. (3.1.28)
　　（12）This **shouldering** of each other in the court, (4.1.189)
　　（13）*Take* therefore **shipping**, post, my lord, to France, (5.5.87)
　　hearing は give の目的として機能している。shouldering も動詞の目的語になっている。shipping は take の目的語になっている。

第一部　文法

○名詞的性質から動詞的性質への過渡的用法≪2例≫

　　(14) As I am sick with **working of** my thoughts. (5.5.86)
　　この用法に関してシュミットは以下のように記している。

　　　The gerund often applied to the motions or labours of the mind : H6A v.5.86

　　　　　　　　　　　　　　　　　(*Shakespeare Lexicon*, work vb.)

　　(15) About **relieving of** the sentinels. (2.1.70)
　　ヴィッサー (F.Th.Visser) は，この例も挙げて -ing の後の目的語について次のように述べている。

　　　The construction is profusely employed in Middle English and the first centuries of the Modern period.　From about the beginning of the nineteenth century a decided preference is detectable for patterns without *of*, especially when the form in *-ing* is not preceded by determinative words, such as *my, their, any, no*.
　　　　　　　(Visser, *An Historical Syntax of the English Language* II, §1120)

　　そのような構文は ME 期にみられ，近代英語の初めにあたる。of なしの構文は 19 世紀に存在している。

○動詞的性質≪3例≫

　1) 目的語をとる＜2例＞

　　(16) By **wasting** *ruin of the cruel foe.* (3.3.46)
　　(17) Unchain your spirits now with **spelling** *charms,* (5.3.31)

　2) 副詞で修飾される＜1例＞

　　(18) For **living** *idly* here in pomp and ease, (1.1.142)

○動名詞か，名詞か，現在分詞か，区別が曖昧な例≪6例≫

　　(19) Which once discern'd, shows that her **meaning** is, (3.2.24)
　　meaning は，OED によると 1303 年を初出とし，純粋な名詞として

第 1 章　動名詞

の意味がすでに確立していたとされている。シュミットも名詞としており，名詞と解釈した方がよい。よって，動名詞の例として数えない。

(20) When Talbot hath set **footing** once in France (3.3.64)
　　　vbl. sb. [f. FOOT v. ＋ -ING[1].]

　　　1. a. The act of walking, pacing, or stepping; a step or tread. Now *rare*. † *to set footing*: to set foot (*in*, *on* a place), to enter.
　　　　　　　　　　　　　　　　　　　　　　　　(*OED*, footing)

OED では footing は名詞のようにも思える。しかし，FOOT ＋ -ING の複合形式であると記してある。よって，footing は名詞的性質を持った動詞 set の目的語になる動名詞とみなす。

(21) Suddenly made him from my side to start
　　　Into the **clust'ring** battle of the French; (4.7.12-3)

　　　to grow in bunches: Used of a throng: H6A IV.7.13
　　　　　　　　　　　　　　　(*Shakespeare Lexicon*, cluster, vb.)

シュミットは，clust'ring を大軍，ひしめき合いを指す throng であるとしている。しかし，後に名詞である battle がきているので，clust'ring は動名詞ではなく，現在分詞と解釈した方が妥当である。

(22) Somewhat too sudden, sirs, the **warning** is, (5.2.14)
シュミットは，Warn, vb. (2):-ing, substantively としている。『英語語源辞典』では，名詞としての war(e)nung が OE から存在している。よって，warning は名詞と解釈し，動名詞とはしない。

(23) And here I will expect thy **coming**. (5.3.145)
『英語語源辞典』は coming を名詞としている。OED では "The action of the vb. COME in various senses:" と記してあることから，名詞的性質を持った動名詞として扱う。

第一部　文法

(24) And ruthless slaughters as are daily seen
　　 By our **proceeding** in hostility. (5.4.161-2)

シュミットは，proceedingは名詞としている。『英語語源辞典』によると，名詞の proceeding は 1425 年が初例である。OED は "The action of the verb PROCEED." としている。これらから，proceeding は動名詞か名詞であるといえる。よって，名詞的性質を持った動名詞として数える。

以上から，*1 Henry VI* では，動名詞と思われる例が 26 例ある。初期では，明らかに名詞的性質を持った動名詞が多くみられた。目的語をとったり，副詞を修飾したりする動詞的性質を持った動名詞は 3 例みられた。しかし，現代ではあまり用いられない，動名詞発達の過程でみられる用法も 2 例ある。初期のシェイクスピアの英語において，動名詞は名詞的性質を強く持っており，徐々に動詞的機能を発達させていく段階にあるといえる。

§2　*Romeo and Juliet*

○名詞的性質≪29 例≫

1) 前置詞の目的語になる＜11 例＞

(25) Which [on] more view of many, mine, being one,
　　 May stand in number, though *in* **reck'ning** none. (1.2.32-3)

(26) Could you not take some occasion *without*
　　 giving? (3.1.43-4)

(27) Wilt thou slay thyself,
　　 And slay thy lady that in thy life [lives],
　　 By **doing** damned hate upon thyself? (3.3.116-8)

(28) because musicians have no gold *for* **sounding**: (4.5.141)

2) 主語になる＜3 例＞

(29) O friar, the damned use that word in hell;
　　 Howling attends it. (3.3.47-8)

(30) O, what **learning** is! (3.3.160)

3) 複合語の第一要素になる＜3例＞

(31) You have **dancing** *shoes*
　　　With nimble soles, (1.4.14-5)

(32) And learn me how to lose *a* **winning** *match*, (3.2.12)

dancing shoes, a winning match は複合語になっている。

4) 限定詞をつける＜4例＞

(33) Give me a torch, I am not for *this* **ambling**; (1.4.11)

(34) And not impute *this* **yielding** to light love, (2.2.105)

(35) Forbid *this* **bandying** in Verona streets. (3.1.90)

5) 動詞の補語になる＜2例＞

(36) That I will *show* you **shinning** at this feast,
　　　And she shall scant show well that now seems best. (1.2.98-9)

6) 形容詞で修飾される＜1例＞

(37) Of *honorable* **reckoning** are you both, (1.2.4)

7) 所有格の修飾語がつく＜4例＞

(38) At the prefixed hour of *her* **waking**, (5.3.253)

8) 動詞の目的語になる＜1例＞

(39) The boy *gives* **warning**, something doth approach. (5.3.18)

　　2) to give notice, to inform previously：-ing, substantively：
　　ROM. V. 3.18

　　　　　　　　　　　　　　(*Shakespeare Lexicon,* warn)

シュミットによると，warning は名詞的に機能している。従って，warning は動詞の目的語になる動名詞と解釈する。

〇名詞的性質から動詞的性質への過渡的用法≪2例≫

(40) Abate thy valor in **the acting** it. (4.1.120)

(41) and **the neglecting** it

第一部　文法

　　　　May do much danger. (5.2.19-20)
　the を伴っている acting と neglecting は，名詞的性質を持っているように思われる。しかし一方で目的語をとっている。従って，actingと neglecting は名詞的性質と動詞的性質の両方を兼ね備えている。

○動詞的性質《15 例》

(42) And then dreams he of **cutting** *foreign* throats, (1.4.83)

(43) news by **playing** *it* to me with so sour a face (2.5.24)

(44) With **piercing** *steel* at bold Mercutio's breast, (3.1.159)

(45) O' pardon me for **bringing** *these ill news*, (5.1.22)

(46) sin upon my head,
　　　By **urging** *me* to fury: (5.3.62-3)
これらの動名詞は目的語を伴っている。

○動名詞か，名詞か，現在分詞か，区別が曖昧な例《3 例》

(47) Is there no pity **sitting** in the clouds,
　　　That sees into the bottom of my grief? (3.5.196-7)
文の意味から考えて，sitting は現在分詞と解釈する。

(48) Yet let me weep for such a **feeling** loss. (3.5.74)

Feel. *Feeling* = making itself felt, heartfelt, coming from and going to the heart : Rom. III. 5.75

Loss, 1) privation, the ceasing of possession; absol. : Rom. III. 5.75, 76, 77

　　　　　　　　　　　　　　　　　　(*Shakespeare Lexicon*)

loss は名詞なので，feeling を目的語を伴った動名詞とみなすことができる。しかし，feeling には冠詞 a が付いており，feeling を名詞と解釈することもできる。では，OED で feeling をみてみる。

　　　vbl. sb. [f. FEEL v. + -ING[1].]

1. a. The action of the vb. FEEL in various senses;
2. a. The faculty or power by which one feels;

(*OED*, feeling)

名詞的な意味での feeling は，1175 年に初例として現れている。ここでの意味を考えてみると，後ろにも loss という名詞が続いているので，単純な名詞とは言いがたい。feeling の役割について考えたところ，a feeling loss で dancing shoes や a winning game のような複合語の第一要素になるのではないかと考えられる。

a(-)-ing

(49) My blood for your rude brawls doth *lie* a-**bleeding**; (3.1.189)

この a-bleeding は，a を on の弱勢化したものと考えれば動名詞と解釈できる。しかし，a(-) は次第に衰退し脱落した例もあるので，この場合現在分詞と解釈することもできる。この例に関して文法家たちの見解を挙げる。

> シェイクスピアの英語には，be, come, fall, go, lie, sit, set 等一定の動詞の後で，前置詞 on の弱勢化した a(-) が，動名詞を従えて現れることがある。今日の be(come, go, lie, etc.) -ing の構文は歴史的にはこの a- が脱落したものであるが，シェイクスピアにはこの a- が脱落した例もみられる。
>
> （荒木一雄・中尾祐治『シェイクスピアの発音と文法』pp.58-9)
>
> a(-) hunting
>
> OE ic wæs on huntunge (AElfric) に遡る。ME で次第に一般的となり，16 世紀に伸張し，17 世紀に最盛となり，以後衰退した (Mossé, 1938b, p.109f.)。PE では古語。前置詞 a- は on ＞ an ＞ a と弱化したもの。動詞は be, go の他，come, fall, ride, set; keep など，運動，状態の動詞であることが多い。
>
> （荒木・宇賀治『英語史 III A』p.452)

> B. 名詞的性質
> （1）前置詞の目的語となっている例はきわめて普通である。（中略）が，歴史的に注意すべきものは on で，'on ＋〜ing' あるいはこれから発達した 'a[ə] ＋〜ing' は，後に a が脱落して〜ing となり，歴史的に動名詞であったものが現在では現在分詞と感じられ，いわゆる進行形の発達にある程度関与しているということである。
>
> （『新英文法辞典』Gerund, p.469）

動名詞が進行形の発達に一役かったということから，進行形についての見解を挙げる。

> Progressive form（進行形）
> B. 歴史　進行形には元来は異なっていた二つの源がある。
> （2）「be ＋ on または in ＋動詞的名詞（Verbal noun）」の形であって，この型ができたのは ME である。15世紀以前には on のついた hunting, begging 等少数の動詞的名詞に限られ，その他の語（building, growing 等）には in がついた。on は後に a となり，そして，in もその類推で a となり，さらに後にこの a は消失してしまう。この a のついた形は17世紀にも相当あったが，今日では卑語または方言である。
>
> （『新英文法辞典』p.833）

以上から動名詞は，進行形の発達に関して重要な役割を果たしていると考えられる。フランツは，『シェークスピアの英語』において，次のように述べている。

> 接頭辞的要素 a を伴った古い動名詞は，be, lie, sit の後に現われて，主語のおかれている状態を示す。そのほかそれは go, come, fall, set, put, send, burst out（I was a-dreaming, lie a-bleeding, come a-wooing）の後で用いられる。（中略）第十七世紀以来 be

の後でaを伴った動名詞の使用を次第に避けるようになったのは，元来は現在分詞が用いられる進行形（I was dreaming）の拡大と時を同じくする，そして進行形の増大と因果関係にあるようである。

(フランツ『シェークスピアの英語』§665)

フランツは，aを伴う能動の意味を持つ動名詞の例に(49)を挙げている。a- は，onの変形で動名詞と解釈できるが，更に音節数と関係があるかどうか，Quarto版をみてみる。

　[Q1]1597：My blood for your rude braules doth *lye* **a bleeding**.
　[Q2]1599：My bloud for your rude brawles doth *lie* **a bleeding**.
　[Q3]1609：My bloud for your rude brawles doth *lie* **a bleeding**.
　[Q4]n. d.：My bloud for your rude brawles doth *lie* **a bleeding**.

すべてaがついており，1文10音節というシェイクスピアの韻律法に基づいている。aは古期英語のonに当る前置詞の転訛したものだと解釈でき，a-bleedingは動名詞だと考えることが可能である。

Romeo and Juliet では，動詞的性質を持った動名詞が増えている。もちろん，名詞的性質を持った動名詞も多く使われている。純粋な名詞から動詞的な機能を持つまでの過程でみられる動名詞も2例ある。また，動名詞か現在分詞か判断に困る例（ex. lie a-bleeding）もみられる。

§3　*Hamlet*

○名詞的性質≪56例≫

　1) 前置詞の目的語になる＜43例＞

　　(50)　*Unto* **the** voice and **yielding of** that body
　　　　　Whereof he is the head. (1.3.23-4)
　　(51)　*In* **mincing** with his sword her [husband's] limbs, (2.2.514)
　　(52)　let go *by*
　　　　　Th' important **acting of** your dread command? (3.4.107-8)

(53) Now whether it be

　　 Bestial oblivion, or some craven scruple

　　 Of **thinking** too precisely on th' event — (4.4.39-41)

(54) Or are you *like* **the painting of** a sorrow, (4.7.108)

(55) That *on* **the** view and **knowing of** these contents, (5.2.44)

文法家たちの見解が述べられている例もいくつか取りあげる。

(56) Did these bones cost no more the

　　 breeding, but to play at loggats with them? (5.1.91-2)

> The substantival use of the verbal with "the" before it and "of" after it seems to have been regarded as colloquial. Shakespeare puts into the mouth of Touchstone:
>
> 　　　　　　　　　　(E.A.Abbott, *Shakespearian Grammar*, §93)

アボット (Abbott) は，この用法は口語とみなされ，シェイクスピアはタッチストーン（皮肉・駄じゃれ・警句などを連発する道化）に用いさせたとしてこの例を挙げている。

(57) that thus hath put him

　　 So much from **th' understanding of** himself, (2.2.8-9)

フランツや大塚高信は，前置詞を伴い冠詞を有する他動詞の -ing 形は，属格の目的語をとる (for he stealing of sheep) 例のひとつとして挙げている。また，フランツは次の例も挙げている。

(58) To take him in **the purging of** his soul, (3.3.85)

イェスペルセン (Jespersen) も，この文について次のように述べている。

> 8.4$_3$. After the definite article the *of*-construction has always been frequent; since the beginning of the 19th c. it has been the construction required by native grammarians.

(O. Jespersen, *Modern English Grammar V*, p.97)

(59) That from her **working** all the visage wann'd, (2.2.554)

(60) If I had play'd the desk or table-book,

　　Or given my heart a [**winking**,] mute and dumb, (2.2.136-7)

　　The gerund often applied to the motions or labours of the mind:
　　　　　　　　　　　　　　　(*Shakespeare Lexicon*, working)

シュミットによると，workingは動名詞として使われており，精神の活動や作用を意味している。

2) 形容詞で修飾される＜6例＞

(61) we have to use you did provoke

　　Our *hasty* **sending.** (2.2.3-4)

(62) And to such *wondrous* **doing brought** his horse, (4.7.86)

(63) Your *sudden* **coming o'er** to play with you. (4.7.105)

　　45. 形容詞との結合

　　「形容詞＋動名詞」の場合を考えてみると，(his) rapid reading は 'reading rapidly' と同義で，'(He) reads rapidly' を名詞化した形である（同義とは言いながら，前者は固定した名詞的な言い方であり，後者は叙述的で一層動詞的な表現と見られる）。ここに動名詞のネクサスとしての特徴がうかがわれる。

　　　　　　　　　　（乾亮一『分詞・動名詞』英文法シリーズ第15巻 pp.54-5）

3) 主語になる＜2例＞

(64) No **reck'ning made,** but sent to my account (1.5.78)

(65) plac'd it safely,

　　The **changeling** never known. (5.2.52-3)

4) 所有格に限定される＜3例＞

(66) And that in Hamlet's **hearing**, for a quality (4.7.72)

第一部　文法

> 1) (...) *in one's -ing* ＝ in one's presence, so as to be heard by：Hml. IV.7.73
>
> (*Shakespeare Lexicon*, hear)

5) どのような働きをするのか判断が難しい例＜2例＞

(67) An **understanding** simple and unschool'd: (1.2.97)

シュミットは，substantively ＝ intellectual facul, judgment と指摘している。

(68) and **the bringing** *home*
　　Of *bell and burial.* (5.1.233-4)

home は副詞である。しかし，bringing の前後に the や of を伴っていて，目的語をとっている。

○名詞的動名詞から動詞的動名詞への過渡的用法≪4例≫

(69) That you, at such times seeing me, never shall,
　　With arms encumb'red thus, or this headshake,
　　Or by **pronouncing of** some doubtful phrase, (1.5.173-5)

(70) But with much **forcing of** his disposition. (3.1.12)

(71) Leave **wringing of** your hands. (3.4.34)

(72) This sudden **sending** *him away* must seem
　　Deliberate pause. (4.3.8-9)

フランツはこれらを現代にはない動名詞の例として挙げている。ヴィッサーも例のひとつとして挙げている。これらの構文は名詞的性質と動詞的性質を持っており，動名詞が名詞的機能から動詞的機能に移る過渡期的段階にあることを示している。

○動詞的性質≪8例≫

1) 述部 (predicate)，目的語をとる＜4例＞

(73) And what so poor a man as Hamlet is
　　May do t' *express* his love and **friending** *to you*, (1.5.184-5)

(74) Faith, e'en with **losing** *his wits.* (5.1.159)

(75) Or else shall

'a *suffer* **not thinking** on, (3.2.133-4)

> *Not* を動名詞に先行させることは動名詞が動詞的性格を強く現わし出してからのことであって，エリザベス朝時代からであると言われている。
>
> （乾亮一『分詞・動名詞』英文法シリーズ第 15 巻 p.57）

2）受動形をつくる＜3 例＞

(76) If 'a steal aught the whilst this play is **playing**,

And scape [**detecting**], I will pay the theft. (3.2.88-9)

動名詞の受動形についていくつか見解を取りあげる。

> 動名詞が元来名詞であったため，動詞が持ついろいろの形態をそなえなかったことと，ちょうど不定詞がもともと名詞であったため，完了・受動の形を古くは欠いていたのが平行して，シェイクスピア時代には単純な "-ing" 形で受身の意味も完了の意味も表していた例が多い。その例はシェイクスピアに多い。
>
> （大塚高信『シェイクスピアの文法』p.118）

フランツは，この節の playing を be の後の受身の意味を持った動名詞の例として挙げている。つまり，be 動詞がすでに現在分詞とともに用いられているので，動名詞にもつけるべき be 動詞が省略された例と考える（『シェークスピアの英語』§665）。また，受身の意味を持った動名詞の他の例を *Shakespeare Lexicon* から取りあげる。

5. The gerund in a passive sense.

Such expressions as that in Hamlet: *the whilst this play is playing,* are in use to this day. *The table is serving, the house is building, for being served, being built,* or rather for *in serving,*

第一部　文法

> *in building(a-building)*, are very common phrases. But with Shakespeare the gerund may have a passive sense even when it is not in the predicate.
>
> (*Shakespeare Lexicon, Appendix*, p.1418)

シュミットは，能動態の形で受動の意味を表す構文はシェイクスピア時代ではよくみられると述べている。

英語で受動進行形が現われるのは 18 世紀末で，シェイクスピアでは "The house *is building*." 型の構文が専ら現われる。

(荒木・中尾『シェイクスピアの発音と文法』p.68)

Passive voice
(3) 受動態に相当する意味を表す構文
(b) 能動態が受動態の意味に用いられる場合がある (...) The house is building.
最後の進行形の例文のような構文の起源に関し，イェスペルセンはそれが is in building または is a-building という動詞的名詞から来たとする説をとり，Curme は OE の「be ＋現在分詞」からの継続であるとする。

(『新英文法辞典』pp.741-2)

3) There is no ～の構文＜1 例＞
   (77) *There is no* **shuffling**, there the action lies
       In his true nature, (3.3.61-2)

> There is no preventing it の型の動名詞構文は，シェイクスピアでは既にきわめて多く用いられている。
>
> (フランツ『シェークスピアの英語』§667 註 1)

○動名詞か，名詞か，現在分詞か，区別が曖昧な例≪12 例≫
   (78) At last, a little **shaking of** mine arm, (2.1.89)

(79) Sure He that made us with such large discorse,
　　　Looking before and after, gave us not
　　　That capability and god like reason
　　　To fust in us unus'd (4.4.36-9)
shaking と Looking は，現在分詞の働きをしているように思える。*Shakespeare Lexicon* の記述からも現在分詞と解釈した方が適している。

(80) Eyes without **feeling**, feeling without sight, (3.4.78)
この feeling は，シュミットが 1) the sense of touch の例としているように，純然たる名詞であって動名詞ではない。

(81) God's bodkin, man, much better: use every
　　　man after his desert, and who shall scape **whipping**? (2.2.529-30)

　　to strike with a lash, to punish with a whip
　　The gerund substantively：Hml. II.2.556
　　　　　　　　　　　　　　　(*Shakespeare Lexicon,* whip, vb.)

シュミットは whipping を名詞的に使われている動名詞としている。しかし，イェスペルセンはこの箇所を例のひとつに挙げて次のように述べている。

> A substantive does not admit of any indication on *time*. Similarly the ing had originally, and to a great extent still has, no reference to time. But since the end of the sixteenth century the ing has still further approximated to the character of a verb by developing a composite perfect. Shakespeare, who uses the new tense in a few places, does not always use it where it would be used now. Like other nouns the ing was also at first incapable of expressing the verbal distinction between *the active*

and *the passive voice*. The simple ing is still often neutral in this respect, and in some connexions assumes a passive meaning. This is extremely frequent in old authors. But about 1600 a new form came into existence, as the old one would often appear ambiguous, and it was felt convenient to be able to distinguish between 'foxes enjoy hunting' and 'foxes enjoy being hunted'. The new passive is rare in Shakespeare, but has now for a long time been firmly established in the language.

(Jespersen, *Growth and Structure of the English Language*, §209)

名詞は「時間の差異」示すことは全くない。同様に，-ing 形も最初は，そして現在でも相当な程度に，時間の差異を示すことはない。しかし 16 世紀末以来，-ing 形は動詞的性質を帯びるようになり，複合時制を形成するようになった。-ing 形は他の名詞と同じように，能動態と受動態との間の動詞的区別を表現することは不可能だった。単純な ing 形はこの点で今日でもしばしば中立であり，前後関係で受動の意味を帯びる。これは古い作家において非常に頻繁におこる。シュミットは，whipping を名詞的な動名詞と述べている。しかし，イェスペルセンも述べているように，シェイクスピア時代には能動の形で受動の意味を表す型が存在しており，意味から考えても，ここでのwhipping は，受動形をつくる動詞的性質を持つ動名詞と判断した方が適当である。

(82) It is as easy as **lying.** (3.2.357)
シュミットが名詞としていることから，lying は動名詞ではない。

    vb.(…) *-ing,* subst. : Hml. III.2.372

(*Shakespeare Lexicon*, lie)

(83) 'Tis now the very **witching** time of night,
When churchyards yawn and hell itself [breathes] out

Contagion to this world. (3.2.388-90)

フランツは witching を，しばしば名詞と結合して現れる動名詞だと述べ，この例を挙げている。しかし，OED では現在分詞の項に挙げられている。

> ppl. a. [f. as prec. + -ING².]
> 2. b. spec. Of time: Belonging or appropriate to the deeds of witches and witchcraft, and hence to supposed supernatural occurrences. In later use echoing Shaks.
> 　　1602 Shaks. Ham.III.ii.406
>
> (*OED*, witching)

(84) If it please
his Majesty, it is the **breathing** time of day with me. (HAM 5.2.173-4)

> 4) to take exercise : Hml. V.2.181 (the time of taking a walk)
>
> (*Shakespeare Lexicon*, breathe)

breathing は動名詞と考えることができる。さらに, the breathing time「運動をするための時間」で，複合語の第一要素と考えられる。同じく，(83) の witching も the very witching time で複合語になっていると考えられ，動名詞と解釈することも可能である。

a(-)-ing

(85) This man shall set me **packing**; (3.4.211)

> Set の場合はさらに a(-) が脱落することがある。Sh には両形がある。
> Thou wilt set me a *weeping*, (2H4 II.iv.302)
> This man shall set me *packing*: (Ham. III.iv.211) [F1]
>
> (荒木・宇賀治『英語史 III A』p.452)

ここで，a が脱落しているかどうか Quarto 版と Folio 版で調べてみる。

[F1] [F2] [F3] [F4]：This man shall set me **packing.**
[Q1] 1603：【欠落】
[Q2] 1604：This man shall set me **packing,**
[Q3] 1611：This man shall set me **packing,**
[Q4] n. d.：This man shall set me **packing,**

Quarto 版と Folio 版では，a はついていない。しかし，『英語史 III A』でも述べられているように，意味から考えて packing は a が脱落した動名詞と考えることもできる。

(86) It is [a] nipping and an eager air. (1.4.2)

　　to pinch, to bite, to blast: Hml. I.4.2

　　　　　　　　　　　　(*Shakespeare Lexicon*, nip)

同じように，a が脱落しているか Quarto 版で調べる。

[Q1]：Ham. The ayre bites shrewd; it is an eager and **an nipping** wir le.
[Q2]：Hora. It is **nipping,** and an eager ayre.
[Q3]：Hora. It is **nipping,** and an eager ayre.
[Q4]：It is **nipping,** and an eager aire.

Q2 から Q4 では，nipping に a はついていない。しかし，Q1 では an がついているので，前置詞の目的語になる動名詞と解釈する。

(87) Now might I do it [pat], now 'a is **a-praying;** (3.3.73)

もし a が脱落したら，意味からも進行形と解釈することもできる。Quart 版で a が脱落していないか調べる。

[Q1]：【欠落】
[Q2]：Now might I doe it, but now a is **a praying,**
[Q3]：Now might I doe it, but now a is **a praying,**
[Q4]：Now might I do it, but now a is **a praying,**

a (-) praying はすべて Quarto 版で見受けられる。それゆえ，a は前置詞 on が転訛したものと解釈し，動名詞とみなすことができる。

(88) And fall **a-cursing**, like a very drab,
　　 A stallion. (2.2.586-7)
(89) Even in their promise, as it is **a-making**,
　　 You must not take for fire. (1.3.119-20)
　　 Quarto 版において，(88) と (89) の a は脱落していない。従って，進行形ではなく動名詞と解釈する。

中期作品の *Hamlet* では，動詞的性質である受動形が現れる。この受動形は，能動の形をとっていながら，受身の意味を表している。また，not を動名詞に先行させる例も現れ，これは動名詞が動詞的性格を強めてきたことを意味する。エリザベス朝時代から，「There is no ＋動名詞」の構文が存在していることからも，この頃から動名詞の動詞的性格が現れてきたことが考えられる。

§4　*The Tempest*
○名詞的性質≪40 例≫
　1) 主語になる＜6 例＞
　　(90) Jove's lightning, the precursors
　　　　 O' th' dreadful thunder-claps, more momentary
　　　　 And **sight-outrunning** were not; (1.2.201-3)
　　(91) I must uneasy make, lest too light **winning**
　　　　 Make the prize light. (1.2.452-3)
　　(92) but my **rejoicing**
　　　　 At nothing can be more (3.1.92-3)
　　(93) A pox o' your bottle! this can sack
　　　　 and **drinking** do. (3.2.79-80)
　2) 形容詞に修飾される＜3 例＞

第一部　文法

(94) To thy *strong* **bidding**, task

　　　Ariel, and all his quality. (1.2.192-3)

(95) Of *sulphurous* **roaring** the most mighty Neptune (1.2.204)

(96) To most *ignoble* **stooping**. (1.2.116)

　　　Figuratively, = to bow down, to yield, to submit: Tp. I.2.116
　　　With to -ing to your clemency: Hml. III.2.160

　　　　　　　　　　　　(*Shakespeare Lexicon*, stoop, vb.)

3) 所有格に限定される＜19 例＞

(97) Stand fast, good Fate,

　　　to his **hanging,** make the rope of his destiny (1.1.30-1)

(98) To closeness and **the bettering** of my mind (1.2.90)

(99) and sorceries terrible

　　　To enter human **hearing,** (1.2.264-5)

(100) Moe widows in them of this business' **making** (2.1.134)

(101) Even now, we heard a hollow burst of **bellowing**

　　　Like bulls, (2.1.311-2)

(102) out o' your wits, and

　　　hearing too? (3.2.78-9)

(103) with weariness

　　　To **th' dulling of** my spirits. (3.3.5-6)

　　　Hearing, substantively, = the sense by which sounds are perceived, the ear: Tp. I.2.265, Tp. III.2.87

　　　　　　　　　　　　(*Shakespeare Lexicon*, hear)

シュミットは，hearing は名詞的に使われていると述べている。

(104) This wide-chopp'd rascal — would thou mightst lie **drowing**

　　　The washing of ten tides! (1.1.57-8)

荒木・中尾『シェイクスピアの発音と文法』では，lie drowing を a-

が脱落した例として挙げている (p.59)。*Tempest* の Quarto 版はないので First Folio 版で a がついているかみる。

[F1]：This wide-chopt-rasecall, would thou mightst lye **drowing the washing of** Ten Tides.

Folio 版では a はついていない。意味からも考えて，lie drowing は現在分詞と考えられる。

4) 前置詞の目的語＜12 例＞

(105) continue in it five weeks *without* **changing**. (2.1.184)

(106) No more dams I'll make for fish,
Nor fetch *in* **firing**
At **requiring**, (2.2.180-2)

(107) Will make me sleep again, and then *in* **dreaming**,
The clouds methought would open, (3.2.140-1)

(108) So full of valor that they smote the air
For **breathing** in their faces; (4.1.172-3)

○名詞的用法から動詞的用法への過渡的用法≪3 例≫

(109) Who having into truth, by **telling of** it, (1.2.100)

(110) beat the ground
For **kissing of** their feet; (4.1.173-4)

(111) Whom I left **cooling of** the air with sighs, (1.2.222)

> In these constructions the form in *-ande* / *-ende*, the present participle, would become a form in *-ing* in Middle English, and the synthetic genitive complement would take the form of an *of*-adjunct. (...)
>
> The idiom first appears in the fourteenth century, remains rare until the end of the fifteenth century, but then becomes remarkably frequent in the sixteenth century and the first

51

decades of the seventeenth century.

(Visser, *An Historical Syntax of the English Language II*, §1121)

ヴィッサーは cooling を現在分詞としている。しかし,カームは動名詞としている。

However, in older English literature, the original genitive object in its modern form with *of* lingered long after the gerund, even where the verbal force was strong, and in popular speech it still lingers: 'Whom I left [in, i.e., engaged in] cooling *of the air* with sights' (Shakespeare, The Tempest, I.II.222), now 'Whom I left cooling *the air* with sights.'

(Curme, *Syntax*, §50 1)

以上の説明から,cooling は動名詞または現在分詞であると解釈できる。しかし,cooling は,of を伴っていて目的語をとっている。よって,名詞的性質と動詞的性質の両方を持った動名詞だと見なすことも可能であり,また動名詞が名詞的機能から動詞的機能に移行する過渡期の段階にあることを表している。

○動詞的性質≪6例≫
1) 目的語をとる＜4例＞
   (112) and to torment me
      For **bringing** wood in slowly.(2.2.15-6)
   (113) The red-plague rid you
      For **learning** me *your languages!* (1.2.364-5)
2) 受動形・完了形＜2例＞

動名詞が完全に動詞的機能を発揮するようになったのは近代になってからで,動詞の特質ともいうべき受動態や完了形が動名詞に確立したのは,よほど後のことであった。その萌芽が認められたのが16世紀の終わりごろ,すなわちシェイクスピア時代であったから,『欽定聖書』

第1章　動名詞

にはまだこの形は現われていない。シェイクスピアにわずかに例が見えるに過ぎない。

(大塚高信『シェイクスピアの文法』p.118)

ビアス (Y.M.Biese, 1950, p.10) によると, わずかに見出されるだけで, シェイクスピアでは動名詞の完了形は未発達の段階であることが知られる。それらはいずれも前置詞の目的語として使われており, for の目的語の場合3例, in の目的語の場合が1例である。

(荒木・中尾『シェイクスピアの発音と文法』p.61)

(114) 'Twill weep for **having wearied** you. (3.1.19)

フランツは, この構文について, 次のように説明している。

> 複合形式の動名詞は, エリザベス朝時代になってやっとあらわれ始め, しかも最初は前置詞に伴われてであった。それは大体エリザベス朝時代にはただ散見するのみであるが, シェークスピアにおいても同様, 非常に稀である。

(フランツ『シェークスピアの英語』§665)

(115) And another storm **brewing**, I hear it
　　　sing i' th' wind. (2.2.19-20)

『シェイクスピアの文法』で大塚高信は, brewing を単純な -ing 形で受身の意味を表している動名詞 (= (is) being brewed) だと述べている。しかし, シュミットは以下のように述べている。

> The gerund or participle in a neuter sense: Tp. II.2.19
> 　　　　　　　　　　　　(*Shakespeare Lexicon*, brew)

brewing は動名詞と現在分詞の中立の意味を持つとされており, はっきりと区別されていない。

第一部　文法

○動名詞か，名詞か，現在分詞か，区別が曖昧な例≪3例≫

(116) [*Aside*.] Praise *in* **departing**. (3.3.39)

departing は，現在分詞と考えた方が妥当である。in は when の意味であり，when you depart と置き換えられるので動名詞ではない。

(117) We would so, and then go **a-batfowling**. (2.1.185)

ヴィッサーはこの構文を例のひとつとして，次のように述べている。

> The type 'He was (went) on (>a)-holiday making' is represented in Modern English by constructions without this *a*: 'to be wool-gathering', 'he was pleasure-seeking', 'london is hard at work cabinet-making'; these newer patterns have a striking resemblance to what is usually called the 'progressive' or 'expanded' form, and their verbal character is therefore more prominent than their nominal character.
>
> (Visser, *An Historical Syntax of the English Language II*, §1114)

First Folio 版でこの箇所をみてみる。

　[F1]：We would so, and then go **a Bat-fowling**.

Folio 版では a がついているので，前置詞の目的語として機能する動名詞と解釈する。

(118) Upon mine honor, sir, I heard **a humming** (2.1.317)

　1) to utter a low confused sound: Tp. II.1.317

　　　　　　　　　　　　　(*Shakespeare Lexicon*, hum, vb.)

　　vbl. sb.[1]　[f. HUM v.[1] + -ING[1].]

　　The action of the verb HUM, q.v.

　　　　　　　　　　　　　　　　　(*OED*, humming)

First Folio 版から Forth Folio 版までのこの箇所を挙げる。

　[F1] [F2] [F3] [F4]：Upon mine honour, Sir, I heard **a humming**,

第 1 章　動名詞

　ここで問題なのは，humming が単純な名詞なのか，それとも a(-)を伴った動名詞かということである。シュミットは動詞としている。OED にも動詞 hum の動作を表すとあり，humming は動名詞と解釈した方が適当である。

　シェイクスピア作品の後期にあたる *The Tempest* では，名詞的性質を持つ動名詞が多い。しかし画期的なのは，動詞的性質の特徴である受動形と完了形が現れたことである。これは，動名詞が徐々に動詞的性質を獲得してきていることを意味して余りある。また，動名詞の発達過程でみられる，名詞的性質と動詞的性質が組み合わさった構文を 3 例見出すことができた。これも初期，中期と比べると 1 例ではあるが増えているので，シェイクスピアの英語を境として，動名詞が名詞から動詞的機能を獲得してゆくちょうど過渡期にあたると考えられる。

　これまでシェイクスピアの作品を初期，中期，後期から選び，詳しくみてきた。シェイクスピアの英語における動名詞には，名詞的性質と動詞的性質が並んで存在しており，同時に名詞的機能と動詞的機能のふたつの機能を兼ね備えた構文も見受けられる。従って，シェイクスピアの英語は，動名詞が OE 期以降の英語史上，名詞的機能から動詞的機能を徐々に獲得していく発達段階の過渡期にあたり，両者の入れ替えのちょうど交叉点上にあるといえる。

　動名詞の場合も，英語史にみられる他の言語現象と同じく，シェイクスピアの英語が古い英語から新しい近代英語，現代英語に転換する交叉点にあることを示している。

結　論

　OE では，動名詞は元々純粋な名詞であり，現代にみられるような動詞的な機能を持っていなかった。OED によると，OE では -ing, -ung の名詞が本来抽象的観念を表していたが，複数形をとるようになり，-ing 形

55

第一部　文法

が副詞的修飾語や目的語・補語をとる，いわゆる動名詞としての用法は14世紀にさかのぼる。この主な理由として，動詞的名詞 -ing と現在分詞 -end(e) の発音上の混同が挙げられている。また，モセは動名詞は現在分詞から動詞的機能を得たと述べている。

　動名詞の発達過程において，名詞的性質と動詞的性質の両方の機能が混在した例がみられる。また，a(-) を伴った動名詞 (e.g. lie a-bleeding) もシェイクスピアの英語において見受けられた。この a(-) は，古期英語の前置詞 on が弱音化したものであり，現代では消失している。よって，シェイクスピアの英語にはこの a(-) が脱落している例もある。この構文は，歴史的にいえば動名詞であるが現在では現在分詞と感じられており，進行形の発達に動名詞が関与していたことを示している。

　シェイクスピアの英語を詳しくみていくことにより，動名詞の発達過程を垣間見ることができた。*Hamlet* では動名詞の動詞的性質である受動形が現れる。しかもこの受動形は能動の形で受動の意味を表している。しかし，これは動名詞が元々受動・能動の区別には関与しない名詞だったことを考えると納得できる。また，not を動名詞の前に置く構文もエリザベス朝期，即ちシェイクスピアの時代から見出される。これは，動名詞がこの頃から動詞的な機能を持ち始めたことを意味している。また，*The Tempest* では完了形が現れている。

　動名詞が目的語をとる場合，シェイクスピアの英語では4つの構文が存在している。シェイクスピアの英語が，名詞的性質だけを持っていた動名詞が動詞的性質を持つに至るまでの4段階の変化の過渡期にあったからである。具体的にいえば，動名詞の発達過程においてシェイクスピアの英語は，動名詞が受動形や完了形をつくるという動詞的機能を獲得し始めた決定的な段階に位置している。

　シェイクスピアの英語は，現代にみられる動名詞の動詞的機能が徐々に現れ始めた時代にあたるので，シェイクスピアの初期の作品から後期の作品，あるいはシェイクスピアの生前に出版されたクォート各版から没後に出版された4種類のフォリオ版を年代を追って検討してゆくと，動名詞が

動詞的機能を徐々に獲得してゆく過程を目の当たりにすることができる。動名詞が，純然たる名詞から動詞的機能を十分に備えた現代英語の動名詞への，萌芽の時代から成熟に至るほぼすべての段階が，シェイクスピアの英語には凝縮されているからである。

　文法，語彙，意味変化といった他の言語現象と同じように，動名詞の発達にもシェイクスピアの英語が，ゲルマン的英語からロマンス的性質を帯びた近代英語へと転換する交叉点に位置することが伺われる。そして，シェイクスピアは動名詞の発達に関しても，英語が中期英語から近代英語へと移行するのに大いに貢献している。

本章の参考文献

Mossé, F., *Hisotire de la forme périphrasitique être + participle present en germanique, 2 tomes,* C. Klincksieck, 1938
　　〔高橋博訳『ゲルマン語・英語迂言形の歴史』青山社，1993〕
Visser, F.Th., *An Historical Syntax of the English Language II,* Leiden, E.J.Brill, 1984
乾亮一　『分詞・動名詞』「英文法シリーズ第15巻」研究社，1954

第一部　文法

第 2 章　不定詞
―「態」の区別の誕生―

はじめに

　PE の不定詞用法として,
　　名詞的用法　　I like *to play* the piano.
　　形容詞的用法　I want something *to drink*.
　　副詞的用法　　I go to school *to study*.
がある。この用法上の区別は OE, ME ではまだはっきりとしていなかった。そして, 現在使われている不定詞の「態 (voice)」の区別も OE では確立されていない。なぜなら, 不定詞は元々純然たる名詞であり, 動詞的性質を持っていなかったために態の区別をする必要がなかったからである。

　元々名詞であり, 動詞的性質を持っていなかったために態の区別をする必要がなかった不定詞が, 徐々に動詞的性質を獲得してゆく。この点は, 不定詞と動名詞とは同じような歴史的過程をたどる。動名詞も, 元来は純然たる名詞であった。ところが, OE, ME, Mod.E. と時代が下るにつれて動詞的性質を獲得してゆくからである。

　不定詞の名詞的性質は, OE においてはもちろん, PE でも主語や目的語として用いられていることに残っている。動詞的性質は OE 以来次第に発達し, ME に入ると to 付不定詞の受動態が次第に増し「受動態不定詞 (to be ＋過去分詞)」も発達してきてシェイクスピアの作品にもしばしば現れている。しかし, 作品の中には, 受動態不定詞のほうが普通である場合にしばしば「能動態不定詞 (to ＋原形動詞)」が用いられていることがある。例えば, He is to blame. のように意味上では受け身を表すのに形の上では能動態の不定詞を, 受動態不定詞と区別して,「受動不定詞」という。なぜ受動態不定詞が発達している中で受動不定詞も平行して用いられてい

たのだろうか。シェイクスピアの作品を通して考察する。

第一節　受動不定詞と受動態不定詞

　I can't find any house *to let* / He is *to blame* これらの不定詞は形の上では能動態であるが意味上では受け身である。これは受動不定詞と呼ばれる。そして，これらは a house *to be let* / He is *to be blamed* と受動態不定詞で用いられることもある。このように受動不定詞と受動態不定詞とが並存しているのはなぜだろうか，受動不定詞はなぜ存在したのだろうか。
　英文法シリーズの『不定詞』には次のように書かれている。

> 不定詞は元来動詞に由来する名詞であるため，He deserves *punishment* の punishment のように，主語を表現することも，態 (voice) を示すことも必要としなかった。(中略) しかし不定詞が次第に動詞的性質を帯びるにつれ，受動形の不定詞が生じはじめ，will, may 等，現在助動詞とされている語の目的語として用いられていた不定詞が，受動形をとることはすでに OE の初期から見られる。更に時が経つと，He is worthy *to be saved* by God のように，形容詞の目的語として用いられた不定詞が受動形をとった例は 12 世紀の *Ormulum* にも見られる。更に非人称動詞の (意味上の) 主語としての不定詞が受動形をとり，また結果の不定詞も，主語が明瞭であるところから必要に応じ受動形をとるなど文中の或る語が不定詞の主語と感じられ，それが不定詞のあらわす動作を受けるものであるとき，受動形の不定詞が用いられることとなった。(中略)
> この受動形不定詞への流れに長く抵抗してきたのは，This is an interesting book *to read* / I gave him a book *to read* のような今日でも盛んに用いられている構文である。しかし近代英語では不定詞の主語を明白に表現しようとする傾向から不定詞の主語が漠然とした文, た

とえば This is not the only thing *to do* のような場合, This is not the only thing *to be done* と, 修飾される語を不定詞の主語とし, 不定詞が受動形をとる形式もできるようになった。

　He is *to blame* や This house is *to let* において, 不定詞の意味上の主語は he, this house 以外にはなく, 当然受動形を用いるはずのところを, 今日まで受動不定詞が用いられているのは, これらの不定詞が動詞的な意味よりも形容詞的な意味を持つ如くに感じられているからであろう。He seems *to blame* と He seems *to be blamed* とをくらべても, *to blame* が形容詞の *blamable* とあまり変りがないことに気がつく。このようにして生じた受動形不定詞の文で, 意味上の差異が認められないものは相当あるが, 中にはいくらか意味の異なる場合がある。Jespersen 及び Curme に挙げてあるものを下に示す。

　　There was nothing *to see.* / There was so much *to be seen*.
　　（見るに値するものがなかった）/（いろいろ見ることができた）
　　There was nothing *to do.* / There was nothing *to be done*.
　　（する用事がなかった）/（せねばならないことがなかった）
　　He is not the man *to send.* / He is not the man *to be sent*.
　　（派遣するのに適した人ではない）/（派遣されることになっている人ではない）

上のことからわかるように, 'that can be ＋〜 d' の意のときには受動形不定詞が用いられる。

　　　　　　　　　　（小川三郎『不定詞』英文法シリーズ第 16 巻, pp.92-4）

　受動態不定詞の発達と, 受動不定詞が用いられている要因について書いてある。不定詞は元々動詞に由来する名詞であるため,「態」の区別には無関係であった。しかし, 不定詞が動詞的性質を持ち始めてから, 受動態不定詞が生じてきた。この受動態不定詞は OE 初期からみられていたが, 時が経つにつれて発達し, 頻繁に使用されるようになっていった。長い間, 受動態不定詞を用いるのに抵抗し続けた構文, つまり, 不定詞の主語が漠

然としている文章も，現在では受動形をとることができるようになった。この受動態不定詞が生じてからも，しばしば受け身の意味を持つ能動態不定詞，つまり受動不定詞が用いられている。現在でも He is *to blame* という表現があり, He is *to be blamed* とも表現することができる。このように，受動形を用いるべきところに受動不定詞を用いているのは，不定詞が動詞的な意味よりも形容詞的な意味を持っているからだと考えられている。to blame は形容詞 blamable と意味があまり変わらず，形容詞的な意味を持っているという感じを与える。中には意味の異なるものも存在するが，受動態不定詞は 'that can be ＋〜 ed' の意味の時に用いられている。受動態不定詞と受動不定詞が並存している理由は，まず，不定詞が態に無関係だったことが挙げられる。OE に受動態不定詞は存在していたものの，用法がきちんと確立されていなかったからである。そして，不定詞は動詞的な意味よりも形容詞的な意味を持っていると考えられ，受動不定詞が用いられたのである。以下，英文法シリーズ以外の見解を検討する。まずトルンカ (B.Trnka) の見解を挙げる。

D. *The Voice of the Infinitive.*

In Old and Middle English the infinitive was used regardless of voice, that is to say, the subject of the action of verb, or form the substantive with which it was construed.

The tendency to make the subject of the infinitive identical with the substantive to which it refers, by using the passive form, is undoubtedly due to the influence of the Latin passive infinitive constructions, which became especially strong after 1500. During the following century the use of the passive infinitive became firmly established.

The active adominal infinitive may still be employed side by side with the passive, e.g. *a house to let, a letter to post, a practical thing to do*. In the constructions *I am to do and I have something to do*, the use of the passive infinitive is connected with a change of meaning. Cf. Much *is to do*: much *is to be done*. We *have* bones *to break*: we *have* bones *to be broken*. Difference in the meaning of the passive constructions must have been present as early as the first half of the 16th century.

(B.Trnka, *On the Syntax of the English Verb from Caxton to Dryden*, p.81)

OE や ME では，不定詞の表す動作の主語と定動詞の主語は各々別であっても差し支えなく，不定詞とともに用いられる名詞とも異なることができた。受動態構文を用いて不定詞の主語と不定詞が関係する名詞を同一にしようとする傾向は，ラテン語の受動態不定詞構文の影響によるもので，その影響は 1500 年後になって特に強くなり，次の世紀で受動態不定詞構文の用法は確実になった。名詞修飾の能動態不定詞は，その受動態不定詞と並んで今なお用いることができるが，受動態不定詞を用いれば意味の変化をきたすものもある。受動態不定詞構文の意義が能動態不定詞と異なることは，早くも 16 世紀後半に現れていたにちがいない。

X. Passival infinitive.

Congreve の作品にもしばしば passival infinitive の用法が発見される。現代の英語ではすでに慣用句となっているものもある。不定詞が能動態の形をとりながら，特に口語では受動態不定詞が一般的である場合によく用いられている例がある。

How now, what's here *to do*? (= to be done) (L.L.,IV.vi.1) / Nothing remains *to do* or *to require.*(= to be done, or to be required) (M.B., V. i.267) / You have been *to blame*. (D.D.,IV. xviii. 32) (...)

元来不定詞は動詞に由来する名詞的性質を持ち，verbal の意味からも分かるように主語の表現も voice の必要もなく，それらには無関心そのものであったとも云える。従って不定詞の構文によっては多義性が考えられて誤解を生ずる場合があり，受動態不定詞の発生となったの

第2章　不定詞

であり，曖昧さを避けようとする必要性から1つの形を2つ以上の外の形で置き換えることになったのであろう。そして表現の細分化と同時に明瞭化を期待している。しかし不定詞の持つ曖昧さ，無関心ぶりが，形とは異なった意味即ち受動形不定詞の意味を持つことになったのであろう。

(中略) 古英語より受動不定詞と受動態不定詞が行われてきているが，Congreve の時代には未だ今日よりもよく使われたようである。

(藤木白鳳『コングリーブの英語』pp.132-3)

藤木白鳳によると，不定詞は動詞に由来する名詞的性質をもち，態の区別に無関心であった。不定詞の構文によっては多義になり誤解を生ずることがあり，曖昧さを避けようとして受動態不定詞が生じた。そして，不定詞の持つ曖昧さと態の区別に無関心であったことが受動不定詞を生み出したのである。コングリーブの作品にもしばしば受動不定詞が口語の中にみられる。次に，アボット (E.A.Abbott) の興味深い受動不定詞の解釈をみていく。

"I *will*," i.e. "I suppose," when followed by a preposition of motion, might naturally be supposed to mean"I *purpose* motion." Hence, as we have

　"I'*ll to* him." — *R. and J*. iii. 2.141
　"*Will* you *along?*" — *Coriol*. ii. 3.157
　"Now we'*ll* together. — *Macbeth*, iv. 3.136. (…)
We still say, "He *is* (journeying) for Paris," but not
　"He *is* (ready) for no gallants' company without them." — B. J. E. *out Humour*. i.1.
　"Any ordinary groom *is* (fit) for such payment." — *Hen.VIII*. 5.1.174.
So *T. N*. iii. 3.46; *A.W*. iii. 6.109.
　"I *am* (bound) to thank you for it." — *Timon of Athens*, 1.2.111. (…)

Again, we might perhaps say, "This *is* not a sky (fit) to walk under," but not

"This sky *is* not (fit) to walk in." — *J. C.* i. 3.39.

The modern distinction in such phrases appears to be this: when the noun follows *is*, there is an ellipse of "fit," "worthy:" when the noun precedes *is*, there is an ellipse of "intended," "made." Thus "this *is* a book to read" means "this *is* a book *worthy* to read;" but, "this book *is* to read and not to tear," means "this book *is intended* or made for the purpose of reading." This distinction was not recognized by the Elizabethans. When we wish to express "worthy" elliptically, we insert *a:* "He *is a* man to respect," or we use the passive, and say, "He *is* to be respected." Shakespeare could have written "He *is* to respect" in this sense. The Elizabethans used the active in many cases where we should use the passive. Thus —

"Little is *to do.*" — *Macbeth*, v.7.28.

"What's more *to do.*" — *Ib.* v. 8.64; *A. and* C. ii. 6.60; (…)

Hence "This food is not to eat" might in Shakespeare's time have meant "This food is not *fit* to eat;" now, it could only mean "*intended* to eat." (…)

(E.A.Abbott, *A Shakespearian Grammar*, §405)

I *will* の後に移動の前置詞が来たときに自然と本動詞が省略されることがあった。これは本動詞がなくても意味がすぐわかるため省略されている。しかし、Any ordinary groom *is* (fit) for such payment のような文章は省略しない。省略が発達するにつれて正しい省略の方法と間違った省略の方法が生じてきた。is の後に名詞がくるときは fit, worthy の省略があり、is の前に名詞が来るときには intended, made の省略がある。省略されてわかりにくい worthy を表現したいときには a を挿入する。例えば He *is a* man to respect となり、また受動態を用いれば He *is* to be respected と表現す

る。シェイクスピアにはまだこの区別の認識がなく，He *is* to respect と書いていたのかもしれない。あるいは，一般的にエリザベス朝時代にはまだこの区別が確立していず，多くの場合，受動態不定詞を用いるべきところに能動態不定詞を用いてた。

> The next thing *to be considered* was food. — Jespersen: *E.E.G.*, 32. 25
>
> This leaves nothing *to be desired*. — *ibid*.
>
> 上例に於けるが如き Infinitive を一般に **Passive Infinitive** と称しているが，元来 Infinitive は Noun であるから，Voice の区別は形の上には存しなかったもので，現に OE 並に ME に於てはかかる differentiation は存していなかったのである。而して之等の時代に於ては Infinitive に含まれた action の意味上の Subject は Finite Verb の Subject とか，その Infinitive が関係している Noun とか各の場合によって相違したものである。
>
> 然るに 1500 年の頃から Passive Infinitive を用いて Infinitive の意味上の Subject をその Infinitive が関係する Noun と同一物たらしめようとする傾向が生じ，17th c. に入ると此の傾向が英語に確立するに到った。一般に之は Passive function を有する Infinitive を Passive form を以て示さんとする英語の合理的傾向が Latin の Passive Infinitive によって引起こされたものである。
>
> しかし現今の英語に於ても，或る場合には Passive の意を有する active form が依然として残っていたり，時には Passive Infinitive と Active Infinitive との両形が存したり，時に両方が意味を異にして用いられたりしている。例えば *blame, compare* に於ては passive form よりも active form が一般に common である。
>
> （河合茂『英文法概論』§ 6. 82）

実は，現在でも受動態不定詞が発達してきたにもかかわらず，不定詞に関する能動, 受動の区別は完全に一貫しているわけではない。例えば, Much is

第一部　文法

to do / Much is to be done を比較してみると能動態不定詞と受動態不定詞で意味が異なってくる。一方，I am not to blame / I am not to be blamed とでは意味はほとんど同じである。このように受動態不定詞の用法は確立されているものの，依然として一貫性がない。ブルンナー (Brunner) も同様の意見を持っている。

> OE 散文では受動不定詞は，ラテン語の受動不定詞の翻訳としてあるいはその模倣として詩よりしばしば現われ，概念動詞や名詞的述語の後にも用いられる。しかししばしば能動不定詞が，特にそれが不定詞の主語と結び付けられることが可能でそれによって能動の意味を得る場合に，受動の意味でも用いられる。OE で受動不定詞が用いられる限りでは，常に tō を伴わない。
> ようやく初期 ME で受動不定詞が一層しばしば用いられるようになり，to と結び付いて OE ではまだふつうでなかった種類の用法に表われる。例えば実詞の補足語として，目的を表わす不定詞として，形容詞の補足語として，命令，使役及び知覚の動詞の後で。およそ 1300 年以後に受動不定詞は実在動詞の後で叙述的にも次第に用いられるようになる。そして今日までしばしばみられる。しかしそれと並んで OE でふつうであった能動不定詞を持つ結合も現われる。これはなお長く保たれた。しかし ME の間に wurth（後に wurthy）以外の形容詞の後及び実詞の後にも受動不定詞が用いられるが，これは決して一般的にならなかった。そしてその後もしばしば。しかし wurth (wurthy)，ModE worth, worthy の後でも受動不定詞のほかに能動不定詞も保たれた。
> この用法は今日でも全く一貫してはいない。曖昧のおそれがない場合には，特に慣用句で，意味から受動不定詞が期待されるところに，今なお能動不定詞が現われる。例えば，a house to let と to be let, he is to blame と to be blamed, There is no time to lose または to be lost あるいは僅かの意味の相違を持って there is nothing to see（全くな

にも見えない）と to be seen（見る価値のあるものはなにもない）など。
(ブルンナー『英語発達史』pp.702-3)

OE では受動不定詞はすでに存在していたが，to を伴って用いられてはいなかった。初期 ME でようやく to と結びつき能動不定詞が用いられ，種類も増えてきた。現在では能動不定詞と受動不定詞の両方を用いることができる文や，受動態不定詞が普通であるところに能動不定詞が用いられている文が存在する。このように現在でもこの用法は全く一貫していない。

　これまで引用した文章にもとづいて，受動不定詞の発生についてまとめる。シェイクスピアの時代にはなぜ受動不定詞が頻繁に用いられているのだろうか。この理由は学者により様々な見解がある。英文法シリーズは，本来なら受動態不定詞を用いるべきところに能動態不定詞を用いているのは，不定詞が動詞的な意味よりも形容詞的な意味を持っていると考えるからであるという。トルンカは，不定詞の用法がはっきりと確立しておらず，態も無視して用いられていたために区別されず使われていた。それにより，受動不定詞が発生することとなったという。藤木もトルンカと似たような見解で，不定詞の持つ曖昧さと態の区別への無関心が受動不定詞を生み出すこととなったという。アボットの意見は，シェイクスピアは省略して書いているのだという。will の後に移動の前置詞がきたときに本動詞が省略される，という省略の正しい用法が発達するにつれて，その過程のなかで間違った省略の方法が生じてしまった。本来なら省略すべきではない単語を省略して用いたことが受動不定詞を生み出したのだという。受動不定詞の発生については異なった意見が多いが，共通しているところもある。すなわち，不定詞は元々名詞であったため態の区別はなかったが，次第に動詞的性質を持つようになり，受動態不定詞が発達してきたという点である。受動不定詞発生の要因については，第三節でシェイクスピアの作品例を照らし合わせて調べていくことにする。

第一部　文法

第二節　受動態不定詞の発達

　第一節でみた学者の見解に基づいて受動態不定詞の発達過程についてまとめる。OE 初期からすでに受動態不定詞は用いられている。時が経つにつれて不定詞の種類が増え，受動態不定詞はいっそう頻繁に用いられ始めた。しかし，不定詞は元々名詞であったために態の区別はなく，OE, ME においては不定詞の表す主語とその不定詞が関係する名詞は別々のものであっても差し支えはなかった。しかし，ラテン語の受動態不定詞構文の影響を受け始めてからそれらを同一にしようという傾向が生じた。その影響は 1500 年後にいっそう強くなり，17 世紀には受動態不定詞の用法は確立した。しかし，現代でも He is to blame / He is to be blamed など，能動態不定詞と受動態不定詞のいずれを用いても意味の変わらない文章があったり，また，本来なら受動態不定詞を用いるべきところに能動態不定詞を用いて表したりする。17 世紀に受動態不定詞の用法が確立したとはいえ，この区別は今日完全に一貫してはいない。

　それではシェイクスピアの時代には，どのくらい受動態不定詞が用いられていたのだろうか。それは第三節でみていくことにして，まず，シェイクスピアよりも 100 年前に活躍したキャクストン（Caxton）の作品では，どの程度受動態不定詞が使われていたのかをみていく。

> While, as mentioned above, the Infinitive in Old English — as well as in the other Teutonic language— was indifferent with regard to voice, the later periods of Middle English develop the passive on the same principle as Latin, and are probably modeled on that. Whenever there is an action without a subject to do it, we find the passive construction in Latin. So far as I am aware both these constructions are translated in Old English, as well as in Middle

第 2 章　不定詞

English of the first century, by the simple infinitive.
The passive construction is rarely to be met with in the earliest Middle English texts. There are, however, numerous instances in the 14th century: ―
> *Cursor Mundi,* 4856:'þair siluer he tok and gaue þam corn
> 　　　　　　　And to þair inne did it *be born.*'
> 　　　'And suffrith us…
> 　　ful ofte *to be bete* in sondry wise.' *ibid*.II. 314

In Caxton the old use is still very frequent, if it is not the prevailing one; and, to conclude from several instances, the passive construction was not quite familiar to him. The preposition between the instances of active and passive construction is in *Blanchardyn* 11 to 8.
　　　(L.Kellner, *Caxton's Blanchardyn and Eglantine, Syntax* I. §25)

　ケルナー (L.Kellner) はトルンカと同意見で，受動態不定詞はラテン語の受動態構文の影響を受けていると考えている。OE の不定詞は態の区別を無視して用いられ，ME 後期に受動態が発達していった。受動態は 14 世紀に多くの例がみられる。キャクストンは受動不定詞をよく用いていたが，彼の作品を調べてみると，能動態不定詞と受動態不定詞の割合が 11 対 8 であった。
　このことから，キャクストンは受動不定詞と受動態不定詞を同時に使用していた。しかし，キャクストンの時代に受動態不定詞は発達してはいたものの，受動不定詞と受動態不定詞をはっきりと区別するまでには至っていなかった。
　次に，PE ではどのくらい受動態不定詞を用いているのかをみる。福村虎次郎の『英語態の研究』から引用する。

　10 の小説と論文を選び，能動態と受動態の例を冒頭から数えて合計 100 だけ集計し，能動態と受動態の使用頻度を比較した。

第一部　文法

E. Caldwell： *My Old Man's Baling Machine*
E. Hemingway： *The Old Man and the Sea*
W. Faulkner： *Shall not Perish*
S. Maugham： *Neil MacAdam*
E. Bowen： *Reduced*
H. Horn： *The Key*
H. Read： *The Grass Roots of Art*
B. Russel：(*I Believe, The Personal Philosophies of the Twenty-three Eminent Men and Women of Our Time*)
A. Einstein（同上書から）
A. N. Whitehead： *Science and Modern World.*

		Finite	不定詞	現在分詞	動名詞	過去分詞	合計
Caldwell	Active	66	14	11	2	0	93
	Passive	2	0	0	0	5	7
Hemingway	A.	78	5	0	5	0	88
	P.	9	0	0	0	3	12
Faulkner	A.	83	13	2	1	0	99
	P.	0	0	0	0	1	1
Maugham	A.	78	8	3	1	0	90
	P.	5	0	0	0	5	10
Bowen	A.	57	7	10	5	0	79
	P.	11	1	0	1	8	21
Horn	A.	75	7	2	1	0	85
	P.	13	1	0	0	1	15
Read	A.	48	17	1	5	0	71
	P.	18	4	0	0	7	29
Russell	A.	55	16	3	9	0	83
	P.	17	0	0	0	0	17
Einstein	A.	51	15	5	0	0	71
	P.	22	0	0	2	5	29
Whitehead	A.	65	13	1	4	0	83
	P.	16	0	0	0	1	17

（福村虎次郎『英語態の研究』pp.216-7）

この表をみると能動態に比べて受動態の使用頻度はかなり少ない。不定詞に関しても同様のことがいえる。不定詞の用法は現代では確立されているものの，能動態不定詞のほうが一般によく使われている。キャクストンの時代では能動態不定詞と受動態不定詞は 11 対 8 の割合で用いられていたが PE では能動態不定詞の使用が優勢だといえる。

第三節　シェイクスピアにおける受動不定詞

受動不定詞はシェイクスピアの時代には今日よりもいっそう広く使われていた。シェイクスピアの時代ではどのくらい不定詞の「態」の用法が確立され，シェイクスピアは実際にどの程度「態」の区別に敏感だったのかを，シェイクスピアの作品を通して考察する。また，受動不定詞はなぜ生じたのか，第一節で挙げた意見の妥当性を検討する。シェイクスピアの作品を初期，中期，後期から，それぞれ *Comedy of Errors*, *Othello*, *Winter's Tale* に絞ってみていく。

§1　受動不定詞と受動態不定詞
1) *Comedy of Errors*　1592-3 の初期の作品
能動態不定詞 171 例に対して，受動不定詞は 9 例，受動態不定詞は 1 例である。受動不定詞 9 例と受動態不定詞 1 例を挙げる。
○受動不定詞＜9 例＞
(1) At length, another ship had seiz'd on us,
And knowing whom it was *their hap* **to save,**
Gave healthful welcome to their shipwrack'd guests,（1.01.112-4）
(2) But your reason was not substantial, why
there is no *time* **to recover.**（2.02.104-5）
(3) Who, every word by all my wit being scann'd,
Wants wit in all one *word* **to understand.**（2.02.150-1）

71

(4) To put the finger in the eye and weep,
   Whilst man and master laughs my *woes **to scorn.*** (2.02.204-5)

(5) Say that I linger'd with you at your *shop*
   To see the making of her carcanet, (3.01.3-4)

(6) Both wind and tide stays for this gentleman,
   And *I, **to blame**,* have held him here too long. (4.01.46-7)

(7) If ['a] be in debt and theft, and a sergeant in the way,
   Hath he not *reason **to turn*** back an hour in a day? (4.02.61-2)

(8) Nay, rather persuade *him **to hold*** his hands. (4.04.22)

(9) What I told you then
   I hope I shall have *leisure **to make*** good, (5.01.375-6)

上記の9例は，不定詞の先行詞が意味上の目的語となり，すべて受け身の意味を表している。しかし，すべて受動態不定詞を用いずに能動態不定詞を用いており，これらは形の上では能動態であるが，意味上受け身である受動不定詞である。

○受動態不定詞＜1例＞

(10) In food, in sport, and life-preserving rest
   To be disturb'd, would mad or man or beast: (5.01.83-4)

このように，初期の作品では受動不定詞9例に対して受動態不定詞は1例なので，受動不定詞のほうが優勢である。初期の作品においてシェイクスピアは不定詞の態の区別についてそれ程敏感であったとは考えられない。能動態不定詞171例に対し，受動態不定詞1例という結果からみても，受動態不定詞は初期の作品ではまだあまり用いられていない。

2) *Othello* 1604-5 の中期の作品

能動態不定詞279例に対して，受動不定詞は10例，受動態不定詞は15例である。受動不定詞10例と受動態不定詞15例を挙げる。

第 2 章　不定詞

○受動不定詞＜10 例＞

(11) Wherein of antres vast and deserts idle,
　　Rough quarries, rocks, [and] hills whose [heads] touch heaven,
　　It was my *hint to speak*—such was my process—（1.03.140-2）

(12) These *things to hear*
　　Would Desdemona seriously incline;（1.03.145-6）

(13) To mourn a mischief that is past and gone
　　Is the next *way to draw* new mischief on.（1.03.204-5）

(14) You have little *cause to say* so.（2.01.108）

(15) And when she speaks, is it not an *alarum to love*?（2.03.26）

(16) It were an honest *action to say*
　　So to the moor.（2.03.141-2）

(17) He thought 'twas witchcraft—but *I* am much *to blame*;（3.03.211）

(18) *I* am *to blame*.（3.03.282）

(19) [I' faith], *you* are *to blame*.（3.04.97）

(20) *What*'s best *to do*?（5.02.95）

上記の 10 例は，不定詞の先行詞が意味上の目的語となりすべて受け身の意味となる。しかし，10 例は能動態不定詞を用いており，受動不定詞である。この 10 例には同じ単語がくりかえし用いられる傾向があることに気づく。say が 2 回，blame が 3 回用いられており，受動不定詞として使われる動詞の種類が減ってきている。また，受動態不定詞は 15 例と初期の作品と比べて増えている。

○受動態不定詞＜15 例＞

(21) It seems not meet, nor wholesome to my place,
　　To be producted (as, if I stay, I shall)
　　Against the Moor;（1.01.145-7）

(22) When, being not at your lodging ***to be found***,
　　The Senate hath sent about three several quests

To search you out. (1.02.45-7)

(23) To his converyance I assign my wife,

With what else needful your good Grace shall think
To be sent after me. (1.03.285-7)

(24) Seek thou rather ***to be***

hang'd in compassing thy joy than ***to be drawn'd*** and
go without her. (1.03.359-61)

(25) Seek thou rather ***to be***

hang'd in compassing thy joy than ***to be drawn'd*** and
go without her. (1.03.359-61)

(26) He hath a person and a smooth dispose

To be suspected—fram'd to make women false. (1.03.397-8)

(27) For mine own part—no offense to the general,

nor any man of quality—I hope ***to be sav'd***. (2.03.106-7)

(28) Ay; but by your leave, not before me; the

lieutenant is ***to be sav'd*** before the ancient. (2.03.109-10)

(29) O thou invisible spirit of

wine, if thou hast no name ***to be known*** by, let us call
thee devil! (2.03.281-3)

(30) Two things are ***to be done***: (2.03.382)

(31) It shall be full of poise and difficult weight,

And fearful ***to be granted***. (3.03.82-3)

(32) [By heaven], thou echo'st me,

As if there were some monster in thy thought
Too hideous ***to be shown***. (3.03.106-8)

(33) No! to be once in doubt

Is [once] ***to be resolv'd***. (3.03.179-80)

(34) Ay, there's the point; as (***to be bold*** with you)

Not to affect many proposed matches

第2章　不定詞

　　　Of her own clime, complexion, and degree, (3.03.228-30)
(35) I swear 'tis better *to be* much *abus'd*
　　　Than but to know't a little. (3.03.336-7)

　中期の作品では，受動不定詞10例に対して受動態不定詞は15例となっており，受動態不定詞が多く用いられ始めている。受動不定詞の数をみると，初期作品の9例と比べて10例と増えているが，能動態不定詞自体が171例から279例と増えているので，使用率は減っている。このことから，シェイクスピアは徐々に不定詞の態を区別して用いるようになってきていることがわかる。しかし，(13) と (25) をみると，同じ draw が受動不定詞でも受動態不定詞でも用いられているので，完全には態の区別は意識されていない。また，(20) と (30) の do をみても同じことがいえる。

3) *Winter's Tale* 1610-1 の後期の作品
　能動態不定詞310例に対して，受動不定詞は3例，受動態不定詞は18例である。受動不定詞3例と受動態不定詞18例を挙げる。
○受動不定詞＜3例＞
(36) If thou'lt see a *thing to*
　　　talk on when thou art dead and rotten, come hither. (3.03.80-1)
(37) I think there is not half a *kiss to choose*
　　　Who loves another best. (4.04.175-6)
(38) but that you have vouchsaf'd,
　　　With your crown'd brother and these your contacted
　　　Heirs of your kingdoms, my poor *house to visit,* (5.03.4-6)

上記の3例は，不定詞の先行詞が不定詞の意味上の目的語となり，意味は受け身を表す。しかし，能動態不定詞を用いているのでこれら3例は受動不定詞である。後期の作品では受動不定詞は3例となり，著しく減少している。

第一部　文法

〇受動態不定詞＜18 例＞

(39) But were they false

As o'er-dy'd blacks, as wind, as waters, false

As dice are *to be wish'd* by one that fixes

No bourn 'twixt his and mine,（1.02.131-4）

(40) If you know aught which does behove my knowledge

Thereof *to be inform'd*, imprison't not

In ignorant concealment.（1.02.395-7）

(41) how far off, how near,

Which way *to be prevented*, if to be;（1.02.404-5）

(42) And, lozel, thou art worthy *to be hang'd*,

That wilt not stay her tongue.（2.03.109-10）

(43) which I receive much better

Than *to be pitied* of thee.（3.02.233-4）

(44) and reconcil'd king, my brother, whose loss of his

most precious queen and children are even now *to be*

afresh *lamented.*（4.02.23-5）

(45) No, like a bank, for love to lie and play on;

Not like a corse; or if—not *to be buried,*

But quick and in mine arms.（4.04.130-2）

(46) Thou art too base

To be [acknowledg'd].（4.04.418-9）

(47) There's no disjunction *to be made*, but by

(As heavens forefend!) your ruin—marry her（4.04.529-30）

(48) She being none of your flesh and blood, your

flesh and blood has not offended the King, and so your

flesh and blood is not *to be punish'd* by him.（4.04.693-5）

(49) any thing that is fitting *to be known*—discover.（4.04.720）

(50) But what talk we of these traitorly

rascals, whose miseries are *to be smil'd* at, their
offenses being so capital? (4.04.791-3)

(51) "She had not been,
Nor was not *to be equall'd* "—thus your verse
Flow'd with her beauty once. (5.01.100-2)

(52) Then have you lost a sight which was *to be seen*, cannot be spoken of. (5.02.43-4)

(53) There was casting up of
eyes, holding up of hands, with countenance of such
distraction that they were *to be known* by garment,
not by favor. (5.02.46-9)

(54) If I do
not wonder how thou dar'st venture *to be drunk*, not
being a tall fellow, trust me not. (5.02.170-2)

(55) Will wing me to some wither'd bough, and there
My mate (that's never *to be found* again)
Lament till I am lost. (5.03.133-5)

(56) Thou hast found mine,
but how, is *to be question'd*; (5.03.138-9)

　上記の受動態不定詞 18 例をみてみると，初期の *Comedy of Errors* では受動不定詞として用いられていた単語が，後期の *Winter's Tale* では受動態不定詞として用いられていることがわかる。(9) の to make は (47) の to be made になり受動態不定詞で用いられている。また (5) と (52) の to see と to be seen をみても，後期では受動態不定詞として用いられており，後期になると不定詞の態の区別が確立されている。後期の作品では受動態不定詞は中期と比べて 15 例から 18 例と増えており，受動不定詞は能動態不定詞が 279 例から 310 例と増えているにもかかわらず，わずか 3 例にとどまっている。これは初期，中期，後期となるにつれ不定詞の態の区

第一部　文法

別が確立し始めているためである。

　以上3つの作品に出てくる受動不定詞数と受動態不定詞数を比較してわかるように、後期の作品になるにつれて受動態不定詞が増え（1/171 → 15/279 → 18/310）、逆に受動不定詞の例が減ってきている（9/171 → 10/279 → 3/310）。受動不定詞は初期、中期と例数は増えているが、能動態不定詞数に比較すると、初期は能動態不定詞171例に対して9例、中期は能動態不定詞279例に対して10例であって、能動態不定詞の絶対数が多いので初期よりも中期のほうが受動不定詞の使用比率は少ない。よって、不定詞の「態」は後半になるにつれて、完全に近い状態まで確立されていた。このように、不定詞の「態」の用法はシェイクスピア時代には発達していたものの、現代の用法よりもかなり非常に自由に用いられていた。受け身の意味であるのに能動態不定詞が用いられていたのは、シェイクスピア時代の前半には不定詞の用法が完全に確立していなかったからである。そして、不定詞の多義性により誤解を招く恐れがあったので、後になって非常に制限されるようになっていった。しかし、後期の作品の受動不定詞数から判断して、17世紀始めにはほぼ不定詞の「態」の用法は確立されていたと考えられる。

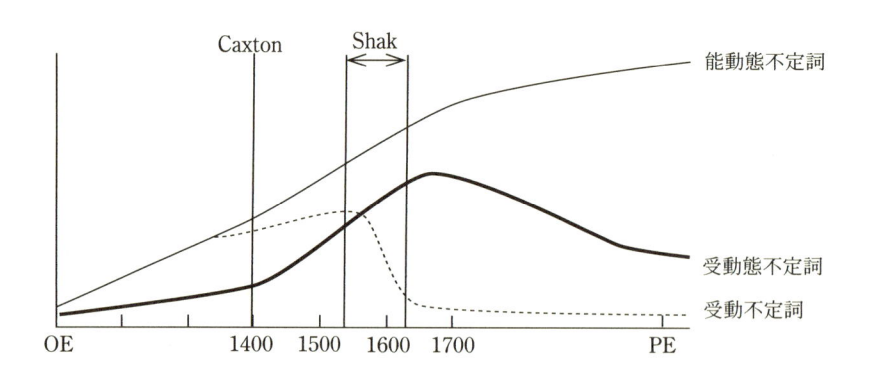

　シェイクスピアの時代はちょうど不定詞の用法が確立していく時期にあたり、受動態不定詞の使用が増え、逆に受動不定詞の使用が減っている。

第2章　不定詞

第二節で挙げた，キャクストンの作品では Active:Passive が 11:8 という結果と，PE では Passive の使用は Active よりもはるかに少ないことから，大体上のようなグラフで表わすことができる。

§2　受動不定詞の考察

　シェイクスピア時代後期には態の用法がほぼ確立され，能動態不定詞と受動態不定詞は区別して用いられ始めたが，受動不定詞はシェイクスピアの作品には数多く出てきている。後期の作品にも，受動不定詞数は減ってきてはいるが用いられている。シェイクスピアが受動不定詞を頻繁に用いていたのは，ただ不定詞の持つ曖昧さと態の区別への無関心ぶりが招いたものなのか。第一節で挙げた意見を基に，作品の受動不定詞の例と照らし合わせながら考察してく。

　A，英文法シリーズ――本来なら受動態不定詞を用いるべきところに能動態不定詞を用いているのは，不定詞が動詞的な意味よりも形容詞的な意味を持っている。

　B，アボット―― is の後に名詞がくるときは fit, worthy の省略があり，is の前に名詞がくるときには intended, made の省略がある。シェイクスピアはこの省略をしているため，受動不定詞が多く用いられている。

この A, B の意見を基に，第二節 §1, 1)～3) で挙げた受動不定詞の例にあてはめてみていく。

1) *Comedy of Errors*
〇受動不定詞＜9例＞

　(1) At length, another ship had seiz'd on us,
　　　And knowing whom it was their hap *to save*,
　　　Gave healthful welcome to their shipwrack'd guests,　(1.01.112-4)

　to save は形容詞の savable の意味とあまり変わらず，形容詞的な意味を持っている (A)。was の後に名詞がきているので fit が to save の前に

79

省略されている (B)。この例は A, B の両方の意見があてはまる。

(2) But your reason was not substantial, why
　　 there is no time *to recover*. （2.02.104-5）
to recover は形容詞 recoverable の意味とあまり変わらず，形容詞的な意味を持っている (A)。is の後に名詞がきているので fit が to recover の前に省略されている (B)。この例も A, B の両方の意見があてはまる。

(3) Who, every word by all my wit being scann'd,
　　 Wants wit in all one word *to understand*. （2.02.150-1）
to understand は形容詞 understandable の意味とあまり変わらず，形容詞的な意味を持っている (A)。他動詞があるので to understand の前に fit が省略されている (B)。

(4) To put the finger in the eye and weep,
　　 Whilst man and master laughs my woes *to scorn*. （2.02.204-5）
to scorn は形容詞 scornful の意味とあまり変わらず，形容詞的な意味を持っている (A)。他動詞があるので to scorn の前に fit が省略されている (B)。

(5) Say that I linger'd with you at your shop
　　 To see the making of her carcanet, （3.01.3-4）
to see と同じ意味の形容詞がないので (A) の意見はあてはまらない。他動詞があるので to see の前に fit が省略されている (B)。

(6) Both wind and tide stays for this gentleman,
　　 And I, *to blame*, have held him here too long. （4.01.46-7）
to blame は形容詞 blamable とあまり意味が変わらず，形容詞的な意味を持っている (A)。他動詞があるので to blame の前に fit が省略されている (B)。

(7) If ['a] be in debt and theft, and a sergeant in the way,

第 2 章　不定詞

　　Hath he not reason *to turn* back an hour in a day?（4.02.61-2）
　to turn と同じ意味の形容詞がないので (A) の意見はあてはまらない。
　他動詞があるので to turn の前に fit が省略されている (B)。

(8) Nay, rather persuade him *to hold* his hands.（4.04.22）
　to hold と同じ意味の形容詞がないので (A) の意見はあてはまらない。
　他動詞があるので to hold の前に fit が省略されている (B)。

(9) What I told you then
　　I hope I shall have leisure *to make* good,（5.01.375-6）
　to make と同じ意味の形容詞がないので (A) の意見はあてはまらない。
　他動詞があるので to make の前に fit が省略されている (B)。

受動不定詞 9 例に A，B の意見をあてはめて考えてみると，形容詞と同じような意味を持つという A の意見に対しては 5 例しかあてはまらない。残りは不定詞と同じ意味を持つ形容詞が存在しない。B の意見に対しては be 動詞の後に名詞がくる例は 2 例しかなかったが，他動詞の後でも受動不定詞の前に fit が省略されていると考えられるので，A，B の意見を比べてみると B の意見が優勢であると考えられる。

2）*Othello*
○受動不定詞＜10 例＞
(11) Wherein of antres vast and deserts idle,
　　Rough quarries, rocks, [and] hills whose [heads] touch heaven
　　It was my hint to speak (1.03.140-2)
　to speak は形容詞 speakable とあまり変わらず，形容詞的な意味を持っている (A)。was の後に名詞がきているので fit が to speak の前に省略されている (B)。

(12) These things *to hear*
　　would Desdemona seriously incline;（1.03.145-6）

第一部　文法

to hear と同じ意味を持つ形容詞がないので (A) の意見はあてはまらない。be 動詞も他動詞もないため fit が省略されているのかどうかはっきりしない (B)。

(13) To mourn a mischief that is past and gone
　　Is the next way *to draw* new mischief on. （1.03.204-5）
to draw と同じ意味を持つ形容詞がないので (A) の意見はあてはまらない。is の後に名詞がきているので fit が to draw の前に省略されている (B)。

(14) You have little cause *to say* so. （2.01.108）
to say と同じ意味を持つ形容詞がないので (A) の意見はあてはまらない。他動詞があるので to say の前に fit が省略されている (B)。

(15) And when she speaks, is it not an alarum *to love*? （2.03.26）
to love は形容詞 lovable と意味があまり変わらず，形容詞的な意味を持っている (A)。is の後に名詞がきているので fit が to love の前に省略されている (B)。

(16) It were an honest action *to say*
　　So to the moor. （2.03.141-2）
to say と同じ意味の形容詞がないので (A) の意見はあてはまらない。is の後に名詞がきているので fit が to say の前に省略されている (B)。

(17) He thought 'twas witchcraft—but I am much *to blame*; （3.03.211）
(18) I am *to blame*. （3.03.282）
(19) [I' faith], you are *to blame*. （3.04.97）
to blame は形容詞 blamable とあまり意味が変わらず，形容詞的な意味を持っている (A)。am または are があるので to blame の前に fit が省略されている (B)。

(20) What's best *to do*? （5.02.95）
to do は形容詞 doable とあまり意味がかわらず，形容詞的な意味を持っ

ている (A)。is があるので to do の前に fit が省略されている (B)。

　受動不定詞 10 例に A, B の意見をあてはめてみると, A の意見に対しては 6 例があてはまる。残りの 4 例は不定詞と同じ意味の形容詞が存在しない。B に対しては 1 例を除いて be 動詞の後に名詞がくるものが 8 例あり, 残りは他動詞の後で, 受動不定詞の前に fit が省略されていると考えられる。A, B の意見を比べてみると中期の作品でも B の意見が優勢であると考えられる。

3）*Winter's Tale*
○受動不定詞＜3 例＞
　(36) If thou'lt see a thing *to*

　　talk on when thou art dead and rotten, come hither. （3.03.80-1）
to talk は形容詞 talking とあまり意味が変わらず, 形容詞的な意味を持っている (A)。他動詞があるので to talk の前に fit が省略されている (B)。

　(37) I think there is not half a kiss *to choose*

　　　Who loves another best. （4.04.175-6）
to choose は形容詞 choice とあまり意味が変わらず, 形容詞的な意味を持っている (A)。is の後に名詞がきているので fit が to choose の前に省略されている (B)。

　(38) But that you have vouchsaf'd,

　　　With your crown'd brother and there your contacted

　　　Heirs of your kingdoms, my poor house *to visit*, （5.03.4-6）
to visit は形容詞 visitant とあまり意味が変わらず, 形容詞的な意味を持っている (A)。他動詞があるので to visit の前に fit が省略されている (B)。

第一部　文法

　受動不定詞3例にA, Bの意見をあてはめてみると, Aの意見に対しては3例すべてがあてはまる。Bの意見に対してはbe動詞の後に名詞がくる例が1例あり, 残りは他動詞の後で, 受動不定詞の前にfitが省略されていると考えられる。後期の作品ではA, Bの意見が両方ともあてはまる。

　これらの考察をまとめると, Bのアボットの意見が妥当である。なぜなら, Aの意見の受動不定詞と同じ意味を持つ形容詞が存在しない例が8例/22例あったからである。Bはbe動詞の後に名詞がきてfitが省略されているケースが11例/22例あり, 1例ははっきりと断定はできなかったが, 残りの10例は他動詞が用いられており, 受動不定詞の前にfitが省略されているケースであった。受動不定詞の例で考察した結果Bの意見がAよりもあてはまると考えられる。従って, シェイクスピアが用いる受動不定詞の存在理由は, 実は不定詞の前に存在しているfitを省略して用いているので意味は受け身を表し, 形の上では能動態不定詞となっているということになる。シェイクスピア時代では, 省略が発達するにつれて正しい省略の方法と間違った省略の方法が生じることになってしまった。その間違った省略により, 本来ならば受動態不定詞を用いるべきところに能動態不定詞を用いて表現するようになり, 結果としてシェイクスピアの作品には受動不定詞が多く用いられることとなった。そして, その間違った省略は初期, 中期, 後期となるにつれて, 不定詞の用法が確立されていくのと同時に減少していったと考えられる。

結　論

　シェイクスピアの作品には現在よりも頻繁に受動不定詞が用いられている。受動態不定詞が発達しているなかで受動不定詞も用いられている。この主な要因はシェイクスピア時代の前半に完全には不定詞の用法が確立していなかったということだけでなく, シェイクスピアの誤った省略によるものであった。省略の正しい用法が発達する過程で間違った省略の方法が生じてしまった。本来なら省略すべきではない単語を省略して用いたため

に受動不定詞を生み出したのである。そして不定詞の用法が確立されていくにつれて，受動不定詞の使用は減少していき，誤った省略も減少していった。シェイクスピアの時代は，受動態不定詞の使用が増え受動不定詞の使用が減っていくという過渡期にあったため，受動態不定詞と受動不定詞の両方が頻繁に用いられていた。受動不定詞は文法上は間違った用法と考えられていたが，現在では化石化した慣用句として使われている。それゆえに現在でも受動不定詞の使用がみられるのである。

本章の参考文献

Kellner, L., *Caxton's Blanchardyn and Eglantine*, Oxford University Press, 1980

Spevack, M., *A Complete and Systematic Concordance to the Works of Shakespeare, VolumeVI,* Olms, 1970

Trnka, B., *On the Syntax of the English Verb from Caxton to Dryden,* Travaux du Cercle Linguistique de Prague 3, Prague 1930, Kraus Reprint, 1974

　　　［齋藤静　訳注『動詞文章法史的概論』篠崎書林，1956］

小川三郎　『不定詞』「英文法シリーズ第16巻」研究社，1954

河合茂　『英文法概論』京極書店，1988

福村虎次郎　『英語態(Voice)の研究』北星堂，1965

藤木白鳳　『コングリーブの英語』大阪教育図書，1991

ブルンナー［松浪有，小野茂　他訳］『英語発達史』大修館書店，1973

第一部　文法

第3章　進行形
－どの程度発達していたのか－

はじめに

　現代英語において，進行中の動作を表すとき「be+-ing 形」を用いる。この形は 15 世紀頃から徐々に現れ始めていた。シェイクスピアの作品では進行中の動作を表す際に，現代英語であれば「be+-ing 形」を用いる場合にも，現在形と同じ形，即ち「単純形」が用いられていることが多い。シェイクスピアの英語では進行形は未発達である。本章では，シェイクスピアの英語でどの程度進行形が発達していたのかを考察する。まず，例を挙げる。

　（1）What do you **read**, my Lord?　（HAM 2.2.193）
　（2）How now?　what letter **are** you **reading** there?　（TGV 1.3.51）

　例文のように，現代英語であれば「be+-ing 形」を用いる場合にも，シェイクスピアは「be+-ing 形」と「単純形」を区別なく使っている。フランツによると，シェイクスピアでも初期の作品と後期の作品とでは進行形の使用度数がだいぶ違っているという。「いわゆる進行形の be+ 現在分詞 (he is coming) は，シェークスピアは比較的少ししか用いていない。それは後になってようやく頻繁に用いられる。例えば *Titus Andronicus*(1589) ではそれは 2 回（2.3.39, 4.3.91）しかない，ところが Henry 8 (1611-3) では 12 回以上もある。」（『シェークスピアの英語』§622）つまり，シェイクスピアは，初期の作品では進行中の動作・出来事を表すのに現在形と同じ形「単純形」を多く用いていたが，後期になると「be+-ing 形」も頻繁に用いるようになったということである。即ち，シェイクスピアの作品を年代別に調べてゆけば，「be+-ing 形」の初期段階の発達状況がわかること

になる。そこで現代英語とシェイクスピアの英語を比較しながら，シェイクスピアが「be＋-ing 形」をどのように発展させていったのかを調べるとともに，「単純形」と「be＋-ing 形」をどのように使い分けていたのかを考察する。

第一節　現代英語における進行形の用法

　江川泰一郎『英文法解説』(pp.226 ff.) に基づいて，現代英語の「be＋-ing 形」の用法を概観する。
1　現在進行形の基本用法
　A．現に進行中または継続中の動作
　　（a）現に進行中の動作
　　　　Your nose **is bleeding**. （君，鼻血がでているよ）
　　　　The nuclear family is universal. It **is** also **increasing** in Japan.
　　　　（核家族は世界的な現象です。日本でも増えています）
　　（b）現に継続中の動作
　　　　Jack **is walking** to school this semester.
　　　　（今学期は歩いて通学している）
　　　　I understand you**'re taking** music lessons every week.
　　　　（[このごろ] 君は毎週音楽のレッスンを受けているそうだね）
　B．進行・継続だけを表す用法
　　　Time passes quickly when a doctor **is performing** a delicate operation. （楽しいことをしているときは，時間のたつのが速いものだ）
　　　If a dog **is** always **barking**, don't beat him.　Talk to him.
　　　（犬が始終吠えているようなときは，たたいてはだめだ。話しかけてやりなさい）
　C．近い未来の予定
　　　I**'m starting** on diet tomorrow.

第一部　文法

　　　　（明日からダイエットを始める予定です）
　　　We're entertaining our neighbors this evening.
　　　（今晩は近所の人たちを招いてもてなす予定です）
2　注意すべき現在進行形
　D.　動作の反復を強調する場合：always, constantly, continually, forever, all the time などの副詞語句を伴って，動作がしばしば繰り返されることを強調する。話者の非難・困惑・賞賛などの感情的色彩が加わることが多い。
　　　You're *always* **finding** fault with me.
　　　（君はいつも僕のあら探しばかりしているね [いやになるよ]）
　　　I'm misspelling this **word** *all the time*.（僕はいつもこの単語のつづりを間違えるのだ [自分ながらいやになる]）
　E.　現に動作をしていることを強調する場合：be 動詞に強勢をおく。
　　　I am sorry you doubt my word, **I am telling** the truth.（君は私の言うことを疑っているが，私は本当のことを言っているのだ）
　F.　ふたつの事柄の同一性を示す場合：ひとつの行為が他の行為と同じになることを示す表現で，ある行為と同時に他の行為が進行中であることを表す。
3　状態動詞の進行形―――状態動詞は原則として進行形を作れないが，次のふたつの場合に限って進行形になることがある。
　G.　一時的な状態をいう場合
　　(a) be
　　　　He **is being** difficult (on purpose).　（君はわざとすねているんだ）
　　(b) その他の動詞
　　　　How **are** you **liking** your new job?　（今度の仕事はいかがですか）
　H.　動作動詞になる場合：無意志の状態を示す動詞が有意志の動作を表す場合は，進行形になることができる。
　　　Be quiet!　I'm thinking.　（静かにしなさい。考え事をしているのだ）
　　　I'm seeing my consultant tomorrow.

（あしたコンサルタントに会う予定です）
　Shall I turn off the music, or **are** you still **hearing**?（[ステレオなどの] 音楽を止めましょうか，それともまだ聴いているのですか）
　以上に概説した現代英語の「be+-ing 形」の用法と意味を念頭に入れて，シェイクスピアの「be+-ing 形」を考察する。

第二節　進行形の歴史

　大塚高信編『新英文法辞典』（pp.833 ff., Progressive form）によると，進行形には元来は異なるふたつの源がある。第一は OE における「bēon または wesan ＋現在分詞」の形である。これはラテン語からの翻訳文献に多い。その意味は単一時制とあまりはっきりした区別はなく，単に継続・未完了だけでなく，ある場合には「be ＋形容詞」と解され，ある場合には叙述を生き生きさせるという文体的効果がある。用いられた動詞は fighting や living が多い。ME においては，OE 期の West Saxon の領地であった South-West の方言では見当たらないが，Kent を中心とする South-East の方言にはかなりあり，Midland-West (Worcestershire) にも若干ある。さらに，13 世紀の Humber 川以北の北部イングランド方言の史料には非常に多くの進行形がみられる。14 世紀にはさらに広まり，15 世紀になると単に僧や学者だけでなく，*Paston Letters* のような中流階級の私信にも発見されることから，あらゆる階級に広まっていることがわかる。使われている動詞の種類も coming, going, living, fighting, speaking などで，OE 期からの連続であることがわかる。その文法構造も OE 期からの現在・過去進行形が大部分で，それを中軸として，完了進行形・未来進行形・未来進行受動態・命令進行形・不定詞の進行形・法助動詞の後の進行形などができてきている。しかし，チョーサー，シェイクスピアですら，まだ今日のような用法は完全には発達していない。
　第二は「be ＋ on（in）＋動詞的名詞」の形である。この型の文ができ

たのは ME である。15 世紀以前は on がついたのは hunting, begging 等少数の動詞的名詞に限られ，その他の語（building, growing 等）には in がついた。on は a となり，in もその類推で a となり，さらに後にこの a は消失してしまう。この a は 17 世紀にも相当あったが，今日では俗語または方言で，ライト (J.Wright, *Dialect Gram.*) によれば，スコットランド及び Southern Midlands には用いられるけれども，その中間の広い地帯には用いられていない。

　第一の OE における現在分詞の語尾 -ende, -inde は ME で徐々に -ing に変わり，第二の動詞的名詞の語尾 -ung, -ing と形の上で区別がなくなり（ただし北部およびスコットランドでは，両者は 15 世紀まではっきりと区別されている），それと同時に，この両者は統語法の上でも混交をきたしてくるようになる。

　以上のような英語史上における「be+-ing 形」の発達をふまえながら，具体的にシェイクスピアの英語にみられる「be+-ing 形」を検討する。

第三節　シェイクスピアの進行形

　ブルンナー (Brunner) の弟子であるゾンデレッガー (Sonderegger)[1] によると，シェイクスピアの作品には，形容詞的用法である「be+-ing 形」(interesting, exciting, etc.) を除いて，進行形が全部で 409 例見出される。内訳を表で示す。

現在進行形	286 例
過去進行形	53 例
助動詞に後続する場合を含めての不定詞の進行形	31 例
現在完了進行形・過去完了進行形・命令文における進行形	21 例
未来完了進行形等	なし

用法では次のような事実が指摘される。
　① 409 例中 150 例 (36％) が各種の間投詞や叫び声等の後に現れる。

(2) How now? what letter *are* you *reading* there?（TGV 1.3.51）
　　　（おや，そこで何の手紙を読んでいるのか。）
　(3) Why, Petruchio *is coming* in a new hat and an old jerkin;（SHR 3.2.43-4）（でも，ペトルーチオさんが新しい帽子をかぶり，古いチョッキを着ておでになるのですよ。）
それぞれ How now? と Why という間投詞の後に進行形が現れている。

② 　409例中132例（32％）は come と go のふたつの動詞によって占められている。
　(4) And I *was going* to your lodging, Cassio.（OTH 3.4.172）
　　　（あなたの宿に行くところです，キャシオー。）
　(5) Your guests *are coming*:（WT 4.4.48）
　　　（あなたの客がやってきますよ。）

③ 　従属節に現れるのは73例で，who, which, what, that 等によって導かれる関係詞節の中で現れる。
　(6) Who had not now *been drooping* here, if seconds Had answer'd him.（CYM 5.3.90-1）（もし救援の者が続いていたら，彼はここでうなだれてはいなかっただろうに。）
A Roman を先行詞とする Who によって導かれる関係詞節の中で現れている。

④ 　過去進行形53例のうち21例は，単純過去形で表される事実が生じたとき，進行・存続していた行為・状態を示すのに用いられている。
　(7) What *were* you *talking* of when I came?（TRO 1.2.47）
　　　（私がきたとき，何をうわさしていたのか。）
　(8) By my troth, I *was seeking* for a fool when I found you.（AYL 3.2.285-6）
　　　（誓って言うが，君に会ったとき，私は阿呆を探していたのだ。）
came, found という事実が生じたときに，それぞれ進行・存続してい

た行為・状態を示すのに用いられている。

⑤　PE で進行形をとることに抵抗を示す若干の動詞が，シェイクスピアでは進行形を形成している場合がある。

(9) besides an argosy That now *is lying* in Marsellis road.（SHR 2.1.374-5）（加えて今マルセーユの港に碇泊している大商船。）

(10) When you *are hearing* a matter between party and party,（COR 2.1.72-3）（両方の訴えを聞いている時）

現代英語では進行形をとることに抵抗を示す lie, hear が進行形で現れている。

⑥　英語で受動態進行形が現れるのは 18 世紀末で，シェイクスピアでは The house is building. 型の構文が専ら現れる。

(11) while grace *is saying* hood mine eyes Thus with my hat,（MV 2.2.193-4）（祈りがささげられている間に）

現代英語では受動態進行形 (The house is being built.) をとるものが，The house is building. の形で現れている。

シェイクスピアの進行形には以上の 1 〜 6 のような傾向がある。

また，どの範囲までを進行形とみるかによってその数も相違してくるが，原田茂夫[2]によるとシェイクスピアの作品における進行形の例は 471 例である。しかしながら，これらは「be＋-ing 形」だけであって，「単純形」で進行中の意を表すものは含まれていない。そこで原田の資料を基に，「be＋-ing 形」で進行形として使われている単語の中で，「単純形」で進行の意を含んでいるものを，前期作品 *The Taming of the Shrew*，中期作品 *Hamlet*，後期作品 *King Henry VIII* から取りあげていく。

§ 1　*The Taming of the Shrew*

「be＋-ing 形」の進行形は，go, do, study, lie, argue, come, drink, jog, cross, hearken, look, forthcome, mock の 13 単語 20 例ある。

第3章　進行形

(12) Trow you whither I *am going*? (1. 2.164)
　　（どこへ行くところかおわかりかな？）

(13) O, pardon me, Signior Gremio, I would fain *be doing*. (2. 1.74)
　　（失礼，失礼。すぐにも実現したかったものですから。）

(14) that hath *been* long *studying* at Rheims, (2. 1.80)
　　（フランスのリームズで長いこと勉強なさった方だ。）

(9) besides an argosy That now *is lying* in Marsellis road. (SHR 2. 1.374-5)（加えて今マルセイユの港に碇泊している大商船。）

(15) I should *be arguing* still upon that doubt. (3.1.55)
　　（頭から疑ってかかって，いつまでも妙な理屈を言っていることになりますもの。）

(16) He *is coming*. (3.2.38)（今，来るところで。）

(3) Why, Petruchio *is coming* in a new hat and and old jerkin; (3.2.43-4)（でも，ペトルーチオさんが新しい帽子をかぶり，古いチョッキを着ておいでになるのですよ。）

(17) And *is* the bride and bridegroom *coming* home? (3.2.151)
　　（新郎，新婦は戻ってきますか？）

(18) And seem'd to ask him sops as he *was drinking*. (3.2.176)
　　（飲んでる間中，お菓子だけでもくれっていうような顔をしてたからだっていうんだよ。）

(19) And after me I know the rout *is coming*. (3.2.181)
　　（おっつけみんなも来ることだろう。）

(20) You may *be jogging* whiles your boots are green. (3.2.211)
　　（その長靴が破けないうちにお出かけなさいまし。）

(21) and they *are coming* after to warm them. (4.1.4-5)
　　（後から来てゆっくりあったまろうって寸法だろう。）

(22) *Is* my master and his wife *coming*, Grumio? (4.1.18)
　　（旦那と奥さんは来るのかな，グルーミオ？）

(23) Away, away, for he *is coming* hither. (4.1.187)

93

(そら逃げろ，旦那が来るぞ！)

(24) Look what I speak, or do, or think to do, You *are* still *crossing* it. (4.3.192-3)
(お前は俺のすることなすこといちいち反対するんだな。)

(25) Besides, old Grumio *is heark'ning* still, (4.4.53)
(それにグルーミオさんもしょっちゅう聞き耳をたてており)

(26) But soft, company *is coming* here. (4.5.26)
(だが，待て，誰か来たぞ。)

(27) his father *is* come from Padua and here *looking* out at the window. (5.1.30-1)（あれの父親ならとうにマンチュアから着いて，今ここで窓から顔をだしているぞ。)

(28) I charge you see that he *be forthcoming*. (5.1.93)
(すぐ裁判へ廻すようにお取り計らい願います。)

(29) Come, come, you*'re mocking*; we will have no telling.(5.2.132)
(からかわないでちょうだい，いまさら聞きたくありませんよ。)

ここで気がつくのは，20 例中 9 例が coming による進行形であることである。これに対して，「単純形」は 15 例である。

(30) O monstrous beast, how like a swine he *lies*! (Ind.1.34)
(ばちあたりなやつだ！豚のようにねむりこけている。)

(31) or such shoes as my toes *look* through the overleather. (Ind.2.11-2)（皮の間から足の指がのぞいてみえますさ）

(32) And therefore, Tranio, for the time I *study*, (1.1.17)
(だからトラーニオ，今度の在学中は)

(33) And *come* you now with "knocking at the gate"? (1.2. 42-43)
(今になって急に門の戸だなんてとんだいいがかりだ。)

(34) The youngest daughter, whom you *hearken* for, (1.2.258)
(君のお望みのその妹のほうだが)

(35) But who *comes* here? (2.1.38)（おや，誰かがきたぞ。)

(36) But here she *comes*, and now, Petruchio, speak.（2.1.181）
　　（さぁ来たぞ。ようし、そらいけ！）
(37) Who *comes* with him?（3.2.64）（どなたがご一緒だ？）
(38) And yet I *come* not well.（3.2.88）
　　（よくでもなさそうですな。）
(39) How *does* my father?（Ⅲ, 2.93）
　　（おや、お父さん、どうしたんです？）
(40) tell me, how *goes* the world?（4.1.33-4）
　　（世間の様子はどんなだ？）
(41) That every thing I *look* on seemeth green;（4.5.47）
　　（見るものがなんでも若々しく見えるんですの。）
(42) see where he *looks* out of the window.（5.1.55-6）
　　（ほらあの窓から今こっちを見てますんで。）
(43) I *go*.（5. 2.77）（へい。）
(44) See where she *comes*,（5.2.119）（ほら、来ましたよ。）
(45) Here *comes* the rogue.（1.1.221）（あっあいつだ。）
(46) Here *comes* your father.（2.1.279）（そらお父さんだ。）
(47) But, sir, here *comes* your boy;（4.4.8）
　　（そらあんたの召使いだ。）
(48) Here *comes* Baptista; set your countenance, sir.（4.4.18）
　　（あっバプティスタさんだ。さぁおちついてくださいよ。）
(49) Now, by my holidam, here *comes* Katherina!（5.2.99）
　　（おや、キャタリーナだよ。これは一体どうしたことだ？）

以上20例挙げたが、(45)～(49)に関しては、Here comes the train! のように、現代英語においても人に注意を向けさせる時に用いることから、ここでは除く。「単純形」として用いられたcomeの例も少なくないことから、シェイクスピアが格別 coming にこだわったわけではないことがうかがえる。

第一部　文法

§ 2 *Hamlet*

「be+-ing 形」の進行形は，sew, harp, come, play, go, pray の 6 単語 9 例ある。

(50) My lord, as I *was sewing* in my closet, (2.1.74)
（ねぇお父様，私お居間で縫い物をしておりましたの。）

(51) How say you by that? still *harping* on my daughter. (2.2.187)
（どうじゃ，まだ娘のことを思い込んでいなさる。）

(52) and hither *are* they *coming* to offer you service. (2.2.317-8)
（なんでも殿下の御用を勤めるためにこちらへうかがうところだとか。）

(53) for lo his sword, Which *was declining* on the milky head of reverent Priam, (2.2.477-9)
（老王の真っ白き頭をめがけて振りかざしたる）

(54) If 'a steal aught the whilst this play *is playing*, And scape [detecting], I will play the theft. (3.2.88-9)
（芝居の演ぜられます間に，私がたとえ瞬きひとつでも見逃すことがありましたら，二度とお目にかかりません。）

(55) They **are coming** to the play. (3.2. 90)（もう，やってくる。）

(56) My lord, he*'s going* to his mother's closet. (3.3.27)
（陛下，殿下には母君のお部屋にならせられまする。）

(57) Now might I do it pat, now 'a *is a-praying*; (3.3.73)
（やるなら今だ，わけはない。お祈りしてやがる。）

(58) The King and Queen and all *are coming* down. (5.2.203-4)
（両陛下をはじめ皆さま，ただ今こちらへお渡りでございます。）

(57)の *a-praying* は第 2 節で述べたように，in が a となったものである。「単純形」は 12 例である。

(59) Peace, break thee off! Look where it *comes* again! (1.1.40)

(しっ出たぞよ。また，見ろ。)

(60) But soft, behold! lo where it *comes* again! (1.1.126)
(しっ見ろ，またやってきた。)

(61) I stay too long —— but here my father *comes*. (1.3.52) (さぁ，もう出かけなくては——ああ，お父様がいらっしゃった。)

(62) Look, my lord, it *comes*! (1.4.38) (あっ殿下, 来ました)

(63) My hour is almost *come* (1.5.2) (時刻ももはやせまる)

(64) But look where sadly the poor wretch *comes* reading. (2.2.168)
(ちょっと，そらあの子がかわいそうにあんなに沈んで本を読んで)

(65) You *go* to seek the Lord Hamlet, there he is. (2.2.220)
(ハムレット殿下をお探しじゃな。そら，あれにおられる。)

(66) Which now *goes* too free-footed. (3.3.26)
(あまり勝手しおる。)

(67) Look where he *goes*, even now, out at the portal! (3.4.136)
(そら，あちらへ，あっでていってしまう，戸の外へ。)

(68) O, here they *come*. (4.2.4) (おお，あいつらか。)

(69) Young Fortinbras, with conquest *come* from Poland, (5.2.350)
(フォーチンブラス殿下だ，ポーランドよりただ今ご凱旋の途中)

(70) Why does the drum *come* hither? (5.2.361)
(どうしたわけだろう，太鼓の音がこちらへ近づいてくるのは。)

(71) But soft, but soft awhile, here *comes* the King, (5.1.217)
(しっ待て，ちょっと待て！王がやってくる。)

以上13例であるが，(71)は here comes が用いられているので除いておく。

§3 *King Henry VIII*

「be＋-ing 形」の進行形は will, live, go, enter, love, come, pity, become, beg, run, grow, broil, pass, cry, see の15単語21例ある。

(72) and so agree The play may pass, if they *be* still and *willing*, (prol.10-1)（はでやかなひとつ二つの見せ場のあればいうことなしと覚えめでたきお客様）

(73) Think ye see The very persons of our noble story As they *were living*. (prol.25-7)
（舞台にはありし日の王家名門その人々が甦り）

(74) I am glad they *are going*, (1.3.42)
（あいつらなんかとっとと消えちまえばいいんだ。）

(75) His Grace *is ent'ring*. (1.4.21)
（枢機卿がじきお見えになります。）

(76) Ever belov'd and *loving* may his rule be; (2.1.92)
（末長く国民に慕われ、国民を慈しまれますよう。）

(77) The Duke *is coming*. (2.1.98)（公爵がじきお見えになる。）

(78) Our mistress' sorrows we *were pitying*. (2.3.53)
（皇后様がおかわいそうってお話ししておりましたの。）

(79) It *was* a gentle business, and *becoming* The action of good women. (2.3.54-5)
（いや，おやさしい。さすが立派なご婦人方ですな。）

(80) I have *been begging* sixteen years in court ⋯ (2.3.82)
（私なんぞ16年も宮廷にいてお辞儀のしっぱなしなのに⋯）

(81) She's *going* away. (2.4.124)（おや，行ってしまわれる。）

(82) And did entreat your Highness to this course Which you *are running* here. (2.4.217-8)
（陛下に申し上げて今日のお集まりを願った次第でございます。）

(83) He's *loving* and most gracious. (3.1.94)
（陛下はあなた様をたいそうご寵愛でございます。）

(84) You *were* now *running* o'er. (3.2.139)
（現に今もそのことを思案していたのであろう。）

(85) Which ever has and ever shall *be growing*, Till death, (3.2.178-179)

第3章 進行形

(死の瞬間まで持ちつづけるつもりでおります。)

(86) the Queen *is coming*. (4.1.36) (皇后様のお通りです。)

(87) Where have you *been broiling*? (4.1.56)
(どこでそんなに茹だこになってきたのです？)

(88) She *is going*, wench. (4.2.99) (御臨終だ。)

(89) Say his long trouble now *is passing* Out of this world; (4.2.162-3) (長年のご心労の種がもうじき消えてなくなります。)

(90) What, *is* she *crying* out? (5.1.67) (では, 苦しんでいるのか？)

(91) I'll scratch your heads; you must *be seeing* christenings? (V, 3.9-10) (どうしても洗礼式を見たいって？)

(92) They grow still too; from all parts they *are coming*, (5.3.68)
(おまけに殖える一方ときてる。全国から人間がやってきて,)

これに対し, 単純形は14例である。

(93) O, you *go* far. (1.1.38) (ちと大げさだな。)

(94) where *comes* that rock That I advise your shunning. (1.1.113-4)
(あれに今言った危険なごろた石が転がってきましたぞ。)

(95) Now, madam, may his Highness *live* in free-dom, (1.2.200)
(いかがですかな, お妃様。陛下はご安泰でしょうかな？)

(96) The last hour Of my long weary life is *come* upon me. (2.1.132-3)
(最期の時が刻一刻近づいてくる。)

(97) Lo who *comes* here? (2.3.49) (おや, 誰か来ましたよ。)

(98) What will *become* of me now, wretched lady? (3.1.146)
(かわいそうな私。一体この身はどうなるのだろう。)

(99) utterly *Grow* from the King's acquaintance, by this carriage. (3.1.160-1)
(陛下のご寵愛を失うような振る舞いをなさっております。)

(100) (Whom, if he *live*, will scarce be gentlemen), (3.2.292)
(彼らだって, この男がいるかぎり, 家督相続など思いもより

ません。)
(101) How *goes* her business? (4.1.23)
　　　(皇太子の未亡人はどうなりました？)
(102) Well, the voice *goes*, madam: (4.2.11)
　　　(立派だったという評判でございます。)
(103) Mine eyes *grow* dim. (4.2.164)　(もう目がかすんできた。)
(104) I *cry* your honor mercy: (5.2.113)　(まことに失礼ながら、)
(105) They *grow* still too; from all parts they are coming, (5.3.68)
　　　(おまけに殖える一方ときてる。全国から人間がやってきて、)
(106) As I *live*, If the King blame me for't, (5.3.77-8)
　　　(いいか、もしもわしが陛下のお叱りをうけたら、)

	The Taming of the Shrew	*Hamlet*	*King Henry VIII*
「be+-ing 形」進行形	20 例	9 例	22 例
「単純形」進行形	15 例	12 例	14 例

　この表をみてもわかるように、*The Taming of the Shrew* と *King Henry VIII* に比べ、長編でありながら *Hamlet* は、「be+-ing 形」進行形、「単純形」進行形ともに少ない。以上より、シェイクスピアは「be+-ing 形」進行形、「単純形」進行形を製作年代順とは関係なしに使っていたことがわかる。これは以下に示す、原田が挙げたシェイクスピアの各作品の「be+-ing 形」進行形の例数からもいえる。

作品	出版年	例数
1H6	1589-90	8
2H6	1590-91	15
3H6	1590-91	10
R3	1592-93	16
ERR	1592-94	5
TIT	1593-94	2

第 3 章　進行形

SHR	1593-94	20
TGV	1594	17
LLL	1594-95	9
JN	1594-96	2
R2	1595	9
ROM	1595-96	14
MND	1595-96	5
MV	1596-97	11
1H4	1596-97	9
MWW	1597	12
2H4	1598	14
ADO	1598-99	7
H5	1599	13
JC	1599	16
AYL	1599	15
HAM	1600-01	9
TN	1601-02	11
TRO	1601-02	23
AWW	1602-03	10
MM	1604	13
OTH	1604	12
LR	1605	11
MAC	1606	12
ANT	1606-07	15
COR	1607-08	21
TIM	1607-08	15
PER	1607-08	3
CYM	1609-10	17
WT	1610-11	18
TMP	1611	11
H8	1612-13	22

　この表は制作年代順一覧であるので，初期から後期にかけて年代順に増え

101

ているわけではないことがよくわかる。

> What do you *read*, my Lord? (HAM 2.2.193)
> How now? what letter *are* you *reading* there? (TGV 1.3.51)
> Whither *go* you? (WIV 3.2.10)
> Whither *are* you *going*? (JC 3.3.5)

のように同一の動詞が「単純形」と「be+-ing 形」とで同義で現れたりもしている。このことから，シェイクスピアの英語では OE 期，ME 期とは違って，進行形という文法カテゴリーが認知されて始めてはいるが，まだ完全に発達しきっていないことがわかる。

　ブルンナーは，単純形は単に事実または行為を示すのに対して，「be+-ing 形」は，動作を表す動詞 (go, come)，あるいは話す，考える，それに感覚を表現する (see, behold, hear) という人間だけが持つ行為そのものを示す。行為の継続，あるいはその行為に話者の関心が向けられている場合も含まれ得る，と述べている (p.221)。著者や話者は彼らが際立たせたいことに応じていずれか一方を用いるのである。このことから「be+-ing 形」が多くの作家において物語や小説に非常にしばしばあり，日常の言葉でも増しているように思われ（特にまさに生じつつある出来事や印象を引き合いに出すときに），他方純粋に客観的な叙述（自然科学の論文，伝記など，特に学術書や辞書）では極めて稀にしかみられない。

結　論

　シェイクスピアは下のように動詞の進行相（aspect）を表すのに「be+-ing 形」と「単純形」を自由に使っている。

> What do you *read*, my Lord? (HAM 2.2.193)
> How now? what letter *are* you *reading* there? (TGV 1.3.51)

フランツは，シェイクスピアの作品で進行形が，初期作品 *Titus Andronicus*

では2回,後期作品 *Henry VIII* では12回以上使われていることから,初期と後期では使用頻度がだいぶ違っていると述べている。しかし,本章で取り上げた作品に関する限り,フランツの見解は事実ではない。シェイクスピアは進行の動作を表すのに,「be+-ing 形」と「単純形」とをはっきりとは区別しないで使い,その数も必ずしも初期から後期へかけて増えているわけではない。シェイクスピアは,初期から後期へと年代順に徐々に進行形を発展させているわけでもなく,あるいは,徐々に使用数を増やしていったのでもなく,「be+-ing 形」と「単純形」を文脈によってうまく使い分けていた。進行形は,間投詞とともにも用いられる,あるいは,文体上の効果をねらって用いられるなど,まだまだ特殊な場面で用いられており,シェイクスピアの英語には後世の進行形の用法の萌芽が垣間見られるにすぎない。ただし,OE 期,ME 期と異なり進行形が文法規則に操り入れられ,文法現象として認知され始めていることは注目すべきである。

注

(1) Brunner, K., "Expanded Verbal Forms in Early Modern English," 1955, p.221
(2) 原田茂夫「Shakespeare に於ける進行形」久留米大論叢,1956
原田茂夫「Shakespeare に於ける進行形(2)」久留米文学会紀要,1956

この章の参考文献

Brunner, K., "Expanded Verbal Forms in Early Modern English," *English Studies*, vol.36, 1955
原田茂夫「Shakespeare に於ける進行形」久留米大論叢,1956
原田茂夫「Shakespeare に於ける進行形 (2)」久留米文学会紀要,1956
バン・デル・ラーン [斉藤静 訳]『動詞進行形の研究』篠崎書林,1953

第一部 文法

第4章　関係代名詞 who と which
—シェイクスピアとポープ—

はじめに

　現代英語において関係代名詞whoは先行詞に「人」をとる。他方，whichは「事物」をとる。ところが，エリザベス朝期の英語，特にシェイクスピアの英語では，whoが「事物」を先行詞にとったりwhichが「人」をとることが珍しくない。例を挙げる。

  The first of *gold*, ***who*** this inscription beares,… (MV. II.vii.4)
  Anthonio, I am married to a *wife*,
  Which is as deere to me as life it self. (MV. IV.i.282-3)

一見するとシェイクスピアはwhoとwhichの区別を無視しているようにみえる。シェイクスピアの英語におけるwhoとwhichの文法規則はどうなっているのだろうか。

　ところで，シェイクスピアのおよそ100年後，ポープ(A.Pope)は1723-5年に『シェイクスピア全集(*The Works of Shakespeare*)』を編纂・出版した。ポープは，「シェイクスピアの英語には多くの間違いがある」としてシェイクスピアの原典に手を加えた。関係代名詞については，whoの先行詞が物の時にwhichに書き換えた場合と書き換えていない場合とがある。同様に，whichの先行詞が人の時にも，whoに書き換えた場合と書き換えていない場合とがある。ポープがwho, whichをどのように書き換えたかを調べ，書き換えた箇所と書き換えなかった箇所にどのような違いがあるかをみていく。そして，ポープが関係代名詞の用法にどのような規則をもっていたかを調べ，ポープの訂正が妥当であったかどうか検討する。

まず，第一に，ポープのいうように本当にシェイクスピアの英語が間違っている場合，第二に，シェイクスピアの英語が正しくてポープの判断が間違っている場合が考えられる。そして，英語史の観点に立てば，シェイクスピアの英語は 16 世紀末から 17 世紀の初めであり，一方，ポープは 18 世紀初めにシェイクスピア全集を編纂したので，シェイクスピアからポープまでの 100 年間に英語そのものが変化しているはずである。シェイクスピアの時代は「大母音推移」に象徴されるように，英語が英語史上でもっとも著しく変化した時代であり，ポープの時代は英語が比較的安定期に入った時期である。従って，英語史というものがまだ十分に理解されていない時代のポープが，シェイクスピアの英語を 100 年後のポープ自身の時代の英語の規則で判断したのではないかという見方もある。もしそうであれば，ポープの訂正した個所から，シェイクスピアの英語がポープまでにどのように変化したかを具体的に把握できる。そして，英語史を学ぶ私たちにしてみれば，現代英語の文法体系を確認し念頭に置いた上で，シェイクスピアの文法体系とポープの文法体系それぞれをまず，共時的に記述・分析し，現代英語の文法体系と比較検討すれば，シェイクスピア時代の英語から 100 年後のポープの時代を経て，現代英語までの英語の発達を体系的に観察できるはずである。常識的に考えれば，シェイクスピア（16-7 世紀），ポープ（18 世紀），現代英語という時間軸に従って英語が発達してゆく姿が観察できるはずである。

以上のような英語史全体の流れを念頭に置いて，具体的に，シェイクスピアとポープの関係代名詞 who, which の用法上の区別を考察する。

第一節　現代英語における who, which の用法

まず，現代英語の関係代名詞の用法を英文法シリーズ第 5 巻『関係詞』（荒木一雄），『英文法解説』（江川泰一郎）に基づき概観する。who, which は単一関係詞として使われるのが普通である。これらには，「限定用法

(Restrictive Use)」と「非限定用法 (Non-restrictive Use)」とがある。非限定用法はさらに，「挿入用法」(限定用法のように先行詞を限定するのではなく，先行詞について説明を加えるため文の途中に挿入する用法)と「継続用法」(一応完結した文の終わりにつけて先行詞にさらに説明を加える用法で，and または but などで言い換えられる) に分けられ，通例 who, which の前にコンマをつける。通常，who は人を表す名詞を先行詞とし，which は物を表す名詞を先行詞とする。

who の先行詞 (Antecedent)

1) 人物を表す名詞

 a) 限定用法：Children who learn easily should start school as early as possible. (物覚えのいい子供はできるだけ早く学校へいくほうがいい。)

 b) 非限定用法：Children, who learn easily, should start school as early as possible. (子供は〔みんな〕物覚えがいいから，できるだけ早く学校へ行くほうがいい。)

  b-1) 挿入用法：My grandfather, *who* is over eighty, still plays golf. (祖父は80歳を過ぎていますが，まだゴルフをやっています。)

  b-2) 継続用法：She complained loudly to the storekeeper, *who*(=but he) answered her mildly. (彼女は大声で店の主人に文句を言ったが，主人は穏やかに応対した。)

2) 動物：擬人化されて用いられることがある。殊に多少とも「人間と共通する特性 (personality)」を有するとみられる動物 (犬・馬など)

 And, when they(=children) were gone, followed by the dog Balthasar *who* took every meal, he looked at Irene with a twinkle and said. — J.Galsworthy, *Indian Summer of a Forsyte* (食事は絶対に欠かさない犬のバルサザがお供をして，子供た

ちが行ってしまうと，彼は眼を輝かしてアイリーンを見て言った。）

3) 都市名・国名など：擬人的意味を含んで使われる。特に国が行政の主体として考えられた場合に多い

For the Powers of Europe, being entirely agreed on the necessity for peace on a Turkish basis, were content to leave the last negotiations to England and Germany, *who* could be trusted to enforce it. ― G. K. Chesterton, *The Flying Inn*
（ヨーロッパの諸強国は，トルコ側の条件をいれて講和を結ぶべきだということに完全に意見が一致し，最後的交渉を安んじて英国とドイツの両国に任せたのであります。というのは，両国ならばその実施方を安心して任せてよいと考えたからであります。）

4) 時：一般の口語でも時 (time) には今日でも who が用いられることがある

Time, *who* flew, bird-like, before May's pursuing feet, time, *who* stared balefully into Mrs. Hilally's face, returning hate for hate, rested behind Grandmamma's back like a faithful steed. ― R.Macaulay, *Dangerous Ages*（追跡するメイの前方を飛鳥のように飛んで行く「時」，憎悪には憎悪を以って，ヒラリー夫人の顔を意地悪そうにじっと見ている「時」が，お婆さんの姿の背後に忠実な老馬のように静かに控えていた。）

which の先行詞 (**Antecedent**)

1) 人間以外の生物および無生物

a) 限定用法：The flowers *which* she planted in the front yard are growing well.（前庭に植えた花はよく育っています。）〈裏庭にも植えたのかもしれない〉

b) 非限定用法：The flowers, which she planted in the front yard, are growing well.（彼女は花を〔全部〕前庭に植

えましたが，よく育っています。）

- b-1) 挿入用法：Love, *which* is a wonderful thing, comes to everyone some time in his or her life. （恋はすてきなものであり，人生のある時期にだれもが経験する。）
- b-2) 継続用法：He wrote her a long letter, *which* she sent back to him unopend. （＝He wrote her a long letter, but she sent it back to him unopend.）（彼は彼女に長い手紙を出したが，彼女は封も切らずに送り返した。）

2) 地位・職業・性格・人柄など：先行詞が人を表す名詞であっても，人そのものを指すのではなく，その人の有する性格などを指している場合は物とみなして which が用いられるのが慣用

He is not the man *which* his father wants him to be. （彼は父親が望んでいるような〔性格の〕男ではない。）

3) 集団：人間の集団が一括して認識された場合には which が用いられるのが普通

A classic is a work which gives pleasure to the minority *which* is intensely and permanently interested in literature. － A. Bennett, *Literary Taste* （古典は，いつまでも強く文学に興味を持つ少数者に，歓びを与える作品である。）

＊人間の集団でも，構成員が個々に認識された場合には who が用いられる〔関係詞節の数に注意〕

He was not of the Ned Winter family, *who* were very respectable people in Winesburg. － S. Anderson, *Winesburg, Ohio* （彼はワインズバーグで名望のほまれ高いあのネッド・ウインター家の一門ではなかった。）

4) 子供：小児，特に嬰児には which が用いられることがしばしばある

> She kissed the child, *which* was in its mother's arms. ― D.H.Lawrence, *The Rainbow* (彼女は母親に抱かれていた子供にキスした。)

次に, who と which の歴史を OED, 『英語語源辞典』でみていく。

> 11. a. With antecedent denoting or connoting a number of persons collectively: usually with plural concord. (初例) 1953 Shaks. Rich.II
> b. Used in reference to an animal or animals: usually with implication of personality, but sometimes merely a substitute for *which*.
> c. Used instead of *which* in reference to an inanimate thing or things; chiefly with personification (also with suggestion of personality, e.g. of a life-like statue); sometimes, as of ship, approaching sense a.
>
> (*OED*, who, 例文省略)

関係詞としては, 複合関係詞 (=any one who) は 12C 末, 単純関係代名詞は 13C 初 (*Wohunge of Ure Lauerd*) ごろから用いられている (Chaucer には whose, whom はあるが who はない。who の発達は最も遅く, 関係代名詞として確立したのは 16C 以後)。複合関係代名詞 who の例は Shak. Oth 3.3.157, AV, Matt. 13.9 などにも見られる：Who steals my purse steals trash.「私の財布を盗むやつはつまらぬ物を盗むものだ」/ Who hath eares to heare, let him heare.「耳ある者は聴くべし」。

(『英語語源辞典』who)

> 9. Used of persons. Now only *dial*. except in speaking of people in a body, the ordinary word being *who* (objective *whom*) or (in sense b) *that*.
> a. Introducing an additional statement, as in 7: thus sometimes ='and he (they, etc.)'. (初例) a1300
> c. Still regularly used of a person in reference to character, function,

or the like, in which case the sense is really 7 or 8.

(*OED*, which 例文省略)

関係代名詞としての用法は lateOE (*Lambeth Homilies*) にみられるが, 一般化したのは 12C 以後である。また ME では which を人について用いるのはふつうであり, Lord's Prayer の Our Father which art in heauen (AV, Matt.6.9) に見るように ModE 初期でも同様であった。which は疑問詞としては人にも用いられるのであるから, 先行詞に人をとったのも不思議ではない。

(『英語語源辞典』which)

関係代名詞としての who は 1550 年以前は稀だったので, 先行詞が人の場合にも which が使われた。例えば, チョーサー (Chaucer) は次のように使用している。

That trewly I, which made this book, (*The Book of the Duchess*.1.96)

また, ベン・ジョンソン (Ben Jonson) も次のように使用した。

and he which heares her speek (*Poetaster*. I.iii.45)

つまり, who は 15 世紀以前には関係詞として極めて稀であったが, それ以降は頻度を増した。17 世紀頃までは先行詞も多少擬人的意味を含んで, 物に関係してもかなり自由に用いられていた。一方, which は earlyME 以後に関係詞として用いられ始め, 14 世紀いっぱいは稀であったが, 15 世紀には一般化された。17 世紀頃までは which も人を先行詞とすることができ, 人と物とに共通して用いられた。即ち, who, which ともに先行詞が人と物のどちらも用いることができた。しかしながら, 近世の人称・非人称の差を表現上明らかにしようという傾向は, who は人に, which は物に用いるといった今日の用法を確立していくこととなる。who をなんら擬人的意味を含まない物に用いる用法は, 18 世紀以降, 少なくとも標準英語からはその跡を絶ったが, 擬人的意味を含む用法は今日も

まだ詩語として残っており，一般の口語でも時を表す語を擬人化して先行詞とする場合がある。which の人に関しての用法は，標準英語では 18 世紀を以って実用的には終わりを告げたようであるが，俗語・方言にはこの which 用法が残っている。

第二節　シェイクスピアにおける who, which の用法とその問題点

　エリザベス朝期の英語においては，厳密にいえば，who の先行詞が人物，which の先行詞が事物といった今日のような用法は確立していなかった。who の先行詞が動物や無生物（たいていの場合は擬人化されている），which の先行詞が人の場合もある。このことは，フランツやブルック，シェーラーなどの研究者が述べている。アボット (E.A.Abbott) の *A Shakespearian Grammar* には次のように書かれている。

259 As regards the Shakespearian use, the following rules will generally hold good: —
(2) **Who** is used (*a*) as the relative to introduce a *fact* about the antecedent. It may often be replaced by "and he," "for he," "though he," &c. (*b*) It is especially used after antecedents that are lifeless or irrational, when personification is employed, but not necessarily after personal pronouns.
(3) **Which** is used (*a*) in cases where the relative clause varies between an essential characteristic and an accidental fact, especially where the antecedent is preceded by *that* ; (*b*) where the antecedent is repeated in the relative clause ; (*c*) in the form "the which," where the antecedent is repeated, or where attention is expressly called to the antecedent, mostly in cases where there is more than one possible antecedent and care is required to distinguish the

real one ; (d) where "which" means "a circumstance which," the circumstance being gathered from the previous sentence.

(Abbott, A *Shakespearian Grammar,* §259)

つまり，who が人以外にも使われ，which が物以外にも使われていることがわかる。しかしながら，大塚高信は『シェイクスピアの文法』の中で,「すでにシェイクスピアにあっては,現今の"who" と"which" の区別は, 根本的に存在していたように思われる。」と述べている。また, フランツも『シェークスピアの英語』の中で同じ趣旨のことを述べている。

そこで，シェイクスピアの 4 作品, *Richard III* (1592-3), *The Merchant of Venice* (1596-7), *The Winter's Tale* (1610-1), *The Tempest* (1611) における, who, which の用法ついて調べた。

	who の数	先行詞が人	先行詞が物	which の数	先行詞が物	先行詞が人
R3	23	22	1	73	67	6
MV	39	36	3	56	53	3
WT	32	32	0	120	110	10
TMP	29	26	3	59	54	5
合計	123	116	7	308	284	24
割合		94.3%	5.7%		92.2%	7.8%

この 4 作品で，who が現代と同じように人物に対して用いられているのが 116 箇所に対し，事物に用いられているのは 7 箇所である。また, which が事物に対して用いられているのは 284 箇所，人物に用いられているのは 24 箇所である。つまり，who の先行詞が人の場合が約 94.3％, 物の場合が約 5.7％, which の先行詞が物の場合が約 92.2％, 人の場合が約 7.8％である。who, which の先行詞が今日と違う用法をとるものについてみていく。引用は First Folio から。

第4章　関係代名詞 who と which

○ who の先行詞が事物＜7例＞
　(1) But smother'd it within my panting bulke,
　　 Who almost burst, to belch it in the Sea. (R3. I.iv.40-1)
　　 （おれの胸は押しつぶされそうな魂を抱いてあえぎ、いまにも張り裂けてそれを海に吐き出すかと思われた。）
先行詞は bulke で物である。しかし who が用いられた理由をあえて述べるとすれば、bulke が人間しか持ち得ないものであるからといえる。

　(2) He stucke them up before the fulsome Ewes,
　　 Who then conceaving, did in eaning time (MV. I.iii.86-7)
　　 （発情しきって自然の行為をいとなんでいる雄羊どもの目の前にそいつらをずらっと突き立てる）
動物の Ewes に対し who が用いられている。「人間と見られることのある動物の名の後で who は同様に用いられる。」（フランツ『シェークスピアの英語』§335）また、聖書の中で羊は人間とみられている。このことからも擬人化されて who が用いられたと考えられる。現代も擬人化された動物には who が用いられる。

　(3) *The first of gold*, **who** *this inscripton beares,*
　　 Who chooseth me, shall gaine what men desire.
　　 The second silver, **which** *this promise carries,*
　　 Who chooseth me, shall get as much as he deserves. (MV. I.vii.4-7)
　　 （最初は金の箱だな、その上に銘が刻んである、「われを選ぶものは所有する衆人の求むるものを得べし」その次は銀の箱だ、このように約束している。「われを選ぶものは分相応のものを得べし」）
この箇所に関してアボットは次のような意見を述べている。

　　 i.e. "the first of gold, *and it* bears this inscription; the second, (silver,) *which* carries," &c. In the first the *material*, in the second the *promise*, is regarded as the *essential quality*. [Or does

euphony prefer *which* in the accented, *who* in the unaccented syllables?]
In almost all cases where who is thus used, an action is implied, so that *who* is the subject.

(Abbott, A *Shakespearian Grammar*, §264)

アボットは，音調の弱勢，強勢の違いで関係代名詞を使い分けたのではないかと述べているが，はっきりとした根拠は述べていない。これに対して，大塚高信とフランツは次のように述べている。

> この文では "the first" は "who" でうけ, "the second" は "which" でうけている。そしてどちらも "bears," "carries" のように似た意味の動詞を用いているから，一方が人格化され，他は人格化しないという解釈は成り立たない。しいて違いを求めるなら，詩の上から "who" は弱勢であり，"which" は強勢の位置にあるということができ，音調によって使いわけしたのかも知れないというむきもあるが，ひとつの解釈といえる。
>
> （大塚高信『シェイクスピアの文法』p.62）

> Who は，シェークスピアでは，人間以外に擬人化された物の概念をも指している。関係代名詞の形が人間的解釈（それを示す他の記号がその場合存在しなければ）を暗示する唯一の要素であることがしばしばある。それ故，このような解釈が意図されているかどうか，また who がむしろ，今日物を指すことのある属格形 whose により生じたものではなかろうか，という点が時に問題とならざるを得ない。
>
> （フランツ『シェークスピアの英語』§335）

who が繰り返し使われるのを避けたとも考えられるが，結局，ここで who と which が使い分けられた理由ははっきりしない。[1]

(4) *Thy currish spirit*
Govern'd a Wolfe, ***who*** hang'd for humane slaughter,
Even from the gallowes did his fell soule fleet; (MV. IV.i.133-5)
(おまえのその山犬のような根性はもともと狼の中にあったのだ，それが人間を食い殺して絞首刑に)

フランツは，「シェークスピアにきわめて稀に見出されるような whose の代わりの who ··· his の用法は，関係詞節を作るとき，第十五，第十六世紀に未だよく用いられた方式の，ひとつ特別な例である。」(『シェークスピアの英語』§334) という。(1) と同じ解釈で spirit も人間だけが持っているので who を用いたとも考えられる。

(5) A brave *vessell*
(***Who*** had no doubt some noble creature in her) (TMP. I.ii.6-7)
(あのりっぱな船はきっとりっぱな人を乗せていたにちがいない)

vessell に who が用いられているのはやはり擬人化されているからといえる。それは her が用いられていることからもわかる。今日でも船には she(her) がよく使われる。

(6) All wound with *Adders,* ***who*** with cloven tongues
Doe hisse me into madnesse : Lo, now Lo, (TMP. II.ii.13-4)
(マムシの群れになっておれをとり巻き割れた舌でヒューヒュー言って気を狂わせようとしやがる。)

先行詞が擬人化されているために，もしくは生物であるから who を使っている。次の例も同様である。

(7) This is some *Monster* of the Isle, with foure legs;
who hath got (as I take it) an Ague : (TMP. II.ii.65-6)
(こいつはこの島に住む四本足の化け物だな，どうやら瘧にかかっているらしい)

以上の 7 例は who が事物に対して用いられたものである。やはり，シ

第一部　文法

ェイクスピアの作品で who の先行詞が事物の場合には常にある程度の擬人化が行われている。

〇 which の先行詞が人＜24 例＞

(8)　I past (me thought) the Melancholly Flood,
　　 With that sowre *Ferry-man which* Poets write of, (R3. I.iv.45-4)
　　 （どうやらおれの魂は，詩人たちがカロンと呼ぶあの陰気な渡し守に導かれて）

先行詞は Ferry-man であり職業を指す。現代英語の用法でもその人の職業を表す名詞は which で受ける。以下，同様の例である。

(9)　He hath no *friends*, but what are friends for fear,
　　 Which in his deerest neede will flye from him. (R3.V.ii.20-1)
　　 （あの男の部下はただ恐れから従っているだけの部下，あの男が最も必要とするときに逃げ出すでしょう。）

(10)　You have among you many a purchast *slave*,
　　 Which like your Asses, and your Dogs and Mules, (MV. IV.i.90-1)
　　 （あなたがたはおおぜいの奴隷を買いとっておいでだ，そして牛馬同様，卑しい仕事にこき使ってらっしゃる。）

先行詞 slave は職業を表している。もしくは，slave が人間とみなされない低い身分ということで *which* を用いている。

(11)　Anthonio, I am married to *a wife*,
　　 Which is as deere to me as life it selfe, (MV. IV.i.282-3)
　　 （アントニーオ，おれは今結婚したばかりだ，そして妻はおれにとっていのちに劣らぬ貴重な存在だ。）

先行詞 a wife を職業とみなした，もしくは属性を示したといえる。

(12)　No Woman had it, but a *civill Doctor*,
　　 Which did refuse three thousand Ducates of me, (MV.V.i.210-1)

（あれをもっているのは女ではない，法学博士なのだ，彼は私の申し出た三千ダカットの金をことわり，）

(13) some care, so farre, that I have eyes under *my service*, ***which*** looke upon his removednesse: (WT. IV.ii.35-6)
（それで外出するとき，家臣のものに探らせてみたのだ。）

(14) Would he doe so, I'ld beg your precious *Mistris*, ***Which*** he counts but a Trifle. (WT. V.i.223-4)
（であれば，あなたの大事なお妃をもらいたいものだ，父上はその人をつまらぬものとお考えのようだから。）

先行詞 Mistris は職業を表している。もしくは，Mistris が Trifle ということから which が用いられている。

(15) Now he thanks *the old Shepheard* (***which*** stands by, like a Weather-bitten Conduit, of many Kings Reignes.) (WT. V.ii.55-6)
（羊飼いの老人にお礼を言われるやら，たいへんな騒ぎだ。羊飼いは何代にもわたって風雨にさらされた石像のように立っていたがね。）

(16) *A bhorred Slave*, ***Which*** any print of goodnesse wilt not take, (TMP. I.ii.351-2)
（汚らわしい。おまえには善のかけらも見られないわ）

(17) *The Mistris* which I serve, quickens what's dead, (TMP. III.i.6)
（おれの仕えるあの娘が，死んだ心に生気を吹きこみ）

(18) That I am Prospero, and that very *Duke* ***Which*** was thrust forth of Millaine, (TMP. V.i.159-60)
（私があのプロスペローであり，かつてミラノから追い出された大公であることはおわかり願いたい。）

(19) Those Unkles *which* you want, were dangerous: (R3. III.i.13)
　　　(いま言われた叔父様たちは実は危険なやからでしたぞ)
先行詞は Unkles であるが，ここでは彼らの性質，性格といったものを指している。現代英語の用法でも人の有する性格などを指している場合は物とみなして which が使われるのが慣用である。以下の 2 例も同様。

(20) That high All-seer, *which* I dallied with, (R3. V.i.20)
　　　(おれは神をもてあそんだが，すべてをみそなわす神は)
先行詞は All-seer だが，その有する性質・地位を指しているため which が用いられている。

(21) He is dishonor'd by a man, *which* ever
　　　Profess'd to him: (WT. I.ii.455-6)
　　　(つねに親友をもって任じていた男によって名誉を汚されたと思い込んでいるだけに，)

(22) And both the Princes had bene breathing heere,
　　　Which now two tender Bed-fellowes for dust,
　　　Thy broken Faith hath made the prey for Wormes. (R3. IV.iv.384-6)
　　　(蛆虫の餌食となっているあの二人の王子たちも私のそばで息をしていたろう。)
先行詞は both the Princes であるはずだが，関係代名詞と先行詞に距離があり，And から heere までの一文を指し，which が用いられた。以下の 3 例も同様。

(23) *A Fellow* of the Royall Bed, *which* owe
　　　A Moitie of the Throne: (WT. III.ii.38-9)
　　　(王の伴侶として王座の一半を占める妃であり)
Bed までの一節を指す。

(24) and remember well,
　　I mentioned a sonne o'th'Kings, *which* Florizell (WT. IV.i.21-2)
　　(そして，王には王子があると申し上げたことを思い出していただきたいと思います，王子の名をフロリゼルと申します。)

I mentioned a sonne o'th'Kings の一文を指す。

(25) For I am all the Subjects that you have,
　　Which first was min owne King: (TMP. I.ii.341-2)
　　(今のおれはおめえのただ一人の家来だが，もとはこれでも王様だ)

For から have までの文を受けている。

(26) truly begotten, and the King shall live without *an Heire*, if that
　　which is lost, be not found. (WT. III.ii.134-5)
　　(彼の真の子なり。その子を失ってふたたび見だされざるときは，王はその世継ぎをうることあたわず。)

指示代名詞 that があるので，先行詞は Heire で人を表してはいるが which が使われている。以下の2例も同様。

(27) Come, quench your blushes, and present *your selfe*
　　That *which* you are, Mistris o'th'Feast. Come on, (WT. IV.iv.67-8)
　　(そんなに顔を赤くしないで，女主らしくしゃんとするんだ。いいな，)

(28) Pray good Shepheard, what faire *Swaine* is this,
　　Which dances with your daughter? (WT. IV.iv.166-7)
　　(羊飼いのおやじさん，あなたの娘と踊っているあの立派な若者は，いったいどこの男かね？)

(29) Polixenes for Leontes: O *thou Thing*,
　　(*Which* Ile not call a Creature of thy place, (WT. II.i.82-3)

(ポリクシニーズをリオンティーズとな。ええい、この...！いや、おまえのような地位にあるものをそうはののしるまい)

先行詞は thou Thing で実際は人を意味しているが、Thing は物を表す名詞なので文法上 which が用いられている。

(30) *This Gallant **which** thou seest*
   Was in the wracke: (TMP. I.ii.414-5)
   (あの若者は難破船にいた一人だ。)

先行詞 This Gallant は人を表しているが、あえて理由を述べると、Gallant は一人前とみなされていないことから which が用いられているといえる。

(31) But I shall laugh at this a twelve-month hence,
   That *they **which*** brought me in my Masters hate, (R3. III.ii.57-8)
   (それにしても今後たっぷり一年は笑えそうだな、私を中傷して王の憎しみをかうにいたらしめたあの連中が)

「which はきわめて頻繁に人間及び人称代名詞 (I [he, she]) を指している。人間的概念の後の which は未だ通俗語に知られ (E stud. XII. p.227)、また第十八世紀の文語にもなおこの用法で現れている。」（フランツ『シェークスピアの英語』§335) とある。先行詞の they に対して嫌悪感がこめられているので、which が使われているという見方もある。

以上のように、シェイクスピアの作品において人物に対して which が用いられるのは、現代英語の用法と同じく、人の有する性格や職業・属性を表す場合、身分や地位が低く人とみなされない場合、先行詞とに距離があり一文を指す場合、人を意味してはいるが元々物を表す名詞を指す場合、指示代名詞 (that や this) を指す場合である。

シェイクスピアの作品において、who の先行詞が事物や動物の場合、which の先行詞が人である場合をみてきた。「物」に who を用いた例は

「人」に which を用いた例ほど多くない。やはり，who は当初から人に関して用いられる関係代名詞であったようで，who を事物に用いている場合には，常に多少とも擬人化されている。which を人に対して用いている場合は，人そのものを指しているのではなく，その人の所有する性格や属性，職業を指しているので，which が使われていたと考えられる。それ以外は，人を指しているが文法上 which が用いられている場合であった。

つまり，シェイクスピアの時代には who, which は人に関しても物に関しても自由に使われていたような印象を与えるが，やはり，大塚高信やフランツも述べているように根本的には現今の関係代名詞の用法を確立していたといえる。

第三節　ポープにおける who, which の用法と問題点

シェイクスピアの作品では，who, which ともに人物にも事物にも使われている。後の『シェイクスピア全集』(1723-5) の編集者ポープ (1688-1744) は，その時代の用法にあわせてシェイクスピアの作品の関係代名詞を書き換えている。

> 人物には who, 事物には which を用いるという現代の規則は，エリザベス時代の英語においては，いつも守られているわけではない。後代の編集者ポープは，自分の時代の用法に従って，ところどころテクストに手を入れた。
> 　　　　　　　　　(G.L ブルック『シェイクスピアの英語』§ 103)

ポープは『シェイクスピア全集』の序文でシェイクスピアの作品の文法に関して以下のように述べている。

> Ben Jonson had much the most learning, it was said on the one hand that Shakespeare had none at all;　　　　(p.11, ll.19-21)

> ...the many blunders and illiteracies of the first publishers of his works. (p.14, ll.4-5)

ポープは，シェイクスピアはベン・ジョンソンに比べて学識がない，シェイクスピアの作品には多くの不注意による間違いや無学による書き間違いがあると考えている。

> It is not certain that any one of his Plays was published by himself. During the time of his employment in the Theatre, several of his pieces were printed separately in Quarto. What makes me think that most of these were not publish'd by him, is the excessive carelessness of the press: every page is so scandalously false spelled, and almost all the learned or unusual words so intolerably mangled, that it's plain there either was no Corrector to the press at all, or one totally illiterate. (p.15, ll.4-14)

すべての作品がシェイクスピアの校閲を経て出版されたわけではない。シェイクスピアの作品が上演された際に，作品が速記され Quarto 版として様々な形で他の人によって出版された。そのために，シェイクスピアの作品には軽率な間違いや書き間違いがある。

　これらの引用文から，ポープはシェイクスピアは学識に欠け，彼の作品には文法的間違いがあると考えている。そしてポープはそれらの間違いを訂正するためにシェイクスピアの作品のところどころを書き換えた。

　関係代名詞に関しても，ポープはシェイクスピアの用いた who を which に書き換えたり，which を who に書き換えたりしている。who は人を先行詞とし which は物を先行詞とするという規則に従って，ポープは書き換えた。第二節で扱った例は，who が物を先行詞とし，which が人を先行詞としたものだった。これらをポープがどのように書き換えたかをみていく。

第 4 章 関係代名詞 who と which

先行詞が物の場合

	シェイクスピア	ポープ	
	who	who のまま	which に書き換えた
R3	1	0	1
MV	3	2	1
WT	0	0	0
TMP	3	3	0

§1 － α　シェイクスピア：who ⇒ ポープ：who ＜5例＞

先行詞は物だがシェイクスピアは who を用い，ポープも who のまま書き換えていない例。

(2) He stucke them up before the fulsome Ewes,
    Who then conceaving, did in eaning time (MV. I.iii.86-7)
    Pope: *Who*

(4) Thy currish spirit
    Govern'd a Wolfe, *who* hang'd for humane slaughter,
    Even from the gallowes did his fell soule fleet; (MV. IV.i.133-5)
    Pope: *who*

先行詞は Thy currish spirit で物であるので，which に書き換えるべきである。しかし，whose の代わりの who … his の用法なので書き換えていない。もしくは，擬人化されているので who のままとなっている。

(5) A brave vessell
    (*Who* had no doubt some noble creature in her) (TMP. I.ii.6-7)
    Pope: *who*

(6) All wound with Adders, *who* with cloven tongues
    Doe hisse me into madness: Lo, now Lo, (TMP. II.ii.13-4)
    Pope: *who*

第一部　文法

(7) This is some Monster of the Isle, with foure legs;
　　who hath got (as I take it) an Ague: (TMP. II.ii.65-6)
　　Pope: *who*

以上の 5 例は，先行詞は物であるがシェイクスピアが who を用い，ポープも書き換えていないものである。この 5 例は先行詞が物であるが，全て擬人化されている。現代英語の用法においても擬人化されていれば who を用いるので，ポープは書き換えなかったといえる。

§1－β　シェイクスピア：who ⇒ ポープ：which ＜2 例＞

先行詞は物だがシェイクスピアは who を用い，ポープが which に書き換えた例。

(1) But smother'd it within my panting bulke,
　　Who almost burst, to belch it in the Sea. (R3. Ⅰ.iv.40-1)
　　Pope: *which*

先行詞 bulke は物なので which に書き換えた。しかし，シェイクスピアはここでの bulke は人間しか持ち得ないものとして擬人化して who を用いている。擬人化されているのであれば，which に書き換えなくてよい。

(3) the first of gold, *who* this inscripton beares,
　　Who chooseth me, shall gaine what men desire. (MV. II.vii.4-5)
　　Pope: *which*

先行詞 gold は物なので which に書き換えた。

以上の 2 例は先行詞が物であるがシェイクスピアは who を用い，それをポープが which に書き換えた例である。(1)は，先行詞が擬人化されているのでポープが which に書き換える必要はなかった。(2)は，擬人化されているのかどうか明確ではないので which に書き換えられている。

第4章 関係代名詞 who と which

先行詞が人の場合

	シェイクスピア	ポープ	
	which	which のまま	who に書き換えた
R3	6	5	1
MV	3	2	1
WT	9	7	2
TMP	5	3	2

§2－α　シェイクスピア：which ⇒ ポープ：which ＜17例＞

先行詞は人だがシェイクスピアは which を用い，ポープも which のまま書き換えていない例。

(8) I past (me thought) the Melancholly Flood,
　　With that sowre Ferry-man *which* Poets write of, (R3. I.iv.45-6)
　　Pope: *which*

先行詞は Ferry-man で職業を表しており，現代の用法と同様 which のままでよいので書き換えていない。以下，同様の例である。

(9) He hath no friends, but what are friends for fear,
　　Which in his deerest neede will flye from him. (R3. V.ii.20-1)
　　Pope: *Which*

(10) You have among you many a purchast slave,
　　Which like your Asses, and your Dogs and Mules, (MV. IV.i.90-1)
　　Pope: *Which*

(11) Anthonio, I am married to a wife,
　　Which is as deere to me as life it selfe. (MV. IV.i.282-3)
　　Pope: *Which*

先行詞 wife を職業・属性と解釈するならば which のままでよい。

(13) some care, so farre, that I have eyes under my service,
　　which looke upon his removednesse: (WT. IV.ii.35-6)

125

Pope: *which*

(14) Would he doe so, I'ld beg your precious Mistris,
which he counts but a Trifle. (WT. V.i.223-4)
Pope: *which*

先行詞 Mistris を職業・属性を表していると解釈するならば，which のままでよい。

(17) The Mistris *which* I serve, quickens what's dead, (TMP. III.i.6)
Pope: *which*

(18) That I am Prospero, and that very Duke
which was thrust forth of Millaine, (TMP. V.i.159-60)
Pope: *which*

(19) *Those Unkles which* you want, were dangerous: (R3. III.i.13)
Pope: *which*

先行詞 Those Unkles は人なので who に書き換えるべきである。しかし，その人の性格を表していると解釈するならば which のままでよい。次の 2 例も同様。

(20) That high All-seer, *which* I dallied with, (R3. V.i.20)
Pope: *which*

(21) He is dishonor'd by a man, *which* ever
Profess'd to him: (WT. I.ii.455-6)
Pope: *which*

(22) And both the Princes had bene breathing heere,
Which now two tender Bed-fellowes for dust,
Thy broken Faith hath made the prey for Wormes. (R3. IV.iv. 384-6)
Pope: *Which*

第4章 関係代名詞 who と which

先行詞は both the Princes で人を表しているので who に書き換えるべきである。しかし，先行詞が And both the Princes had bene breathing heere の一文を指すと解釈するならば which のままでよい。次の1例も同様。

(23) A Fellow of the Royall Bed, *which* owe
    A Moitie of the Throne: (WT. III.ii.38-9)
    Pope: *which*

先行詞を A Fellow of the Royall Bed と解釈するならば，which のままでよい。

(26) truly begotten, and the King shall live without an Heire, if that *which* is lost, be not found. (WT. III.ii.134-5)
    Pope: *which*

先行詞は Heire で人を表しているので，who に書き換えるべきである。しかし，指示代名詞の that があるので which のままとなっている。シェイクスピアによくみられる that which の例である。次の1例も同様。

(27) Come, quench your blushes, and present your selfe
    That *which* you are, Mistris o'th'Feast. Come on, (WT. IV.iv. 67-8)
    Pope: *which*

(29) Polixenes for Leontes: O thou Thing,
    (*Which* Ile not call a Creature of thy place, (WT. II.i.82-3)
    Pope: *Which*

先行詞は thou Thing で人を表しているが，Thing は物を表す名詞なので，文法上 which のままとなっている。

(30) This Gallant *which* thou seest
    Was in the wracke: (TMP. I.ii.414-5)

127

第一部　文法

　　　Pope: *which*
　　　先行詞は This Gallant で人を表しているので who に書き換えるべき
　　　である。

以上の 17 例は，先行詞が人物であるがシェイクスピアが which を用い，ポープも who に書き換えなかった例である。なぜなら，ここでの先行詞は人であるがその人の職業・属性を表しているので，現代英語の用法と同じく which のままにした。しかし，(11)，(17)，(21)，(30) などは職業・属性を表しているともいえるが，who に書き換えた方がよい。また，(19) も性質を表しているといえるが，who に書き換えた方がよい。

§2－β　シェイクスピア：which ⇒ ポープ：who ＜6例＞

先行詞は人だがシェイクスピアは which を用い，ポープが who に書き換えた例。

(12) No Woman had it, but a civill Doctor,
　　　Which did refuse three thousand Ducates of me. (MV. V.i.210-1)
　　　Pope: *Who*
　　　先行詞 a civill Docter は職業を表しているので，現代の用法と同じく which のままでよい。書き換える必要はなかった。次の 2 例も同様。

(15) Now he thankes the old Shepheard (*which* stands by, like
　　　a Weather-bitten Conduit, of many Kings Reignes.) (WT. V.ii. 55-6)
　　　Pope: *who*

(16) Abhorred slave,
　　　Which any print of goodness wilt not take, (TMP. I.ii.351-2)
　　　Pope: *Who*

(25) For I am all the Subjects that you have,
　　　Which first was min owne King: (TMP. I.ii.341-2)
　　　Pope: *Who*

先行詞は人を表しているので who に書き換えた。しかし，For I am all the Subjects that you have の一文を受けていると解釈すれば which のままでよい。

(28) Pray good Shepheard, what faire Swaine is this,
　　 Which dances with your daughter? (WT. IV.iv.166-7)
　　 Pope: *Who*
先行詞は swaine で人を表しているので who に書き換えた。

(31) But I shall laugh at this a twelve-month hence,
　　 That they *which* brought me in my Masters hate, (R3. III.ii.57-8)
　　 Pope: *who*
先行詞は人称代名詞 they を指しているので，which のままでよい。しかし，they が人を表す名詞なので who に書き換えた。

以上の6例は，先行詞は人物であるがシェイクスピアが which を用い，ポープが who に書き換えた例である。先行詞が人であるので who に書き換えるのは正しい。しかし，ポープは先行詞が職業を表している場合にも who に書き換えた。現代英語の用法でも先行詞が人であっても職業を表していれば which を用いる。このことから，書き換える必要がなかったといえる。

§3　シェイクスピア：which ⇒ ポープ：whom ＜1例＞
　人が先行詞で，シェイクスピアが which を用い，ポープが whom に書き換えた場合。

(24) and remember well,
　　 I mentioned a soone o'th'Kings, *which* Florizell (WT.IV. i.21-2)
　　 Pope: *whom*
先行詞は a soone o'th'Kings で人を表しており，また文法的にも whom に書き換えることは正しい。

第一部　文法

　ここで，§1－α・βと§2－α・β，§3についてポープが書き換えた箇所，書き換えなかった箇所が正しかったかどうかを表で示す。

§1－α　〇＝whoのままでよい

	シェイクスピア＝who ⇒ ポープ＝who			
MV	(2)　I. iii. 87	〇	(4) IV. i. 134	〇
TMP	(5)　I. ii. 7	〇	(6)　I. ii. 13	〇
	(7)　II. ii. 66	〇		

§1－β　〇＝whichに書き換えたのは正しい
　　　　△＝解釈によってはwhichに書き換える必要はない

	シェイクスピア＝who ⇒ ポープ＝which	
R3	(1)　I. iv. 41	△
MV	(3)　II.vii. 6	〇

§2－α　〇＝whichのままでよい
　　　　△＝解釈によってはwhoに書き換えてもよい
　　　　×＝whoに書き換えるべき

	シェイクスピア＝which ⇒ ポープ＝which			
R3	(8)　I. iv. 46	〇	(19) III. i. 13	△
	(22) IV. iv. 385	△	(20) V. i. 20	〇
	(9)　V. II. 21	〇		
MV	(10) IV. i. 91	〇	(11) IV. i. 283	△
WT	(21)　I. ii. 455	△	(29) II. i. 80	〇
	(23) III. ii. 38	△	(26) III. ii. 135	〇
	(13) IV. ii. 36	〇	(27) IV. iv. 68	〇
	(14) V. i. 224	△		
TMP	(30)　I. ii. 414	×	(17) III. i. 6	△
	(18) V. i. 160	〇		

§2―β　○＝who に書き換えたのは正しい
　　　△＝解釈によっては who に書き換える必要はない
　　　×＝who に書き換えず，which のままでよい

シェイクスピア＝which		⇒	ポープ＝who	
R3	(31) III. ii. 58	×		
MV	(12) V. i. 211	×		
WT	(28) IV. iv. 167	○	(15) V. ii. 55	×
TMP	(25) I. ii. 342	△	(16) I. ii. 352	×

§3　○＝whom に書き換えたのは正しい

シェイクスピア＝which		⇒	ポープ＝whom
WT	(24) IV. i. 22	○	

　ポープは『シェイクスピア全集』の序文でシェイクスピアの文法を批判している。関係代名詞においても，シェイクスピアが who の先行詞に物を用いたり，which の先行詞に人を用いたことを間違いだと考えている。そのため，who と which をポープの時代の用法に従って書き直している。しかしながら，明らかに擬人化されている物が先行詞で who が用いられている場合でも，which に書き換えた箇所と書き換えていない箇所とがある。また，先行詞が人で which が使われているが，その先行詞が人の職業・属性を表している場合でも who に書き換えた箇所と which のまま書き換えていない箇所とがある。上の表からも明らかなように，ポープはシェイクスピアの用いた関係代名詞に手を入れてはいるが，関係代名詞の書き換えの判断基準が首尾一貫してない。

結　論

　現代英語においては，関係代名詞 who の先行詞は人，which の先行詞は物であるという規則が確立している。しかしながら，エリザベス朝においては現代英語のような用法は確立していなかった。とくに，シェイク

スピアは先行詞が物であるのに who を用いたり，先行詞が人であるのに which を用いたりとかなり自由な使い方をしていた。

　シェイクスピアは関係代名詞の使い方に関して，who と which の先行詞に物，人のどちらも用いているので，とても区別しているようにみえない。ところが，*Richard III*, *The Merchant of Venice*, *The Winter's Tale*, *The Tempest* の 4 作品で，who の先行詞が物である場合には，常に多少なりとも擬人化されている。また，which の先行詞が人である場合には，現代英語の用法と同じく，その人の有する職業・属性や性格を表している。もしくは，文法上正しい which を用いている。つまり，シェイクスピアは who と which を現代英語と同じ原則に従って区別して使用していることがわかる。

　『シェイクスピア全集』(1723-5) の編集者であるポープは，シェイクスピアの用いた関係代名詞 who, which が人にも物にも使われていたので，所々に手を入れ書き換えた。物を先行詞とし who が使われている場合に，擬人化が行われているにも関わらず which に書き換えたり，人が先行詞であり which が使われている場合に，その人の有する職業を表しているが who に書き換えた箇所もある。

　ところがすべてを書き換えたわけではなく，who の先行詞が物，which の先行詞が人であっても書き換えていない箇所もある。例えば which の先行詞が人であり，同じ単語で同じように職業を表していても，which のままの箇所と who に書き換えた箇所とがある。

　　(10) You have among you many a purchast slave,
　　　　Which like your Asses, and your Dogs and Mules, (MV. IV.i. 90-1)
　　　　Pope: *Which*
　　(16) Abhorred Slave,
　　　　Which any print of goodness wilt not take, (TMP. I.ii.351-2)
　　　　Pope: *Who*

つまり，ポープの書き換えの判断基準はあまりにも曖昧で，シェイクスピ

アの文法の間違いを訂正するどころかかえって関係代名詞の用法を混乱させてしまった。

以上のことから，シェイクスピアは who, which を物に関しても人に関しても無秩序に用いていたわけではなく，区別して使用していたことがわかる。who の先行詞が物の場合には擬人化，which の先行詞が人の場合にはその人の職業を表している，といった明確な規則に従って関係代名詞を用いている。つまり，シェイクスピアの時代にも who, which の用法は根本的には現代英語の用法を確立していたのである。

注

(1) bear, carry が人，生物を主語にとるので関係代名詞も who となると考えると，シェイクスピアの語感の卓抜さに驚かされるとともに理論的にもたいへん興味深い。

本章の参考文献

Pope, A., *The Works of Shakespeare*, 6vols, 1723-5, London, rpt. AMS.
荒木一雄　『関係詞』「英文法シリーズ第5巻」，研究社，1954

第一部　文法

第5章　命令文の thee
— thee の正体 —

はじめに

　現在私たちが使っている英語は，その長い歴史の中で多くの変化を遂げながらその姿を変えてきた。英語は絶えず変化を続け，また，これからも絶え間なく変化していくのである。そのひとつに，命令文における主語の変化がある。命令文は PE では一般的に Shut the door! のように主語を表さない。ところが，シェイクスピアの英語においては，

1) 当時の2人称主格代名詞 thou で表したり，
　(1) Beat *thou* the drum,　(COR 5.6.149)
2) 主格ではなく2人称与格代名詞 thee が用いられたり，
　(2) Provide *thee* two proper palfreys,　(TIT 5.2.50)
3) 2人称再帰代名詞 thyself が使われたりしている。
　(3) Good Romeo, hide *thyself*.　(ROM 3.3.71)

　このようにシェイクスピアの英語には，命令文の主語に問題がみられる。本章ではこの問題について，なぜ命令文中に thou, thee, thyself という3つの形が生じたのか，また文法的に正しいのは一体どの形であり，その根拠は何であるかを，実際にシェイクスピアの作品をみながら考察していく。

第一節　現代英語とシェイクスピアの命令文

　命令法は，「意志の法 (will-mood)」といわれるように，意欲が実現するか否かは別として，意欲のもっとも激しい法である。つまり，相手の意

志に関係なく，自分の要求を相手に対して命令する法である。命令文は，PE では普通，Shut the door! のように動詞の原形を用いて簡潔に表現され，一般に主語の名詞句がみられない。しかし，直観的にはそれは 2 人称主格の you であるとわかる。ひとつの節の中に同一指示的な名詞が何度か現れ，後の名詞句が前出の名詞句と同一であると考えられる場合，後の名詞句は前出の名詞句と性，数，人称の点で一致する再帰代名詞で表されるからである。

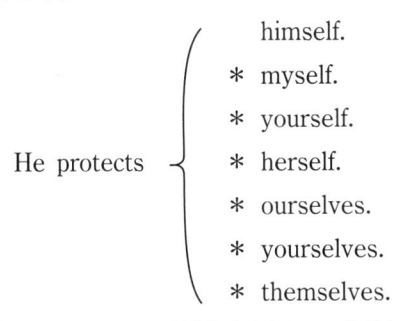

He protects {
  himself.
  * myself.
  * yourself.
  * herself.
  * ourselves.
  * yourselves.
  * themselves.
}

また，命令文における再帰代名詞は，2 人称に限定されている。

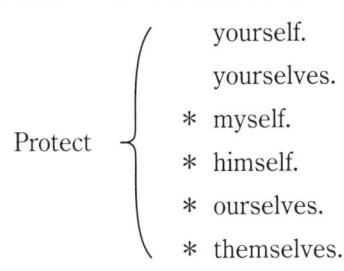

Protect {
  yourself.
  yourselves.
  * myself.
  * himself.
  * ourselves.
  * themselves.
}

これらのことから考えて，命令文の主語には再帰代名詞 yourself あるいは yourselves と，性，数，人称の点で一致する名詞句，即ち you が適切であるといえる。

しかし，命令文が必ずしも主語を持たないわけではなく，以下の場合に主語が表される。

 b) 対照 (contrast) を示す場合は今日でも主語を動詞の前に置く。

  I must go about my work. You amuse yourself in any way you like.

（僕は自分の仕事をせねばならぬ。君は勝手なことをして遊び給え。）［Curme］

　c) 何か或る物に話相手の関心を惹こうとする場合，話相手の利害に関することを示す場合，または特に話相手に関係があるかないかということを示す場合に口語で主語が表現される。

You mark my words. It's a certainty.
（これ，よう聞けよ。それはたしかなことじゃ。）［Curme］

（宮内秀雄『法・助動詞』英文法シリーズ第13巻，p.104）

一方，シェイクスピアの英語では，命令文の主語は表現されないことの方が多いが，特に，強調・対照を示すとき動詞の後に主語の機能を持つ人称代名詞がしばしばみられる。PE の命令文の語順とは異なり，{動詞＋主語} となるのが一般的である。荒木・中尾によると，「当時の文法家はこの人称代名詞付きの方を典型的な命令文の形式として扱っている」(『シェイクスピアの発音と文法』p.80)。

　(4) Go thou to Juliet,（ROM 4.2.41）
　(5) Then go thou forth,...! (AWW 3.3.6)

しかし，シェイクスピアの作品には，thou が予想される箇所で thee が使われている例が多い。

　(6) Hector, thou sleep'st,
　　　Awake thee.（TRO 4.5.114-5）

このように，シェイクスピアは，命令文では {動詞＋thou} が通常の形式であるにも関わらず，2人称単数主格 thou だけでなく，2人称単数目的格 thee も用いている。そして，PE 同様，主語の機能を持つ人称代名詞を持たない命令文もある。つまり，シェイクスピアの英語における命令文では，動詞の後に人称代名詞 thou を用いる場合，thee を用いる場合，そして人称代名詞を持たない場合という3つのパターンがある。第二節

では，各文法家によるシェイクスピア英語の命令文における人称代名詞，thou と thee についての論を比較検討していく。

第二節　命令文の thee に関する諸見解

まず初めに，PE 同様，シェイクスピアの命令文において主語の機能を果たす人称代名詞を持たない例について，サーモン (V.Salmon) が "Sentence Structure in Colloquial Shakespearian English" の中で言及している。

> Brusqueness (e.g. to servants) is usually indicated without pronoun or term of address :
> (126) Bid the ostler bring my gelding.
> (127) Empty the basket.
> (128) Make ready breakfast.
> as is anger :
> (129) Tarry at home and be hanged.
> A. There is no subject pronoun (unstressed) where is an unstressed object pronoun :
> (130) Give me your answer (a proposal of marriage)
> (131) Help me to my horse (Falstaff to Hal)
> (132) Sing me a bawdy song.
> (133) Tell us your reason.
> (Salmon, "Sentence Structure in Colloquial Shakespearian English", p.291)

(126)～(129) は感情を込めているために，文法上必要でない主格を省いている場合であり，(130)～(133) は機能上主格をいれると混乱を招くため，人称代名詞の主格を省いている場合である。このように，主語の機能

第一部　文法

を果たす人称代名詞を持たない例は以上ふたつの例である。

　次に，シェイクスピアの命令文において，主格の機能を持つ2人称単数代名詞 thou が予想される箇所で目的格 thee が使用されている例について，各文法家の意見を挙げる。まず，イェスペルセン (O. Jespersen) は *Progress in Language* の中で次のように述べている。

> Examples from Malory of the latter combination: 73, "go ye" | 74, "telle thow" | 75, "doubte ye not," etc. etc. In other words: *after an imperative a nominative and an accusative would very often be used indiscriminately.*
>
> (O. Jespersen, *Progress in Language*, §188)

その原因を以下のように述べている。

> It will now be easily understood that *thee* (or *you*) would be frequently added to imperatives where the thought of a reflexive pronoun would not be very appropriate; (...) When Troilus says (act iv., 5, 115) : "Hector, thou sleep'st, *awake thee*," no less than three grammatical explanations are applicable :
>
> (O. Jespersen, *Progress in Language*, §189)

命令文において再帰代名詞が適切でないと思われる箇所に thee が用いられている。イェスペルセンが問題にしている (6) の例文 awake thee について，3人の文法家，シュミット (A.Schmidt)，ヴォージェス (Voges)，OED の見解をみてみる。

> *awake thee* = awake thou, not = awake thyself
>
> (*Shakespeare Lexicon*, awake)

シュミットは，awake thee の awake は自動詞，thee は thou との混同であり，再帰与格 thyself の働きをするものではないと述べている。

> (...) womit wir uns nicht einverstanden erklären können, da nach unserer meinung *thee* ohne zweifel der reflex. dativ ist.
> (Voges, "Der reflexive dativ im Englischen", p.372)

ヴォージェスは，awake thee の awake は自動詞であるが，thee は再帰与格であるとしている。

> II. *trans.* (taking place of earlier AWECCHE.)
> 5. *trans.* To arouse (any one) from sleep.
> 6. *fig.* To rouse from a state resembling sleep; to stir up, excite, make active.
> †7. *refl.* To rouse oneself from sleep or inaction. Obs.
> (*OED*, awake)

OED には awake thee の thee に関しての解釈はない。しかしイェスペルセンは，OED の解釈について次のように言及している。

> *awake* may be a transitive verb having *thee* as its object.
> (O. Jespersen, *Progress in Language*, §189)

次に，フランツ (Franz)，ポーツマ (H.Poutsma)，アボット (E.A.Abbott) の thou と thee との混同に関する論を挙げる。

> Thou の代わりの thee は最も頻繁に命令文に見られる。その他 be の後で叙述的に用いられる。他の動詞の後でも，thee を採用するのは，命令形の再帰動詞 (retire thee) が，大いに貢献しているかもしれない (hear thee, run thee)。そうでなければこうした動詞では，命令法で，代名詞の主格が従うものであるから。また go we (= let us go), look ye の如き複数形も，代名詞のひびきが似ているから thee を拡めたものとして考えに入れてもよいであろう。
> (フランツ『シェイクスピアの英語』§283)

第一部　文法

フランツは，thou のかわりに thee が使われるのは，①命令形の再帰動詞のため，② go we, look ye などと音が似ているため，というふたつの理由を挙げている。つまり，再帰動詞の後にある thee は再帰与格ではなく thou との混同であると捉え，またその混同の原因は単に再帰動詞によるものだけではなく，音の類推の影響もあると述べている。

> When attached to an imperative, the reflective personal pronoun, whether logical or emotional, may sometimes also be considered as an original nominative: i.e. the pronoun which is sometimes added to an imperative to indicate emphatically the person spoken to (Ch.I,67, c; Ch.VIII,23), may, owing to its position after the verb, have been taken for, and changed into an objective. Shakespeare and his contemporaries seem to have used the nominative *thou* and the objective *thee* after an imperative almost indiscriminately.
>
> (H.Poutsma, *A Grammar of Late Modern English*, p.863)

ポーツマは，話しかけられる人を強調するために加えられる人称代名詞は動詞の後という語順のために，目的格と捉えられたり変形させられたりしたが，命令文中の再帰人称代名詞はやはり本来主格としている。

> Verbs followed by *thee* instead of *thou* have been called reflexive. But though "hast thee," and some other phrases with verbs of motion, may be thus explained, and verbs were often thus used in E.E., it is probable that "look thee", "hark thee" are to be explained by euphonic reasons. *Thee*, thus used, follows imperatives which, being themselves emphatic, require an unemphatic pronoun. The Elizabethans reduced *thou* to *thee*.
>
> (E.A.Abbott, *A Shakespearian Grammar*, §212)

アボットは look thee, hark thee は音声を理由として説明でき，thee は thou より弱いので，それ自体が強調である命令文では thee を使うためと

している。

thou と thee との混同について，イェスペルセン，シュミット，ヴォージェス，OED，フランツ，ポーツマ，アボットの見解をまとめると以下のようになる。

　Ⅰ．thee は再帰代名詞であるという説（イェスペルセン，フランツ）
　Ⅱ．thee は主格であるという説（シュミット，ポーツマ）
　Ⅲ．thee は再帰与格であるという説（ヴォージェス）
　Ⅳ．thee は目的語であるという説（*OED*）
　Ⅴ．音声的類推によるという説（フランツ）
　Ⅵ．thee は非強調であるためという説（アボット）

表 1

	Ⅰ	Ⅱ	Ⅲ	Ⅳ	Ⅴ	Ⅵ
イェスペルセン	○	―	―	―	―	―
シュミット	―	○	―	―	―	―
ヴォージェス	―	―	○	―	―	―
OED	―	―	―	○	―	―
フランツ	○	―	―	―	○	―
ポーツマ	―	○	―	×	―	―
アボット	―	―	―	―	―	○

上記のように，大別して 6 つの説があるが，一体正しいのはどの説なのであろうか。第三節では，シェイクスピアの作品の悲劇 4 作品において，命令文における thou と thee の混同，そして thyself の使用例について考えていく。

第三節　命令文の動詞に後置される thee

第二節で述べた通り，シェイクスピアの英語では，命令文において本来主語であると考えうる箇所に，2 人称主格代名詞 thou だけではなく 2 人

141

第一部　文法

称与格代名詞 thee が用いられ，また 2 人称再帰代名詞 thyself も用いられている。シェイクスピアの命令文は {動詞＋主語} という語順になるため，動詞の後の代名詞は 2 人称主格代名詞であると考えられる。また英語は {S ＋ V ＋ O} の文型をとるので，もし 2 人称の目的語をとるのであれば，動詞の後に来るのは thyself が正しい。そこで，本節ではシェイクスピアの作品の中から，特に悲劇の 4 作品，*Titus Andronicus* (1594)，*Romeo and Juliet* (1595)，*Hamlet* (1600)，*Macbeth* (1606) において，命令文に thyself 及び thee が用いられている例をすべて挙げていく。

各作品に出てくる全ての thou, thee, thyself のうち，命令文に用いられている回数と割合は以下の表の通りである。

表 2

	thou		thee		thyself	
TIT(1594)	15／160	8.8%	7／108	6.5%	0／5	0%
ROM(1595)	14／279	5.0%	5／138	3.6%	2／7	28.6%
HAM(1600)	7／103	6.8%	8／59	13.6%	1／5	20%
MAC(1606)	7／89	7.9%	8／61	13.1%	0／5	0%

表 2 から，4 作品を通じて命令文における thou の使用頻度にあまり大きな変化がないこと，thee の使用頻度が高いこと，そして thyself はあまり頻繁には使用されていないことがみてとれる。[1]

まず，命令文において動詞の後に thyself が用いられている例を挙げる。

(3) Arise, one knocks. Good Romeo, *hide* **thyself.**　(ROM 3.3.71)

(7) Farewell! Buy food, and *get* **thyself** in flesh.　(ROM 5.1.84)

(8) For that which thou hast done — must send thee hence
　　[With fiery quickness]; therefore *prepare* **thyself,** (HAM 4.3.42-3)

Titus Andronicus, *Romeo and Juliet*, *Hamlet*, *Macbeth* における thyself の使用例はそれぞれ 5 回，7 回，5 回，5 回しかない。そのうち命令文に用いられているのは，それぞれ 0 回，2 回，1 回，0 回である。このことから，

第5章　命令文の thee

シェイクスピアの英語においてはまだ再帰代名詞 thyself が確立していなかった。では，thyself はどのように使用されていたのだろうか。

(9) He finds thee in the stout Norweyan ranks,
　　Nothing afraid of what **thyself** didst make,
　　Strange images of death.　（MAC 1.3.95-7）

(9) の例において，thyself の後に didst が用いられていることから，thyself は2人称主格代名詞として使われていることがわかる。つまり，シェイクスピアの英語では，まだ再帰代名詞としての thyself は確立されてはおらず，独立して2人称の名詞として使用されていたのである。それでは，シェイクスピアの英語において2人称再帰代名詞の役割を果たしたのはどの語だったのであろうか。*Shakespeare Lexicon* には記述がないので OED の thyself をみてみる。

Ⅰ. Emphatic uses: = Very thou, very thee
Ⅱ. Reflexive uses.
4. As direct or indirect object of a verb, or in dependence on a preposition. (Orig. only emphatic refl.; later in general use, taking the place of *thee* reflexive, which is more decidedly archaic: see THEE *pron*. 2.)　　　　　　　　　　　　　　　（*OED*, thyself）

thyself の再帰代名詞としての役割は thee にとってかわったものである。つまり，シェイクスピアの英語において再帰代名詞の役割は，2人称目的格代名詞 thee が担っていたということである。再帰代名詞 thyself がシェイクスピアの作品においてあまりみられなかった理由は，このことにより説明される。そして同時に，命令文において動詞の後に2人称目的格代名詞 thee が用いられたこともまた，正しいことだと説明できる。

次に，命令文において動詞の後に thee が用いられている例を挙げる。

(10) *Get* **thee** to bed and rest, for thou hast need.　（ROM 4.3.13）

143

第一部　文法

(11) *Get* **thee** to bed, Francisco.　(HAM 1.1.7)

(12) *Get* **thee** [to] a nunn'ry, why wouldst thou
be a breeder of sinners?　(HAM 3.1.120-1)

(13) *Get* **thee** to a
nunn'ry, farewell.　(HAM 3.1.136-7)

(14) *Get* **thee** to bed.　(MAC 2.1.32)

まず最も多く使用されている get thee について, get を OED でみてみる。

27. b. *refl.* To betake oneself to or convey oneself away from a place; to make one's way, to go; esp. in imperative phrases, as *get thee (you) away, hence, in, out*, etc. (Cf. 28 c.) Now only *arch.*

28. c. *to get oneself gone*: to take oneself away, go, be off; esp. *get thee (you) gone.* (Cf. 17 b.) Now only *arch.*

(*OED*, get)

get thee (to 〜) における get は再帰動詞として使われるか, oneself を伴って使われる。つまり get thee の thee は, 再帰与格と捉えることができる。

(15) As for thee, boy, go *get* **thee** from my sight;　(TIT 3.1.283)

(16) No matter, *get* **thee** *gone*,　(ROM 5.1.32)

(17) Go *get* **thee** *hence*, for I will not away.　(ROM 5.3.160)

(18) Go
get **thee** *in*, and fetch me a sup of liquor.　(HAM 5.1.59-60)

(19) *Get* **thee** *gone*;　(MAC 3.4.30)

(20) But *get* **thee** back, my soul is too much charg'd
With blood of thine already.　(MAC 5.8.5-6)

上に引用した *OED*, get の 27, 28 より, get thee gone において, thee は oneself の役割を果たしていることから, thee はやはり再帰代名詞の役割を果たしている。go が文頭に現れる例もみられることから, go get thee における thee についても，再帰代名詞の役割があるといえる。

    (21) O, *calm* **thee**, gentle lord,　(TIT 4.1.83)
    (22) *Calm* **thee**, and hear the faults of Titus' age,　(TIT 4.4.29)

    1. *intr.* Of the sea or wind: To become calm. obs. exc. with *down*.
    2. *trans*. To make calm; to quiet, still, tranquillize, appease, pacify. *lit* and *fig*.

                                                (*OED*, calm)

(21), (22) において calm を自動詞と捉えることはできない。他動詞である。よって calm thee の thee は目的語であり，ここでは命令文であることから2人称再帰与格である。

    (23) *Content* **thee**, Prince,　(TIT 1.1.210)
    (24) *Content* **thee**, gentle coz, let him alone,　(ROM 1.5.65)

    3) Reflectively, used in the imperative only, = compose yourself, keep your temper, be at case: Tit. I. 210, Rom. I. 5.67

                                  (*Shakespeare Lexicon*, content)

(23), (24) においては上記3) の意味が当てはまる。content は再帰動詞として使われていることから，thee は再帰与格であるといえる。

    (25) Now help, or woe *betide* **thee** evermore!　(TIT 4.2.56)

    1) intr. to happen, to come to pass:
    2) trans., to happen to, to befall: Tit. IV.2.56.

                                    (*Shakespeare Lexicon*, betide)

Schmidt は (25) における betide を他動詞と捉えている。よって thee は目的語であるが，ここでは命令文であることから thee は再帰与格となる。

(26) *Hie* **thee** hither, (MAC 1.5.25)

2) refl. (the simple personal pronoun always serving as reflexive):
...Oftenest in the imperative: Mcb. I.5.26

(*Shakespeare Lexicon,* hie)

やはり hie もまた再帰動詞である。よって (26) の thee は再帰与格である。

(27) If thou didst ever hold me in thy heart,
　　 Absent thee from felicity a while, (HAM 5.2.346-7)

1. b. *refl.* To keep or withdraw (oneself) away.
　　1602 Shaks. Haml. V. ii. 358

(*OED,* absent)

(27) の例が挙げてあることから、この thee もまた再帰与格である。

(28) *Advise* **thee**, Aaron, what is to be done, (TIT 4.2.129)

†5. *refl.* To bethink oneself; take thought, consider, reflect.

(*OED,* advise)

advise も再帰動詞である。よって advise thee の thee も再帰与格である。

　ここまで挙げてきた例は、thee の前の動詞がすべて再帰動詞か他動詞であることから、thee が再帰与格として使われていることがわかる。以下の6例も同じである。

(2) *Provide* **thee** two proper palfreys, back as jet, (TIT 5.2.50)
(29) *Turn* **thee**, Benvolio, look upon thy death. (ROM 1.1.67)
(30) *Remember* **thee**! (HAM 1.5.97)
(31) *Take* **thee** that too. (MAC 2.1.5)
(32) Thou marvel'st at my words, but *hold* **thee** still: (MAC 3.2.54)
(33) Then *yield* **thee**, coward, ...! (MAC 5.8.23)

第5章 命令文の thee

以上25例の命令文をみてみたが，25例すべてにおいて thee の前の動詞が再帰動詞，あるいは他動詞であることから，動詞の後に thee がくることは正しい。thou との混同と考えられる例は一例もない。

さて，感嘆の意や慣用的に使用されている例を挙げる。

(34) *Fare* **thee** well at once! （HAM 1.5.88）
(35) Peace, *break* **thee** off! （HAM 1.1.40）
(36) "*Aroint* **thee**, witch! " （MAC 1.3.6）

(34) について，fare を *Shakespeare Lexicon* と OED でみてみる。

2) to be in any state or under any circumstances: ... And in the imper. with *well*, to express a kind wish to those who leave or ase left:

(*Shakespeare Lexicon*, fare)

9. Used in imperative with *well*, as an expression of good wishes to a parting friend, or as a mere formula in recognition of parting;= FAREWELL *int. arch*. a. with the person as *subj*. †Also *occas*. in infinitive.
b. *impers*. with *dat*.

(*OED*, fare)

OED にシェイクスピアの例はないが，b. に Byron や他の作家の Fare thee well という例があるので，この thee もまた与格であると考えられる。
(35) では，break は off を伴っている。break off をみてみる。

Ⅱ) intrans. 8) *to b. off* = to discontinue to speak: Hml 1.1.40

(*Shakespeare Lexicon*, break off)

本来ならば break off thee という語順になるべきだが，thee は代名詞であることから語順が入れ替わって break thee off になったと考えてよい。よ

147

って，break thee off における thee もまた再帰与格の役割を果たしている。(36) について，aroint を OED でみてみる。

> [Origin unknown. Used by Shakespeare, whence by some modern writers.]
> 1. In *aroint thee*! (?verb in the imperative, or interjection) meaning appeerently: Araunt! Begone!
>   1605 Shaks. *Macb*. I.iii.6, *Lear*III.iv.129
>
> (*OED*, aroint)

感嘆の意味で動詞の後に thee が用いられているということは，動詞の後に thee がくることが自然になされていたことの表れであろう。

ここで，シェイクスピアの悲劇4作品中の命令文について，動詞の後にみられる thee の解釈を，第二節で挙げた文法家の意見を参考にまとめてみる。

イェスペルセンは再帰代名詞が適切でない箇所に thee が用いられているとしているが，4作品の命令文すべてを通じて thee が用いられているのは，再帰動詞の後かあるいは他動詞の後なので，命令文の動詞の後に thee が用いられることは間違いではない。

フランツは thee が用いられる理由を，①命令形の再帰動詞のため，② go ye, look ye とひびきが似ているため，とふたつ挙げているが，②は類推に過ぎず，やはり①の理由が正しいといえる。

ポーツマは，命令文中の thee は話しかけられる人を強調するために加えられた人称代名詞が，命令文の {動詞＋主語} という語順のために目的語ととらえられたり変形させられたりしたが，thee は本来主格であるとしている。しかし thee が用いられる命令文においては，動詞が他動詞か再帰動詞であり，thee を主格と捉えることはできない。従って，この意見は誤りである。

アボットは，命令文に thee が用いられるのは音声的理由によるもので，命令文はそれ自体が強調であるから非強調の人称代名詞を必要とし

ているので, thou ではなく thee が用いられると説明している。しかし, thou が thee よりも強いという根拠がなく, アボット自身もその証拠を挙げていない。従って, thee が音声的に thou よりも弱いために, 命令文で thou のかわりに thee が用いられたという説は誤りである。

結　論

　第二節で検討した awake thee の解釈についてもう一度考えてみる。awake thee の thee の解釈をめぐっては, シュミット, ヴォージェス, OED がその見解を述べている。シュミットは thee ＝ thou, not ＝ thyself であるとし, ヴォージェスは再帰与格であるとし, OED は awake は他動詞であるから thee は目的語であるとしている。シェイクスピアの4作品のうち, 命令文に thee が用いられている例をすべて挙げたが, それらはつねに動詞が他動詞か再帰動詞であった。従って, thee は, まだ当時確立していなかった2人称再帰代名詞 thyself の役割を果たしていた再帰与格である。awake thee の解釈については, OED とヴォージェスが正しい。

　命令文の動詞の後にみられる thee の解釈について考えてきたが, thee を用いる動詞は他動詞か再帰動詞であり, よって thee は再帰与格である, というのが結論である。PE の2人称再帰代名詞 thyself が, シェイクスピアの時代にはまだ一般的に再帰代名詞として確立しておらず, thee が再帰代名詞としても用いられていた時代の名残が, シェイクスピアの命令文に残っていると考えられる。この点, ミルウォード (C.Millward) の次の指摘は正しい。

> All four of these verbs are recorded with the reflexive dative in earlier stages of the English language. Perhaps, therefore, the examples with thee are best regarded as relics of an earlier time.
> (C.Millward, "Pronominal Case in Shakesperean Imperatives," 1966)

シェイクスピアの時代が ME から PE に転換する過渡期であるから, 古

第一部　文法

い構文 {V + thee(再帰代名詞)} が残るとともに，PE のように命令文に主格 thou も現れる一方，主語のない命令文も現れたが，大きな流れとしては (OE →)ME → PE であり，再帰代名詞の役割の thee から主格 thou，そして，PE 風の主語の現れない文型への推移の様子がうかがわれる。

　第一節では，命令形の後の再帰代名詞は 2 人称に限定されていること，シェイクスピアの英語においては人称代名詞を含んだ命令形が一般的であることを述べた。第二節では，命令文の動詞の後の人称代名詞 thee の解釈をめぐって，数人の文法家の見解を比較検討した結果，thee の解釈について 6 つの説を挙げることができた。そして第三節では，シェイクスピアの悲劇 4 作品 *Titus Andronicus*, *Romeo and Juliet*, *Hamlet*, *Macbeth* から，thee を用いた命令文すべてを抜き出した。シェイクスピアの命令文における動詞の後の thee の解釈についてまとめると，以下のようになる。

　① thee は当時まだ確立していなかった thyself の役割を持っていたこと。
　② thee を用いる動詞は他動詞か再帰動詞であること。
　③ 従って，thee は再帰与格であること。

　シェイクスピアの命令文における動詞の後の 2 人称与格代名詞 thee の解釈について述べてきた。その結果，2 人称再帰代名詞 thyself がまだ一般的に再帰代名詞としての役割を確立していなかったので，thee が再帰代名詞としての役割をも果たし，命令文の動詞の後で用いられた。このような混乱が生じたのも，シェイクスピアの英語が ME から PE への過渡期であったために，PE 風に動詞の後に主格 thou を持った命令文が現れたり，主語を持たない命令文が現れたり，また昔からの {V + thee(再帰代名詞の役割)} の文型をもつ命令文が現れたりした。命令文の文型ひとつをみても様々な形があるが，その様々な形の中にはやはり，シェイクスピアの英語が ME から PE へと移り変わっていく大きな流れの渦中にあったことをみて取ることができる。そしてシェイクスピアを決定的な分岐点として，英語は古い ME から新しい PE へと大きく変容していく。

注

(1) thyself は現代英語でも文法上問題ないので本論では論じない。

本章の参考文献

Jespersen, O., *Progress in Language*, rpt. John Benjamins, 1965
Millward, C., "Pronominal Case in Shakesperean Imperatives," *Language*, 42, 10-7; rpt. 1987, *A Reader in the Language of Shakespearean Drama*, John Benjamins, 301ff, 1966
Poutsma, H., *A Grammar of Late Modern English*, Groningen, 1916
Salmon,V., "Sentence Structure in Colloquial Shakespearian English," *Transaction of the Philological Society*, 1965, 105-140; rpt. *A Reader in the Language of Shakespearean Drama*, John Benjamins, 1987
Spevack, M., *A Complete and Systematic Concordance to the Works of Shakespeare*, Olms, 1968
Voges, F., "Der reflexive dativ im Englischen," *Anglia* 6, 1883
成沢義雄 「初期近代英語の命令文」宮城教育大学紀要 第八巻, 1973
宮内秀雄 『法・助動詞』「英文法シリーズ第13巻」 研究社, 1955

第一部　文法

第6章　中性所有代名詞 its
―ベン・ジョンソンの *The English Grammar* ―

はじめに

　今日，中性所有代名詞として使われている形は its であるが，its が用いられるようになる以前はいくつかの異なる形が存在していた。また，its が登場してからも，作者や状況によっては its 以外の形が用いられたようである。そこで，それぞれの形の特徴を考察しつつ，its に落ち着くまでの過程を考察する。

　以下の表は，現代英語の its が成立するまでの中性代名詞の歴史を，ゴート語(ゲルマン語期の例として)，古期英語，中期英語，16・17世紀，現代英語の順に簡潔に示したものである。

	ゴート語	古期英語	中期英語	16・17世紀	現代英語
主格	hita	hit	hit, it	(hit), it	it
対格	hita	hit	hit, it	(hit), it	it
属格	his	his	his	his, thereof, of it, it, it's	its

　本稿で考察の対象とする時期は 16・17 世紀である。即ち，ゲルマン語以来の伝統的な所有格形 his が thereof, of it, it, it's という中間段階を経て，its が確立する 16・17 世紀における変化の過程と原因である。

　まず第一節では，中性所有代名詞の変遷とともに，それぞれの形が用いられた状況なども併せてみていく。また，its の成立について，その初例に関する様々な見解を踏まえながら考察するとともに，その使用の広がりについてもみていく。第二節では，特にベン・ジョンソン (B.Jonson) の its の使用に焦点を絞って考察する。特に，*The English Grammar* の初版本 (1640) と再版本 (1692) とを比較しつつ，its の使用上の特徴や時期を考える。

152

第一節　中世所有代名詞の変遷と its の成立

OED によると，中性所有代名詞の元々の形は男性形と同じく his で，文語では 17 世紀まで続いたが，文法上男性と中性を区別しない his が不適切と考えられるようになった。そして ME 期には，すでに his の中性語での使用は避けられるようになり，thereof, of it, it が代用された。ただ，実際この his がいつ頃まで使われたかという問題に関しては，意見がふたつに分かれている。ブルンナー (K.Brunner) によれば，中性語としての his はすでに OE においても一般的には使われていなかったという (『英語発達史』1973, p.484)。一方ポーツマ (H.Poutsma) は OED と同じく，ME 期で使用を避けるようになったとしている。更に，カーム (G. Curme) の意見は多少異なり，その使用は 17 世紀近くまで続いたと述べている (*Syntax*, 1930, p.526)。ただ OED にも文語では 17 世紀まで続いたとあるので，カームの意見も OED やポーツマと一致するといってよい。

thereof と of it に関して，コングリーブ (Congreve) の英語についてのみいうならば，thereof は対話にはあまり用いられず，古風な用法として荘重さを重んずる法律の専門用語等に用いられるくらいである。一方 of it は，対話の中でもかなり見受けられ，ほとんどの場合，感情の高まりが感じられる (藤木白鳳『コングリーブの英語』p.74)。

また，North West の方言では，所有格の hit や it が 1600 年頃には実に一般的となり，ウェストモーランド，ランカシャー，South West ヨークシャー，チェシャー，リンカンシャー，そしてその近隣の地方では今でも残っている。ブラッドリ (H.Bradley) によれば，North West Midland の text では 14 世紀に it を所有格として使っていて，それが 15 世紀の終わり頃までに他の地方でも広がったとある。フランツ (Franz) によると，it の起源は所有格に self を付けることで再帰代名詞を作り出すという方言だという。また，myself, yourself, hisself, theirselves などと同

第一部　文法

様に，itself の中の it が my, your, his, their などのように所有代名詞として使われるようになったと考えられる (Esko V.Pennanen, *Notes on the Grammar on Ben Jonson's Works*, 1966)。しかし，所有格と主格が同じであるという紛らわしさのためか，標準語として根付くことなく姿を消した。

　そして最後に，its が生まれたのはロンドンやオクスフォードなどのイングランドの南部と考えられる。書物に登場するのは 1600 年の少し前で，それ以前に口語として使われていたことは間違いない。そして次第に文筆上も認識されるようになった (OED, its)。

　its の起源は所有格の it であったと考えられる。OED によれば，16 世紀の終わり頃に it と所有格または属格を表す 's から形成された。最初は it's と書かれ 19 世紀の初めまで維持された。そして its の初出については，OED では 1598 年のジョン・フロリオ (John Florio) の『イタリア語－英語辞書 (*A Worlde of Wordes*)』とされている。ところが，スレッド (J.Sledd) は，its の初出はもう 2 年遡って，1596 年のトーマス・トーマス (Thomas Thomas) の『ラテン語－英語辞書 (*Dictionarium Linguae Latiae et Anglicanae*)』であることが，*The English Dictionary from Cawdrey to Johnson 1604-1755* (1946, rpt.1991) の著者の一人である，スターンズ (De W.T.Starnes) によって発見されと報告している (安井稔『英語学研究』p.134)。しかもそれは，トーマスの辞書の初版 (1587) ではなく，1596 年版に初めて出てくるのである。

　それ以後の its の広まりについても意見がふたつに分かれており，ムーア (S.Moore) とマクワート (H.Marckwardt) は，17 世紀後半までは文語で一般的に用いられることはなかったと主張している。これに対し，バーバー (C. Barber) は，its は急速に広まり 1620 年には一般的になっていたと述べている。

　このことについてそれぞれの学者の説を考察する。

　まず，バトラー (C.Butler) は，その文法書 *The English Grammar*(1634) の中で初めて its を取り上げた学者であるが，その中で its に関する説明は全くみられない。このことから，この頃には its は極めて一般的

で，あえて言及するまでもなかったと考えることができる。ワイルド (H.C.Wyld) は，*A Short History of English* の中で，16 世紀にはまだエリザベス女王もジョン・リリー (John Lyly) もそのほかの作家も its を用いていないと述べている (p.238)。

一方，バトラーと同じ時代の作家であるベン・ジョンソンは its を容認していなかった。しかし，文法書以外の文学作品においては its, it's を使用している。ではなぜ文法書における its の使用を容認しなかったのだろうか。それは彼が，彼の文法を古典語の文法に一致させようとしたからであると考えることができる。これについて次のような説明がある。

> もちろん，本書は Ramus や Scaliger のラテン文法や Mulcaster の英文法を下敷きとして構成されたものであるから，文法学そのものについての理論に Jonson 特有のものは少ない。
> (石橋幸太郎，*Ben Jonson: The English Grammar* の解説, p.335)

そしてウォリス (J.Wallis) は，彼の文法書の中で its について触れており，中性所有代名詞 its が確立されていたことがうかがえる。また，中性としての his は 17 世紀前半の終わり頃には使われなくなっていたと判断することができる。

But if the reference is to neither sex *it* is used for both rect and oblique forms, with possessive *its*.
(J.Wallis, *Grammar of the English Language*, Text p.97, tr. p.321)

またジョン・ドライデン (John Dryden) は，物に対して his を使うことは誤りであると指摘していることから，its が一般的に用いられていたと考えてよいだろう。その実例を示す。

Though Heaven should speak with all *his* wrath at once,
We should stand upright and unfear'd.
(Dryden, *Defence of the Epilogue: or an Essay on the Dramatic Poetry of*

第一部　文法

the Last Age, p.37)
上の文中の his に関して，彼は次のようなコメントを残している。

　His is ill syntax with *Heaven*;

第二節　ベン・ジョンソンにおける its 及び類似表現の使用

　第一節で，ベン・ジョンソンが作品の中では its を用いていたにもかかわらず，文法書においてはその使用を避けたということを述べたが，ここで彼の its 使用についてもう少し詳しくみていく。

　ペナネンによると，ジョンソンは文学作品の中で 8 回 its を使用しているが，そのうちの 3 回は韻文でみられ，それ以外は散文の中でみられる。その中でも特に会話文の中で多くみられる。その例を以下に示す。

1) No family is here, without *it's* boxe. (*Volpone*, IV. i. 87)
2) Can nothing great. And at the height
   Remain so long? But *it's* owne weight
   Will ruin it. (*Catiline his Conspiracy*, 1st chorus 531)
3) To what of *it's* owne bounty it is prone to. (*The Devil is an Ass*, I.vi.205)
4) Your knighthood it selfe shall come on *it's* knees, and it shall be reiected; it shall be sued for *it's* fees to execution … it shall cheat at the twelvepenny ordinary … for *it's* diet all terme time. (*Epicoene*, II.v.105)
5) Be strong against it, and *it's* foule temptations … pray against *it's* carnall prouocation. (*Bartholomew Fair*, I.vi.16)

　用例全体の 80％は Morose, Dame Purecraft, Wittipol などの滑稽な人物の会話文の中でみられるが，それが性格描写の手段として用いられたか

第 6 章　中性所有代名詞 its

どうかは疑わしい。また，its が口語体であったことが事実だと考えると，CC や Bty における使用について説明することは難しい。ただ，*Epicoene* における Morose の会話文において，彼が激しい感情で話していることから，its 特に it's は情緒的な用法であったと考えることができる。

次に，ジョンソンの *The English Grammar* について詳しくみていく。第一節でも述べたように，生前の原稿にもとづく初版本 (1640) の中では its 及び it's は全く用いられていない。ところが，1692 年の再版本の中では its が二箇所ある。his も一箇所残っている。

(1) 初版：In the last *Syllabes* before *n*. and *w*. it frequently looseth: (p.39 l.39)
　　再版：In the last *syllabes*, before *n* and *w*,【it fre】quently loseth **its** sound; (p.21 ll.13-4)（it fre が 1822 年の Gifford 版でも欠落）

(2) 初版：And here it may besides keepe **his** proper *Vowel*.(p.65 l.9)
　　再版：And here it may besides keep **its** proper *vowel*. (p.64 l.5)

(3) 初版：The *second Declension* formeth the *Plurall* from the *Singular*, by putting to *n*. which notwithstanding it have not so many Nounes, as hath the former, yet lacketh not **his** difficultie, …(p.60 ll.17-9)
　　再版：The *second declension* formeth the *plural* from the *singular*, by putting to *n*; which notwithstanding it have not so many *noun*s, as hath the former, yet lacketh not **his** difficulty, …(p.56 ll.8-11)

これらの例はいずれも前半部分に集中していて，*The Second Book* における例はみられない。そこで，再度 *The English Grammar* 全体の中性所有代名詞の使用について its, his を中心に詳しくみていくことで，その使用の傾向を検討していく。

157

第一部　文法

ジョンソンの *The English Grammar* において，中性代名詞の属格を表す表現として，先に述べたように，his, thereof, of it そして再版本に限って its が主に用いられた。そこで，どの表現がどれくらい使用されたのか詳しくみていく。

まず，明らかに中性名詞の所有格として his が用いられた箇所は次の通りである。

(4) 初版：A *Diminutive* is a Noune, noting the *diminution* of **his** *Primitive*. (p.58 ll.3-4)

再版：A *diminutive* is a *noun* noting the *diminution* of **his** *primitive*. (p.52 ll.19-21)

his は a noun の属格形として用いられている。

(3) 初版：The *second Declension* formeth the *Plurall* from the Singular, by putting to *n*. which notwithstanding it have not so many Nounes, as hath the former, yet lacketh not **his** difficultie, ...(p.60 ll.17-9)

再版：The *second declension* formeth the *plural* from the *singular*, by putting to *n;* which notwithstanding it have not so many *nouns*, as hath the former, yet lacketh not **his** difficulty, ...(p.56 ll.8-11)

his は second declension の属格形として用いられている。

(5) 初版：The *second Conjugation* therefore turneth the *present* into the *time past*, by the only change of **his** Letters, namely of *Vowells* alone, or *Consonants* also. (p.63 ll.37-9)

再版：The *second conjugation* therefore turneth the *present* into the *time past*, by the only change of **his** letters, namely of *vowels* alone, or *consonants* also. (p.62 ll.1-4)

his は the present の属格形として用いられている。

第6章　中性所有代名詞 its

(6) 初版：A *Word* without number is that, which without **his** principall signification noteth not any number. (p.67 ll.31-2)

再版：A *word* without number is that which without **his** principal signification noteth not any number. (p.67 ll.29-30)

his は A word の属格形として用いられている。

(7) 初版：Whereof the latter seemeth to have **his** proper place in those that are spoken in a certaine kind of excellencie, ... (p.77 ll.1-3)

再版：Whereof the latter seemeth to have **his** proper place in those that are spoken in a certain kind of excellency, ... (p.84 ll.18-20)

his は the latter の属格形として用いられている。

次に，thereof が用いられた箇所は次の通りである。

(8) 初版：The Notation of a Word Is, when the originall **thereof** is sought out, and consisteth in two things; the *Kind*, and the *Figure*: (p.55 ll.35-7)

再版：The Notation of a Word, Is when the original **thereof** is sought out, and consisteth in two things, the *kind* and the *figure*. (p.48 ll.8-10)

thereof は The Notation of a Word の属格形として用いられてる。

(9) 初版：As yet we have handled *Etymologie*, and all the parts **thereof**. (p.70 l.8)

再版：As yet we have handled *etymology*, and all the parts **thereof**. (p.71 ll.8-9)

thereof は etymology の属格として用いられている。

159

第一部 文法

(10) 初版：There resteth one generall Affection of the whole, dispersed thorow every member **thereof**, as the bloud is thorow the body; (p.83 ll.9-11)

再版：There resteth one general affection of the whole, dispersed thorough every member **thereof**, as the blood is thorough the body; (p.97 ll.26-8)

thereof は先行文中の名詞 Syntax の属格形として用いられている。

そして，of it の使用された箇所を次に示す。

(11) 初版：We shew the Copie **of it**, and Matchablenesse, with other tongues; (p.33 ll.10-1)

再版：we shew the copy **of it**, and matchableness with other tongues; (p.9 ll.10-1)

it は先行文中の our language を指し，その属格形として of it が用いられている。

(12) 初版：except in*tò*, the Preposition. *Twò*, the numerall. *Dò*, the Verbe, and the compounds **of it**; as *undò*: …(p.39 ll.43-4)

再版：Except in*tò*, the preposition; *twò*, the numeral; *dò*, the verb, and the compounds **of it**; as *undò*: …(p.21 ll.19-20)

it は do を指し，その属格形として of it が用いられている。

(13) 初版：But, be it a Letter, or Spirit, we have great use **of it** in our tongue, both before, and after *Vowells*. (p.48 ll.44-6)

再版：But be it a letter, or spirit, we have great use **of it** in our tongue, both before, and after *vowels*. (p.37 ll.32-4)

it は H という文字を指しており，その属格として of it が用いられている。ただし，この H については，他の形も用いられている場合があり，それについては後で詳しく述べる。

(14) 初版：But the use **of it** will be seene much better by collation of words, that according unto the divers place of their *Accent*, ...(p.54 ll.28-9)

再版：But the use **of it** will be seen much better by collation of words, that according unto the divers place of their *accent*, ...(p.46 ll.12-4)

it は先行文中の名詞 an accent を指し，その属格形として of it が用いられている。

次に，本来中性語であると思われる語の属格として，her が用いられている箇所がある。

(15) 初版：For, the *English-Saxons* knew not this halting *Q*. with **her** waiting-woman *u*. after **her**, ... (p.47 ll.26-7)

再版：For the English Saxons knew not this halting *Q*, with **her** waiting woman *u* after **her**; ... (p.33 ll.21-3)

ただし，アルファベットのKとQを対比させ，K を he で受けたりQ を her と示したりしていることから，単純に中性語として捉えることは難しいので，ここでは言及しないことにする。

そして先に述べた，アルファベットの H の属格形としても her を用いている箇所がある。

(16) 初版：What **her** powers are before *Vowells* and *Dipthongs*, will appeare in (p.51 l.1)

再版：What **her** powers are before *vowels* and *diphthongs*, will appear in (p.39 ll.7-8)

ただし，H に関する記述の中で，中性であるはずの文字に対して，性があると思わせるような文がある。それを次に示す。

(17) 初版：And though I dare not say, **she** is,(as I have heard one

call her) the *Queen mother of Consonants*: (p.48 ll.46-7)

再版：And though I dare not say **she** is (as I have heard one call her) the *queen-mother of consonants*; (p.37 l.34-p.39 l.2)

この she は H を指し，更に the queen-mother of consonants というように，明らかに女性語として扱っている。しかし as I heard one call her という記述からも分かるように，これはベン・ジョンソンの意思によるものではなく，先人に習ったものだと考えることができる。このことは，先の K や Q に関してもいえることだろう。

ここで，*The English Grammar* (1692) の記述の中から，中性代名詞の属格を表す表現，つまり his, thereof, of it, its に関係のあるものを抜き出し，考察していく。

まず，his という単語が男性語と中性語の両方に使われたことに関連して，文法上の性に関する記述に注目すると，次のような一節がある。

(18) *Third*, the *neuter*, or *feigned gender*: whose notion conceives neither *sex*: under which are comprised all *inanimate* things, a *ship* excepted: (p.51)

neuter はどちらの性でもないものを表し，船以外の無生物はこれにあたる。

(19) Exceptions of *Genders*.
The articles *he* and *it*, are used in each other's *gender*.
It also followeth for the *feminine*: (p.77)

文法上の性の例外として，he と it は互いに逆の性において用いられることもあり，it は女性についてもいえる。

また，主格が所有格を表すこともあった。

(20) Here the *absolute serveth* sometimes instead of *genitive*:
All trouble is light, which is endured for righteousness sake; i.e.

第 6 章　中性所有代名詞 its

for the sake of righteousness. (p.74)

逆に，his, their, theirs に関しては変わった用法を持ち，所有格でありながら主格の代わりとなることもできた。

(21) *His, their,* and *theirs,* have also a strange use; that is to say, being *possessives*, they serve in stead of primitives: (p.83)

of の使用に関しては，次のような記述がみられる。

(22) But if the thing *possessed* go before, then doth the preposition *of* come between: *Ignorance is the mother of* Error.
Which preposition may be coupled with the thing *possessed*, being in the genitive.
Nort, in Arsan.
A road made into Scanderbech's *country by the duke of* Mysia's *men: for, the men of the duke of* Mysia (p.74)

(23) where the preposition *of* hath the force of the genitive, ... (p.93)

(24) The superfluity of *prepositions is* more rare: (p.94)

its が生まれる基になったと考えられる 's について，次のような記述がある。

(25) *Apostrophus* is the rejecting of a vowel from the beginning or ending of a word. The note whereof, though it many times, through the negligence of writers and printers, is quite omitted, yet by right should, and of the learneder sort hath his sign and mark, which is such a *semi-circle* (') placed in the top. (p.71)

(26) This rejecting, therefore, is both in vowels and consonants

第一部　文法

　　　going before: (p.72)
単語の始め，または終わりの母音を省くために 's が用いられ，やがてそれが子音を省く際にも用いられるようになった。しかし，なぜそれが所有格を表すようになったかについては書かれていない。

(27) And in this *first declension*, the *genitive plural* is all one with the *plural absolute*; (p.55)
first declension が示しているのは，単数形に s を付けて複数形を表すという語形変化のことで，そのため複数形の所有格と複数形の主格とが同じひとつの形になってしまった。

結　論

　人称代名詞中性単数属格形であった his は，男性単数属格形と全く同じ形であった。現実の自然界と文法規則の世界が全く別途に認識され，現実世界は現実世界,文法は文法という時代には差し支えなかったのであるが，文法上の性別 (gender) が自然界の性別 (sex) と一致させられるようになると，男性形と中性形が全く同じ形というのは不都合とみなされるようになってきた。そして近代英語では，文法上の性別と現実世界の性別とを一致させるという強い意識が働くようになった。名詞の文法上の性別が消失した時，代名詞はそれが指し示す名詞の性別を区別する重要な要素になった。he, his, him 及び she, her, her は現実世界の男・女の性別 (＝文法上の性別) を区別する重要な指標になった。一方，it は性別の明確でない場合に用いられるという役割分担もはっきりしてきた。そのような役割分担が明確になってくると，his が男性にも中性にも用いられるという事態は，極めて不都合であると意識されるようになってきた。

　his は ME 期を通じて用いられたが徐々に使用されなくなり，17 世紀末までは生き延びた。his が用いられなくなると迂言形の thereof, of it が用いられ始め，ついで主格形と同じ形の it が現れた。thereof が初めて

現れたのは 1388 年で,『欽定英訳聖書 (*Authorized Version of the Bible*)』(1611) には頻繁に用いられていることからも，thereof は荘重な文体，宗教に関する文章に用いられていることがわかる。of it は his の代用として，散文でも詩文でもしばしば用いられている。また，his に代わる形としてはもっとも適切と感じられたためか，そして，この時代には属格形が好まれたせいであろうか，他の形よりも好まれる傾向にあったようだ。コングリーブに関する限り，of it は口語体に用いられ，感情が高まった場面でよく使われている。

　主格・対格と同じ形の it も his の代用として用いられ，これが結局 its の直接の原形と思われる。属格としての it は現在でも方言にみられる。このような方言では，すべての再帰代名詞が属格形で現れるので (hisself, theirself)，it self も属格形と self の合成と認識されたことから，it も属格形と認識され広く用いられるようになったのかもしれない。が，属格形としての it は標準語に定着することなく消え去った。おそらく，主格とも対格とも違う明確な形の属格形こそが求められていたのであろう。

　残された問題が 3 つある。its という形の由来と，its という形が一体いつ初めて用いられたのかという問題である。

　its の s が何に由来するのかについては意見が分かれる。ひとつは所有格を表すという説で，もうひとつは his との類推であろうという説である。

　its の初出についてもふたつの意見がある。OED は再版でも，フロリオ編纂の *A Worlde of Wordes* (1598) が初出とし，イェスペルセン (O. Jespersen, 1961)，スミス (L.P.Smith, 1960)，ブラッドリ (1970)，ブルンナー (1960) がそれに従っている。しかし，スレッドの報告によれば，スターンズがトーマス・トーマス編纂の *Dictionarium Linguae Latinae et Anglicanae* (1596) に its の初例が見出されるという。しかも，トーマスの初版 (1587) ではなく，1596 年版である。現在でも，各種辞書はいちいち改定版 (revised edition)，第 2 版 (second edition)，第 3 版 (third edition) 等と断らなくても，微細な修正・訂正を刷り (printing) ごとに行っていることは珍しくない。が，いずれにしても，OED でこのような基本語彙の

初出例に見逃しのあるのは珍しいことである。

　第3の問題は，新しい形のitsは一体いつ頃から普及し始めたのかということである。初期文法学者たちの記述にみる限り，正確には断定できない。また，文法家によってitsの使い方も変わっている。が，17世紀後半には標準英語となったと考えられる。

　第二節では，ベン・ジョンソンの*The English Grammar*の初版(1640)と再版(1692)の記述を比較検討することにより，中性代名詞属格形がhisからitsへと推移する過程を実証的に考察した。初版には，itsもit'sも全く用いられていない。しかし，再版になるとhisがitsに書き換えられている箇所がある。他方，itsに置き換えられるべきところでもhisのまま書き換えられていない箇所もある。第2版の出版年である1692年には，中性の属格形itsはすでに標準英語でも確立していたはずであるから，当然itsに書き換えられるべき箇所でもhisのままのところが5例ある。itsとhisがどのように使い分けられていたのかを分析するのは難しい。しかし，itsが用いられている文章中では主格のitも同時に用いられている。一方，中性属格形にhisが用いられている文章中には主格のitは現れていない。つまり第2版では，編者が古い英語ではhisがitの属格形であることを意識している場合にのみ，hisをitsに書き換えている。ジョンソンは，*The English Grammar*の初版(1640)を書いたときには，ラムス(Ramus)やスカリゲル(Scaliger)といったラテン文法に大きく影響された当時の伝統的な文法観に基づいていたので，中性属格形にもitsのみを用いた。しかし，およそ50年後の再版本(1692)では，すでに十分浸透していたitsが用いられているのは当然のことである。再版本では同じ文中に主格のitは現れている場合に限り，itsが用いられている。一方，中性属格形にhisが用いられている場合には，そのhisが男性なのか中性なのかは明言しにくい。hisの指し示す名詞そのものの文法上の性別がまだ残っていた。そして，どの名詞が男性でどの名詞が中性なのかを判断することが難しいからである。

第6章　中性所有代名詞 its

本章の参考文献

Starnes, De W.T. &. Noyse, G.E., *The English Dictionary from Cawdrey to Johnson 1604-1755*,1946, rpt. 1991

Pennanen, Esko V. *Notes on the Grammar on Ben Jonson's Works*. Acta Academiae Socialis, Series A. vol. 3, 1966

Moor, S. and Marckwardt, H., *Historical Outlines of English Sounds and Inflections*, George Wahr, 1969

Wallis, J., *Grammatica Linguae Anglicanae*, 1653,1765^6 : J.A.Kemp, trans. *John Wallis Grammar of the English Language*, Longman, 1972

Jonson, B., *The English Grammar,* **First Edition** (1640), rpt. Scolar, **Second Edition** (1692), rpt., 南雲堂, 1968（解説　石橋幸太郎）.

Dryden, J., *Defence of the Epilogue: or an Essay on the Dramatic Poetry of the Last Age*, 1672, 南雲堂, 1967

藤木白鳳　『コングリーブの英語』大阪教育図書, 1991

安井稔　『英語学研究』研究社, 1960

第一部　文法

第6章附：its とベン・ジョンソンの*The English Grammar*

ベン・ジョンソン (Ben Jonson) の *The English Grammar* は，初版（1640年）と再版（1692年）[1] とでは，色々な点で相違がある。その相違点は，ジョンソン直筆と思われる初版を再版出版の際に，誰かが加筆したために生じた。1640年の初版から1692年の再版までの間の52年の年月の隔たりのために生じた相違点は，英語が中期英語の名残りを完全に払拭し，真の近代英語へと急激な変化をとげつつあった時代であったために，英語の歴史からみて興味深いことが多い。

本章では，ジョンソンの *The English Grammar* の初版と再版に見出される諸々の相違点の中から，中性単数属格の人称代名詞 its に焦点を絞り，its の起源と発展を考察する。

The English Grammar の代名詞の説明をした第 XV 章には，中性単数の its への言及がない。第 XV 章の初版の記述は次のようになっている。

chapter. XV.
of Pronounes

A Few irregular Nounes, varying from the generall precepts, are commonly termed *Pronounes*; whereof the first foure in stead of the Genetive have an Accusative case: as

I. ⎱ Plur. ⎰ We. ⎱　Thou. ⎱ Plur. ⎰ You.
Me. ⎰　　　⎱ Us. ⎰　Thee ⎰　　　⎱ or Yee.

Hee.　Shee.　That.　All the three make in the Plural.　*They, Them.* Four *Possesives: My, or Myne.* Plural; *Our, Ours. Thy, thine;* As many

第6章附：its とベン・ジョンソンの The English Grammar

Demonstratives. This, plural, *These, That*, Plurall *Those; yonne*, or *yonder* same.

(Ben Jonson, *The English Grammar*, 1640, p.61)

ここには it そのものへの言及がなく，that が代用されている。1692 年の再版では，thy，thine 以下が次のように書き換えられている。

Thy, thine; plural, *your, yours. His, hers*, both in the plural making *their, theirs*.

(Ben Jonson, *The English Grammar*, 1692, p.57)

再版では，近代英語の現実の用法に合ったように書き換えられているが，やはり，it, its への言及はない。

its は 16 世紀末頃に現れ，次第に標準英語として確立してゆく。エリザベス女王の家庭教師であったロジャー・アスカム (Roger Ascham) の *Toxophilus* (1545 年『弓術愛』; 1864, rpt. AMS, 1965) には，its は全く用いられておらず，of it（44 回），his（9 回），thereof（2 回）が代わりに使用されている。その例を示す。

of it

1) ;and, first, of the invention *of it*, then what honesty and profit is in the use *of it*...: last of all..., for the increase *of it*. (p.18).
2) A good bow is known, ..., by the end and proof *of it*; (p.106)
3) ... though he see not the end *of it*:(p.106)
4) ... afore he know the proof *of it* (p.106)

his

5) ... that the outrageousness of great gaming should not hurt the honesty of shooting, which, of *his* nature, is always joined with honesty. (p.6)
6) For roundness is apt for flying of *his* own nature,... (p.128)

169

第一部　文法

thereof
- 7) ... and this was the cause *thereof* (p.17)
- 8) ... and the cause *thereof,* because the string hath so far a passage or it part with the shaft. (p,104)

アスカムの『弓術愛』に用いられた9回の his うち，4回が his own nature という連語であることに注目しておく。

OED による its の初出は，1598年のジョン・フロリオ (John Florio) の『イタリア語―英語辞書 (*A Worlde of Wordes*)』であることはよく知られている。ところが，its の初出はもう2年遡って，1596年のトーマス・トーマス (Thomas Thomas) の『ラテン語―英語辞書 (*Dictionarium Linguae Latinae et Anglicanae*)』であることが，*The English Dictionary from Cawdrey to Johnson 1604-1755* の著者の一人であるスターンズ (De W.T.Starnes) によって発見されたことが，スレッド (J.Sledd) によって報告されている[2]。ところが興味深いことに，トーマスの辞書の初版 (1587年) ではなく，1596年版に初めて出てくるのである。初版の該当部分は次のようになっている。

> Sponte, ablat. fine recto. *Of his free will, of himselfe, of his owne accord and will, for it owne sake.*
> (Thomas, *Dictionarium Linguae Latinae et Anglicanae*, 1587, Sponte)

定義の部分が，1596年の版では *Of his free will, of himselfe, of his owne accord and will, for its owne sake.* となっているのである。

初版ではなくて，改版とも第2版とも断っていない版で記述内容が異なることは，なにもトーマスの辞書に限ったことではない。例えば，サミュエル・ジョンソンは，その辞書の初版の distilment の項でシェイクスピアの *Hamlet* から引用している。

> DISTILMENT...,
> 　　Upon my secure hour thy uncle stole,

第6章附：its とベン・ジョンソンの The English Grammar

  Remaine so long? but *it's* owne weight
  Will ruine it.（*Catiline his Conspiracy*, 1st chorus 531）
12) Be strong against it, and *it's* foul temptations... and pray against *it's* Carnall prouocation.（*Bartholomew Fair*, l.vi. 16）
13) To what of *it's* owne bounty it is prone to.
        （*The Devil is an Ass*, l.vi. 205）

 シェイクスピアの場合，生前中に出版されたクォート版には it's，its は全く用いられていないが，First Folio (1623) には，its が1回，it's が9回用いられている。一方，ベン・ジョンソンの場合，主たる作品，1598年の *Every Man in His Humour* から 1624年の *Bartholomew Fair* には，it's は実際に使われている。従って，1640年の *The English Grammar* で it's に言及がないのは，文法書という書物のもつ保守的な性質のためであろう。文法書で初めて its に言及したバトラー (C.Butler) の本が1634年に出版されたことを考えれば，1692年の *The English Grammar* の再版本の地の文の中で，it でもなく，of it, thereof でもなく，its が2回使用されていることに何の不思議もない。人称代名詞と所有格とが with で合成される場合があるという例の中で，初めて its に言及したバトラーの記述を示す（バトラーは自分の提唱する特殊な音標文字を使っているので，普通のアルファベットに置き換えて示す）。

  3. Sing. himself.   Plur. themselves
       her self.
       it self.
       hee himself.
       shee herself.   plur. they themselvs
       his own self
       his own self.   pl. their own selvs
       its own self.
      （C.Butler, *The English Grammar*, 1634, p.41）

第一部　文法

ワイルド (H.C.Wyld) は，バトラーがなんの説明もしないで its に言及しているということは，バトラーが若いときに自分の方言で its を使い慣れていたからであろう，といっている。[4]

最後に，ジョンソンの The English Grammar の再版における its の 2 箇所を示す。

> 14A)　初版（p.39）
> 　　In the last Syllables before n. and w. it frequently looseth:
> 14B)　再版（p.21）
> 　　In the last *syllables*, before *n* and *w*, 〔it fre〕quently loseth **its** sound：（it fre が 1882 年の Gifford 版でも欠落）
> 15A)　初版（p.65）
> 　　And here it may besides keepe his proper Vowel.
> 15B)　再版（p.64）
> 　　And here it may keep besides keep its proper vowel.

しかし，初版の his が残されているところがある。

> 16A)　初版（p.60）
> 　　The second Declension formeth the Plural from the Singular, by putting to n, Which notwithstanding it have not so many Nounes, as hath the former, yet lacketh not his difficultie,…
> 16B)　再版（p.56）
> 　　The second declension formeth the plural from the singular, by putting to n, which notwithstanding it have not so many nouns, as hath the former, yet lacketh not his difficulty,…

注

(1)　再版は 1860 年の Gifford 版を参照したが，便宜を考えて Gifford 版を

第6章附：itsとベン・ジョンソンのThe English Grammar

そのまま採用している南雲堂の「英語文献翻刻シリーズ」の頁を示した。

(2) *The Sources of "A Dictinarie of the French and English Tongues" by Rondle Cotgrave* (London, 1611). By Vera E. Smalley. (Johns Hopkins studies in Romance literatures and languages, extra Vol. XXV.) Baltimore: Johns Hopkins Press, 1948, pp.252 の書評，*Modern Philology*, Vol.XLVII No.2, November, 1949, pp.135-39

(3) Esko V.Pennanen, *Notes on The Grammar in Ben Jonson's Dramatic Works*, 1966, Julkaisija, Yhteiskunnallinen, Korkkeakoulu, Tampere.

(4) H.C.Wyld, *A History of Modern Colloquial English*, 1936^3, p.331.
ちなみに，バトラーの出身地は中部方言のバッキンガムシャーらしい（英語文献翻刻シリーズ第4巻，解説）。

本章の参考文献

Herford, C.H. & Simpson, P.(edd.), *Ben Jonson*, 1925-52, Oxford

Pennanen, Esko V., *Notes on The Grammar in Ben Jonson's Dramatic Works*, 1966, Julkaisija, Yhteiskunnallinen, Korkkeakoulu, Tampere

Cooper, T., *Thesaurus Linguae Romanae et Britannicae*, 1565, rpt. 1975, Olms

Butler, C., *The English Grammar*, 1634, rpt. 1968 英語文献翻刻シリーズ第4巻

Elyot, T., *The Dictionary of syr Thomas Elyot knyght*, 1538, rpt. Scolar

Thomas Thomas, *Dictionarium Linguae Latinae et Anglicanae*, 1587, rpt. Scolar

Ben Jonson, *The English Grammar*, 1640, rpt. Scolar; 1692, rpt. 1968 英語文献翻刻シリーズ第3巻

John Florio, *A Worlde of Wordes*, 1598, rpt. 1972, Olms

第一部　文法

第7章　中性所有代名詞 its の変遷
—エリザベス女王訳『哲学の慰め』にみる—

はじめに

　現代英語の単数中性の所有代名詞は its であるが，OED などをみるまでもなく，its が英語の人称代名詞として誕生したのはシェイクスピアの時代である。現代英語ではもっとも基本的単語のひとつであり，日常生活にも不可欠の単語である its が，ごく近代になってから生まれ，発達したことは意外なことである。シェイクスピアを舞台とする its の確立の過程はある程度研究されており，本書第6章でも論じたので，本章ではエリザベス女王 (Queen Elizabeth) の英語を取り上げて its 形成の様子を研究する。なぜエリザベス女王を取り上げるかというと，エリザベス女王の英語は当時としては，そして特に上流階級の中でももっとも位の高い女王の英語にしては，かなり進歩的であるからである。エリザベス女王は私信の中で，speech という単語を当時としてはかなり進歩的な発音を示す spyche と記している。従って，当時もっとも革新的な its の誕生と確立に関してもなんらかの証拠が得られるのではないかと推測するからである。具体的には，エリザベス女王が翻訳したボエティウス (Boethius) 原作の『哲学の慰め (*De Consolatione Philosophiae*)』(1593) を取り上げる。[1]

第一節　単数中性属格代名詞の変遷

　元々の中性属格は his であり，現在の中性所有代名詞 its が確立するまでには，代用語として his, 迂言形 thereof, of it や it が使用されていた。第一節では，これらの古い中性属格形それぞれの特徴と移り変わりについ

第7章　中性所有代名詞 its の変遷

て，文法家の意見や文学作品における用例をもとに明らかにしていきたい。

§1　his

OE における3人称単数の中性属格代名詞は，男性形と同じく his であり，ME でも his が中性属格として一般的に使用された。例を挙げる。

(1) It sufficith to the day *his* malice. (Wyclif, 1382, *Matt.* vi.34)
(2) Aplille with *hise* shoures soote. (Chaucer, 1386, *Prol.*)
(1) の his は It を，(2) の hise は Aplille を指す。

この his は次第に男性形としての機能しかもたなくなり，中性属格としては代わりに迂言形 thereof，of it が使用されるようになる。中性としての his の使用が避けられるようになった理由について，OED では次のように説明している。

But with the gradual loss of sex for grammatical gender in the concord of the pronouns, the indiscriminate use of *his* for male beings and for inferior animals and things without life began to be felt inappropriate.

(OED, s.v. its)

文法的な性が徐々に失われてくると，男性も，下等動物や無生物をも表わすのに his を区別なく使用することは，不適切に感じられ始めた。更に，ポーツマ (H.Poutsma) は次のように述べている。

When with the gradual loss of grammatical gender *his* was getting to be distinctly suggestive of living beings, especially persons, of the male sex, its use in referring to inferior animals and inanimate things was felt to be incongruous.

(H.Poutsma, *A Grammar of Late Modern English*, p.785)

文法的な性が失われてきて his がはっきりと生物，特に人間の男性を指示

第一部　文法

するものを示すようになると，his を下等動物や無生物に適用することはおかしいと感じられだした。また，先にも述べた通り，中性 his は男性属格と同じ形であり，混乱を招くことがしばしばあった。

(3) The Ancient of days did sit... *his* throne was like flame, and *his* wheel as Burning fire. (Dan. vii.9)

最初の his は男性，2番目の his は中性である。

中性としての his の使用が避けられるようになった時期について，文法家の意見は分かれる。ブルンナー (K.Brunner) は，既に OE において中性 his はあまり使用されていなかったと述べている (*Die English Sprache*, 1960, p.484)。一方，OED は ME で，ポーツマは後期 ME ですでに避けられていたと述べている。カーム (G.Curme) の意見と少し異なる。

His was also the usual form for things until the close of the sixteenth century, when *its* (in older English, often with the apostrophe, *it's*) began to replace it here: This old usage lingered on until the close of the seventeenth century.

(G.Curme, *Syntax*, §57 5a)

its が his に取って代わる 16 世紀末まで，物を示す his は一般的であった。この中性 his は 17 世紀末までなかなか消滅しなかったとも述べており，この点においてはポーツマと一致する。また，OED も 17 世紀まで文語で使用され続けたとしている。OED における中性 his の最も新しい例，言い換えれば最後の例は 1670 年である。従って，中性 his は確かに 17 世紀末まで残っていたことがわかる。シェイクスピアでは，中性属格代名詞としての his が多く使用されている。いくつか例を挙げる。

(4) And that same eye whose bend owe the world did lose *his* luster

(JC I.ii.124)

(5) his mainly voice, turning toward childish treble, pipes and whistle

in *his* sound (AYL II.vii.163)

(6) How far that little candle throws *his* beams! (Merch. V.i.0)

(7) What torch is yond, that vainly lends *his* light to grubs and eyeless skulls? (RJ V.iii.125)

(4) の his は eye を，(5) は voice，(6) は candle，(7) は torch をそれぞれ指す。

現代英語において，his は無生物に適用されると擬人化を暗示する。また，ライト (J.Wright) は未だに中性 his が使用されている地域があることを指摘している。

In Ham. the still older use of *his* for the neuter possessive is reserved.　　　　　　　　(J.Wright, *The English Dialect Grammar*, §411)

ハンプシャー州では今でも中性属格としての his が残っている。

§2　迂言形 thereof, of it

中性属格 his が避けられるようになると，中性属格代名詞として迂言形 thereof, of it が使用され始めた。OED によると，thereof の初出は 1388 年である。この thereof は聖書に多く使用されている。『欽定英訳聖書 (*Authorized Version*, 1611)』では次のような例がみられる。

(8) And slowe alle the children, that weren in Bethleen, and in alle the coostis *thereof* (Matt. II.16)

(9) Vnto the riuer of Egypt and the great sea and the border *thereof*
　　　　　　　　　　　　　　　　　　　　　(Joshua, 15.47)

(10) And they shall make an ark of shittim wood: two cubits and a half shall be the length *thereof*, and a cubit and a half the breadth *thereof*, and a cubit and a half the height *thereof*. (Ex. 25. 10)

(8) の thereof は Bethleen を，(9) は sea，(10) はすべて shittim wood

第一部 文法

を指す。

同様に of it も使用されている。

> (11) And Bazaleel made the ark of shittim wood: two cubits and a half was the length *of it*, and a cubits and a half the breadth of it, and a cubit and a half the height *of it*: (Ex. 37.1)

3つの of it はすべて ark を指す。

シェイクスピアにもこのふたつの迂言形をみることができる。

> (12) meaning in deed his house, Which, by the sigh *thereof*, was termed so. (R3 III.v.79)
>
> (13) Master, if ever I said loose-bodied gown, sew me in the skirts *of it*, and beat me to death with a bottom of brown thread
>
> (Shrew IV.iii.137)

(12) の thereof は house を，(13) の of it は gown を指す。

of it は現在でも属格を表すのに使用されているが，thereof に関しても次のようなポーツマの指摘がある。

> *Thereof* survives as an archaism, and is especially met with in legal phraseology.
>
> (H.Poutsma, *A Grammar of Late Modern English*, p.785)

thereof は古擬体として残っており，特に法律用語と共に使用される。

§3 it

3人称単数主格・目的格共通の形である it は，そのままの形で属格としても使用されていた。この属格 it について，ムーア (S.Moore) は14世紀から使用され始めたとしている (*Historical Outlines of English Sounds and Inflections*, p.152)。カームも同意見をもっているが，加えてその起源

第7章　中性所有代名詞 its の変遷

についても触れている。

> The new form *its* developed out of the old possessive *it*, which arose in the fourteenth century in the western Midland dialects and later about 1600 became common elsewhere.
> (G.Curme, *Syntax*, §57 5a)

古い属格 it は 14 世紀に西ミッドランド方言に現れ，その後 1600 年頃他の地域でも一般的になった。また，イェスペルセン (O.Jespersen) は次のように述べている。

> As a possessive *it* is found in the ME alliterative poems from Lancashire (Cleanness 1021, etc) and became tolerably common about 1600.
> (O.Jespersen, *A Modern English Grammar VII*, p.307)

属格 it は ME のランカシャーの頭韻詩にみられ，1600 年頃一般的になった。

　it が中性属格として使用されるようになった理由について，フランツ (W.Franz) は，すべての再帰代名詞が「所有代名詞 + self」(例えば myself, yourself, hisself, theirselves) から成っている方言の itself からきたと考えている (*Zur Syntax des alteren Neuenglisch*, pp.103-4)。他の再帰代名詞と同様に，itself の it も所有代名詞とみなされ，my, your, his, their のように独立して使用されたのであろう。

　属格形 it は，『欽定英訳聖書』には一度しか現れない。

> (14) thou shalt neither sow thy field, nor prune thy vineyard. That which groweth of *it* owne accord of thy haruest thou shalt not reape. (Lev. 25.5)

it は field を指す。

しかし，この it は 1660 年版で its に変えられている。シェイクスピアでは，

第一部　文法

生前に印刷された作品と First Folio において 15 回使用されている。

(15) but nature should bring forth, of *it* owne kinde, all fosson, all abundance, to feed my innocent people. (Temp. II.iii.177)

(16) It is just so high as it is, and mooves with *it* owne organs.

(Ant. II.vii.43)

(17) What colour is it of ? Of *it* owne colour too. (Ant. II.vii.46)

(18) It hath *it* originall from much greefe; (1H4.I.ii.109)

(19) Alas, she hath from France too long been changed, and all her husbandry doth lie on heaps, corrupting in *it* owne fertility.

(H5 V.ii.40)

(15) の it は nature を, (16), (17), (18) は it, (19) は husbandry を指す。

アボット (E.A.Abott) は次の例におけるように，it が見知らぬ人や幽霊に使用されることを指摘している (*A Shakespearean Grammar*, pp.151-2)。

(20) The course they follow, did with disparate hand, Fore do *it* owne life; (Lear I.iv.215)

(21) Woman *it* pretty self into a waggish courage, (Cym. III.iv.156)

(22) Yet once methought *it* lifted it head and did address itself to motion like as it speak (Ham. I.ii.216)

(20), (21) の it は見知らぬ人を，(22) は幽霊を指す。

またシェイクスピアで it は時々，特に子供を指す際に用いられる。

(23) Doe childe, goe to yt childe, Give grandame kingdom, and *it* grandame will give it a plume, a cherry, and a fig. (John II.i.160)

(24) and that there thou leave it, (Without more mercy) to *it* owne protection. (WT II.iii.177)

(25) The innocent milke in *it* most innocent mouth (WT III.ii.101)

中性属格形 it は，標準英語において確固とした地位を得ることなく間もなく消滅してしまった。これは，人々がより明確な属格形を求めたためと考えてよいだろう。しかし，現在でも方言としていくつかの地域で残存している。

> In n.Cy. Lan. Chs. Der. Not. Lin. Nhp. the old uninflected *it* is still used instead of the modern *its*.
> (J.Wright, *The English Dialect Grammar*, p.275)

ライトによると，イングランド北部，ランカシャー，チェシア，ダービー，ノッティンガム，リンカンシャー，ノーサンプトンにおいて，it は未だに its の代わりに使用されている。

この節では，古い中性属格 his, thereof, of it, it それぞれについての文法家の意見，用例などをみてきた。これらをもとにこの節を簡単にまとめる。

OE の 3 人称単数の中性属格代名詞は his であり，ME で一般的に使用され，シェイクスピアでも多く用いられている。しかし，男性形と同形であり紛らわしかったこと，文法的性が失われてきたことにより，その使用は徐々に避けられるようになった。それでも 17 世紀までなかなか消えなかった。他方，迂言形 thereof, of it が生まれ，これらは聖書において多く使用された。thereof は擬古体として残っており，特に法律用語とともに使用される。14 世紀になると西ミッドランドで中性属格 it が生まれ，1600 年頃他の地域でも一般的になった。この it は標準英語において，確固とした地位を得ることはなかったが，現在でも方言としていくつかの地域で使用されている。

第二節　its の発生と確立

第一節では，its が完全に確立する以前に使用されていた古い中性属格

第一部　文法

代名詞 his, thereof, of it, it の特徴と移り変わりについて調べた。第二節では，これらの古い属格が衰退した後の，its の発生と確立までを明らかにする。

　its は最初，一般に it's と綴られていた。これは，中性代名詞 it に属格の形態素 's を加えて形成された。OED では次のように説明している。

> Formed in the end of 16th c. from *IT+'s* of the possessive or genitive case, and at first commonly written *it's*, a spelling retained by some to the beginning of the 19th c.
>
> (OED, s.v. its)

16 世紀末に，it に所有格（または属格）の 's を加えて形成された。最初は一般に it's と綴られ，これは一部で 19 世紀初めまで使用され続けた。同様に，ムーア (S.Moore)，バーバー (C.Barber) はそれぞれ次のように述べている。

> The development of **its** was perhaps facilitated by the fact that **it** was used as a neuter genitive singular form form the fourteenth century on. The genitive form **its** was based on the analogy of the regular genitive singular of nouns.(its: it :: cat's: cat)
>
> (Moore, *Historical Outlines of English Sounds and Inflections*,§132)

its の発達は，it が 14 世紀から中性属格代名詞として使用されたことに助長された。属格 its は，cat ＜ cat's のような名詞の属格単数形の規則変化に基づく。

> For the possessive and the determiner of *it*, the traditional form was *his*. *Its* is not recorded until about 1600, and was coined by adding the possessive morpheme -es to *it*.
>
> (Barber, *Early Modern English*, p.206)

its は it に所有格の形態素 -es を加えて形成された。また，ブルンナー

(K.Brunner) もこれらの意見と同じく, its は多分 it と実詞の属格語尾 -s よりつくられたもので, 18 世紀まで its と書いていたと述べている (『英語発達史』 p.484)。

its が現れた時期について, エイクヴァル (E.Ekwall) は次のように述べている。

> The pronoun *its* appeared in the 16th century, and has so far been first found shortly before 1600.
> (Ekwall, *A History of Modern English Sounds and Morphology*, §202)

代名詞 its は 16 世紀に現れ, これまでのところ 1600 年の少し前に最初の用例がみられる。この最初の its の正確な年代については, ふたつの意見がある。ひとつは 1598 年とするものであり (OED), イェスペルセン (*MEG VII*, p.307), スミス (L.P.Smith, *The English Language*, p.12), ブラッドリ (H.Bradley, *The Making of English*, p.46), ブルンナー (1973, p.484) がこれに従っている。この見解は, ジョン・フロリオ (John Florio) 編纂の *A Worlde of Wordes*(1598) という伊英辞書に基づいている。その *spontaneamente* の項に次のようにある。

> spontaneamente, willingly, naturally, without compulsion, of himselfe, of his free will, for its own sake.
> (John Flolio, *A Worlde of Wordes*, 1598, spontaneamente)

これらとは異なり, ムーアは次のように述べている。

> The earliest example of *its* that has so far been discovered is dated 1596;
> (Moore, *Historical Outlines of English Sounds and Inflections*, p.152)

これまでに発見された its の最も早い例は 1596 年である。ムーアはこの年代を何によったかは明らかにしていない。しかし, 彼と同意見をもつスレッド (J.Sledd) は *Modern Philology* (Vol.XLVII, No.2, November, 1949,

185

p.135) において，フロリオがトーマス・トーマス (Thomas Thomas) 編纂の *Dictionarium Linguae Latinae et Anglicanae*（1596）より its を借用したと指摘している。

> Sponte, ablat. fine recto. *Of his free will, of himselfe, of his owne accord and will, for its owne sake.*
> （Thomas, *Dictionarium Linguae Latinae et Anglicanae*, 1596, Sponte）

いずれにせよ，its が 16 世紀末に初めて現れたことは明らかである。
　それでは，中性 its が一般的になったのはいつ頃であろうか。

> But alongside of *it* the new form *its* appeared about 1600 and rapidly spread on account of its clearness and the analogy of other genitives, though at first it was not considered elegant.
> （Jespersen, *A Modern English Grammar VII*, p.307）

イェスペルセンは，it と並んで新しい形 its が 1600 年頃現れ，その明瞭さや他の属格との類似性により急速に広まったと述べている。同様に，バーバーも述べている。

> The new form its spread rapidly, however; by the 1620s it was common, and the use of his as a neuter was rare, though it lingered on as a minority usage until about 1670.
> （Barber, *Early Modern English*, p.206）

イェスペルセン，バーバーともに，its が 16 世紀に現れた後，急速に広がっていったことを指摘している。しかし，これは文語にはあてはまらないようである。『欽定英訳聖書』では中性属格として his，thereof そして her を使用しており，its は認められていない。例えば，現代の版で *its* saltness(Mark ix 50) という箇所があるが，『欽定英訳聖書』では *his* saltness である。
　また，シェイクスピアにおいて，中性 its は生前中に印刷されたいずれ

第 7 章 中性所有代名詞 its の変遷

の作品にも使用されていない。1623 年の First Folio でようやく it's が 9 回, its が 1 回現れる。

(26) . . . in my false brother awake an evil nature, and my trust like a good parent, did beget of him a falsehood in *it's* contrarie, (Temp. I.ii. 95)

(27) This Musicke crept by me upon the waters, allaying both their fury, and my passion with *it's* sweet ayre: (Temp.I.ii. 393)

(28) Heaven grant vs *its* peace, (Meas.I.ii. 95)

(29) How sometimes Nature will betray *it's* folly? *It's* tenderness? (WT. I.ii.151)

(30) In my greene velvet coat; least it should bite it's Master,... (WT. I.ii.157)

(31) let me know my Trespas By *it's* own visage: (WT. I.ii.265)

(32) upon the earth of *it's* right Father. (WT. III.iii.45)

(33) Dying with mothers dugge between *it's* lips. (2H6. III.ii.393)

(34) Each following day Becom the next dayes master, till the last Made former Wonders, *it's*. (H8. I.i.16)

シェイクスピアでは依然として his が多く用いられていた。従って, 17 世紀初め, its は文語上ではまだ一般的に使用されていなかったようである。ムーアは次のように述べている。

The earliest example of **its** that has so far been discovered is dated 1596; the form occurs 10 times in the First Folio of Shakespeare but not in any earlier editions, and did not come into general literary use until the second half of the seventeenth century, though it must have been in colloquial use at least as early as the latter part of the sixteenth century.

(S.Moore, *Historical Outlines of English Sounds and Inflections*, §132)

187

第一部　文法

　its は少なくとも 16 世紀末に口語上で使用されていたが，文語においては 17 世紀後半まで一般に使用されなかった。

　また，先に挙げた例文 (34) において，its(it's) は一次語として使用されている。この用法は極めて稀なものであり，OED における例文はこの一文のみである。

> **its**, *poss. pron.*
> **B.** As *absolute possessive*.
> The absolute form of prec., used when no sub. follows: Its one, its ones. rare.
> 　1613-23 Shakes. *Hen. VIII*, I.i.18 (First Folio) Each following day Became the next dayes master, till the last Made formar Wonders, it's.
> (OED, s.v. its)

　この節では，現在の中性所有格代名詞 its の発生と確立について調べてきた。its は it に属格形成語尾である 's を加えて形成された。初出については文法家により意見が異なるが，16 世紀末であることは確かである。その後，中性 its はまず口語で広く使用されるようになり，文語では 17 世紀後半から一般に使用されるようになった。

第三節　『哲学の慰め』にみる中性属格代名詞

　これまで，中性属格代名詞の変遷や，現在の中性所有格 its がいつ現れ一般化したのかについて考察してきた。第三節では，第一，二節の結果をふまえて，エリザベス女王訳のボエティウス『哲学の慰め』をみていく。この作品を通して，実際の当時の中性属格の傾向，エリザベス女王の翻訳の特徴などについて調べていく。

　『哲学の慰め』は，元々 524 年にボエティウスが書いた作品であり，1593 年にエリザベス女王によって当時の英語に翻訳されている。この

第7章 中性所有代名詞 its の変遷

1593年という年代は現在の中性所有格 its が現れる直前にあたり，当時は，第一節でみたように古い属格 his, thereof, of it, it のすべてが使用されていた。

第一節，第二節から，中性属格の変遷は下図のように表される。

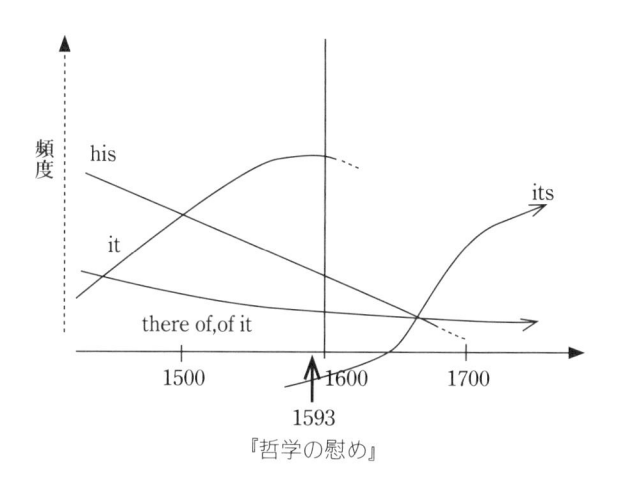

```
頻度
   │  his
   │     ／＼         its
   │   ／    ＼      ／
   │  it       ＼  ／
   │    ＼      ╳
   │      ＼  ／  ＼
   │ there of,of it  →
   └─────┬────┬────┬──→
       1500  ↑1600  1700
            1593
         『哲学の慰め』
```

『哲学の慰め』において使用されている中性属格代名詞の種類，使用頻度は次のようである。

his	49例
her	26例
thereof	3例
of it	例なし
it	例なし
its	例なし

それぞれの例を具体的にいくつか挙げる。

< his >

(35) And Sorow bidz *his* time to add withal. (I.i.myter. 11)

(36) He himself, by *his* own decrees against me, hath made this vnlawfull; (I.iv.prose. 74)

第一部　文法

(37) Eache thing Sekes owt *his* propre Cuurs and do reiois at retourne ther owen: (III.ii.myter. 33)

(38) That it had nothing in it self of *his* own proper value,

(III.iv.prose.40)

(39) For this & many other causes all hangyng on one roote, hit appeers that synne of *his* owne nature, (IV.iv. prose. 119)

(40) ･･･ yet the older that coms from the roote of all good, turns no man from *his* begynning. (IV.vi. prose.84)

(41) But it coms not of nought, for it hath *his* own proper occasion,

(V.i.prose.39)

(42) yf it be wayde in *his* owne nature, is free & absolute.

(V.vi.prose.97)

＜ her ＞

(43) and Losing Light, *her* owne, to others darkenis drawne,

(I.ii.myter.2)

(44) The star dimed with flames oppressing, Pale *her* whitty lookes.

(II.iii.myter.4)

(45) The grigy Sea *her* Streame In Certaine limites kipt,

(II.viii.myter.8)

(46) For nothing in Nature can be better than *her* begynning.

(III.x.prose.50)

(47) For tho Imagination tooke *her* begynning sing & forming figure,

(V.iv.prose.101)

＜ thereof ＞

(48) what is the gold *therof*? (II.v.prose.6)

(49) The fame *therof* fills many mens ears, (II.v.prose.14)

上に示したように，この作品において中性属格代名詞としては，依然と

190

してまだ古い形 his が圧倒的に多く使用されている。また，注目すべきは中性 her であり，his に次いで多く使用されている。この中性 her についてエイクヴァルは次のように述べている。

> The Bible 1611 has only *his, of it, thereof, it*. Beside *their* (＜ON þeira) *her* (＜OE heora) is occasionally found in the 16th century.
> (Ekwall, *A History of Modern English Sounds and Morphology*, §202)

中性 their, her は 16 世紀に時折みられる。この中性 her の多用はエリザベス女王の英語の大きな特徴といえる。迂言形についていえば，thereof は 3 例と数少なく，of it は一度も現れない。この of it と形は少し異なるが，「of ＋名詞」形の属格はいくつかみることができる。

(50) And careth skorne the waves *of thretning Sea*, Shuns soking Sandes, (II.iv.myter.6)

(51) what can be weaker than man, whom somtyme the byt *of a flye*, (II.vi.prose.17)

さらに，中性属格 it は一度も現れない。第一節でも触れたように，属格 it は主格・目的格と同形であったため格の区別がつきにくかった。そのため，エリザベス女王はこの属格 it を文語中で積極的には使用しなかったと考えられる。

結　論

　本章では，中性属格代名詞の変遷と its の発生と確立について調べてきた。最後に，これらの結果をまとめる。

　元々の中性属格代名詞は his であり，これは ME でも一般的に使用された。シェイクスピアにおいても多くの例をみることができる。しかし，男性形と同形で紛らわしかったこと，文法的性が失われて下等動物や無生物に対する使用が不自然に感じられだしたことを理由に，his の中性として

の使用は避けられるようになった。それでも 17 世紀末までなかなか消えず、ハンプシャーでは未だに中性 his が保持されている。

　中性 his が避けられるようになってから、その代用表現として迂言形 thereof, of it が使用された。これは聖書に多くの例をみることができる。thereof は現在でも擬古体として残っており、特に法律用語とともに用いられる。

　14 世紀には西ミッドランド方言から中性属格としての it が生まれた。この中性属格 it は、1600 年頃他の地域でも一般的なものとなったが、標準英語において確固とした地位を得ることなく、間もなく消えてしまう。これは、当時の人々がより明確な属格形を求めたためと考えてよいだろう。しかしまた、この属格 it は現在でもランカシャー、チェシア、ダービー、ノッティンガムなどいくつかの地域で方言として使用されている。

　現在の中性属格代名詞 its は、it's という形で 16 世紀末に現れた。この it's は、it に属格形成語尾 's を加えてつくられたと考えられる。この綴りは 18 世紀まで維持された。its はその明瞭さゆえにすぐさま一般化した。まずは口語で広く使用され、文語では 17 世紀後半から多くみることができる。

　『哲学の慰め』は、現在の形 its の発生直前と考えられる 1593 年にエリザベス女王により翻訳された。この作品では、中性属格として his が圧倒的に多く使用されており、その根強さがわかる。一方で迂言形は、thereof が 3 回しか使用されていない。さらに it は一度も現れず、その格の区別のしにくい点から、エリザベス女王は積極的に使用しなかったと考えられる。注目すべきは中性 her であり、his に次いで多く使用されている。これはエリザベス女王の英語の特徴といえるだろう。また、its が一度も使用されていないのは、エリザベス女王が高貴な人であり、彼女の用いる言葉が格式張っていたため、まだ定着していない its はあえて使用しなかったと考えられる。

　its のような機能語は日常的に多用される語であり、他の語と比べより明瞭であることが求められる。その語が短ければ短いほど、明瞭さがより

強く求められる。中性属格代名詞 its はそのような形に近づくため，様々な変遷を経て現在の形を確立した。現代英語の中性属格 its が誕生し確立するのに，シェイクスピアが大きくかかわっていることは他の現象と同じである。

注

(1) エリザベス女王訳といっても，どの程度まで彼女自身の手になるかどうかは不明であることはいうまでもない。

本章の参考文献

Authorized Version (1611) in *English Hexapla,* AMS .
Barber, C., *Early Modern English*, Andre Deutsch, 1976
Bradley, H., *The Making of English*, rpt. 成美堂, 1970
Ekwall, E., *A History of Modern English Sounds and Morphology*, Blackwell, 1975
Moore, S., *Historical Outlines of English Sounds and Inflections*, George Wahr, 1969
Penberton, C.(ed.) *Queen Elizabeth's Englishings of Boethius*, EETS.OS.,113,1899, rpt. Kraus, 1981
Poutsma, H., *A Grammar of Late Modern English*, P. Noordhoft, 1916
Smith, L.P., *The English Language*, 成美堂, 1960
Wright, J., *The English Dialect Grammar*, Clarendon Press, 1905

第一部　文法

第8章　一致(呼応)の問題

はじめに

　文中において，意味上密接な関係にある語が，相互に一定の形態的特徴を示すことを「呼応(Concord)」または「一致(Agreement)」という。現代英語における呼応の主なものは次のとおりである。
　① 主語と述語動詞との人称・数の一致
　② 主語と補語との数・格の一致
　③ 関係代名詞と先行詞との人称・数・性の一致
　④ 時制の一致

　内容を大別すると，数・格・人称・性に関する場合と，時制に関する場合とに分けられる。本章では，①主語と述語動詞との人称・数の一致，②主語と補語との数・格の一致，③関係代名詞と先行詞との人称・数・性の一致について，現代英語とシェイクスピアの英語とを比較する。シェイクスピアの時代であるエリザベス朝の英語においても呼応の法則はほぼ同じである。しかし，シェイクスピアの作品においては呼応の法則が破られる場合が現代英語よりも多い。例えば，次のような文である。

　(1) More than the *scope* of these dilated Articles *allow*.
                                    (Hamlet, I.2.38)
　　(これらのはっきりと述べられた条項の範囲が許す以上に)

scope は単数の主語なので allows という単数動詞で呼応すべきところを，-s のない allow という複数動詞で呼応している例である。現代英語においても呼応の法則が破られる場合がある。どのような時場合にどのような理由で破られるのか，またシェイクスピアの英語ではどのような場合に破ら

れるのかをみていく。そして，フォリオ版 (F1, F2, F3, F4) 及びポープの編纂した『シェイクスピア全集 (*The Works of Shakespeare*, 1723-5)』を調べ，ME から PE までの呼応の用法がどのように変化してきたのか，またそれが英語史においてどのような意味を持つのかを考察していく。

第一節　現代英語における不一致

　この節では，現代英語における主語と述語動詞の呼応の用法をみていく。動詞は，主語の人称と数に応じて一致するのが原則である。主語が単数のときは動詞も単数，複数のときは動詞も複数になる。また，be 以外の動詞は，直説法・現在・単数においてのみ特別の形，いわゆる 3 人称単数現在形動詞語尾 (-s) をとる。だが，これは一般原則であり例外はある。例外を大別すると，以下のようになる。

　§1　複数主語が単数動詞をとる場合
　§2　単数主語が複数動詞をとる場合
　§3　主語が単複どちらの動詞もとれる場合

一致が破られるパターンとして，(§1) 複数主語が単数動詞をとる場合と (§2) 単数主語が複数動詞をとる場合とがある。だが，(§3) 主語が単複どちらの動詞もとれる場合も多数ある，というのが現代英語における呼応の特徴である。では，なぜ一致が破られるのか，例を挙げながら考察する。

§1　複数主語が単数動詞をとる場合

　複数形の主語は，複数形の動詞と呼応するのが原則である。しかし，複数の形はとっていても意味上複数と感じられない語句が主語として用いられる場合，述語動詞は単数形をとる。以下のような場合である。

　a. 主語が学術名・病名・遊戯名等の場合
　b. 数異分析により本来の複数が単数と感じられる場合
　c. 複主語が同一の人物・事物を指す場合

第一部　文法

　　d. 複主語が全体でひとつのまとまったものとして把握される場合
　　e. 動詞が単数主語に先行し，さらに付加的に他の主語が追加される場合
　　f. 複数の統合による場合
　　g. 牽引が生じる場合

a. 主語が学術名・病名・遊戯名等の場合
　　主語が学問名 (mathematics)，病名 (measles)，遊戯名 (billiards)，施設名 (Kensington Gardens)，国名 (The United States of America)，引用語としての刊行物・署名・作品 (The Times) 等のように固有名詞の場合は原則として単数動詞で呼応する。

　　The Times is a paper of long standing.
　主語が The Times という固有名詞なので，-s の付いた複数形の主語であるにもかかわらず，is で呼応している。これは，引用語としての刊行物の名前であり，the Times に複数の概念を感じないからであると考えられる。

b. 数異分析により本来の複数が単数と感じられる場合
　　異分析とはイェスペルセン (O.Jespersen) の用語であって，ある時代において語・語群の分析が前の時代とは異なった風に行われる現象をいう。例えば現在の apron という語は ME：napron から来たもので，a napron の不定冠詞の分析を誤ったものである。不定冠詞は a であるのに napron の語頭の n を不定冠詞 an の一部であると分析してしまったので，語頭の [n] 音が脱落した形になったのである。この種の現象が「数」に現れたものを数異分析 (Numerical Metanalysis) という。この数異分析によって本来複数形の語に単数動詞が用いられることがある。

　　The *invoice is* a written list of goods to a buyer.
　もともと invoy という名詞の複数形 invoyes の分析を誤ったものであ

る。この語尾が複数形の -es だということに気づかず，invoice という形に変化させ，あたかも単数名詞であるかのように扱われたものである。従って，この例においても is で呼応している。さらに，この形を基礎として新しい複数形 invoices すらできている。これは，一種の二重複数である。

c. 複主語が同一の人物・事物を指す場合

　and で結ばれた 2 個の名詞が同一の人物・またはほとんど同意義の場合，動詞は単数形となる。この 2 個の名詞は別個のふたつのものではなくて，同一のものを別の表現で繰り返していると考えられるからである。

　　The editor and publisher of the magazine *is* a friend of mine.
　editor と publisher が同一人物なので，実質的主語は一人の人物ということになる。従って単数扱いされ，is で受けている。

d. 複主語が全体でひとつのまとまったものとして把握される場合

　やや漠然としている概念ではあるが，「なんらかの意味で単一の概念をあらわしているもの」とされているものは，A and B の形をしていても，単一の限定詞を伴い単数扱いを受ける。

　　Bread and butter is nutritious.
　Bread と butter がひとまとまりと認識されているので，複主語であるにもかかわらず，is で結びついている。

e. 動詞が単数主語に先行し，さらに付加的に他の主語が追加される場合

　疑問詞付きの疑問文の場合，動詞が主語に先行する。話者が頭の中で動詞を意識する時には主語のひとつだけが存在していて，他の主語がその後で順次に付加される場合にこの不一致は生じる。しかしすべての言語現象がこのように明確に割り切れるものではなく，主語がひとつのまとまったものという感じがあるので単数動詞で呼応していると考えられる場合もある。

第一部　文法

　　　Where *was she and her baby* to sleep that night?
この例では，she という単数主語で呼応するつもりで was を用いたが，後から her baby を付け加えたので結果的に複数主語に単数動詞で呼応するという形になっていると考えられる。また，she and her baby をひとまとまりとして考えているので単数動詞で呼応しているとも考えられる。動詞が主語に先行するもので他には，There is[was] 〜の形の文で主語と動詞の一致が破られる場合が多い。There is[was] の次にくる名詞は常に単数であるのが当然と思われるのに，複数名詞または2個以上の単数名詞がくることがある。英文法シリーズの『数と性』によると，このような形は従来無教育者が用いるものとされていたが，今日では There are[were] に代わって教養ある人々の間にも盛んに用いられるようになったという (p.56, §33)。これにはいろいろな理由が考えられる。There is または There's が事物の存在を示す表現としてよく用いられ，固定した表現形になってしまうと，there が文頭にあるために，is の主語は there であるように感じられるのもこの構文を生ずるひとつの理由である。同時に話者は次にくる名詞が単数か複数かということを意識する前に，習慣的に there's を口にしてしまうということも考えられる。また，Here is 〜の場合も同様に用いられる。

　　　There's no first-class *masters* in this district.
主語は masters という複数形なのに There's と単数動詞で呼応している。先に挙げた疑問詞付き疑問文では，she and her baby と単数主語がふたつあるので，動詞を用いる際，最初の she しか頭になくて単数動詞で呼応したという考え方と，she and her baby をひとまとまりのものとしているので単数扱いを受けたという考え方があった。しかしこの例においては，主語が後から and で追加されたのではなく masters という複数形の名詞である。masters をひとつのまとまりとして考えているから単数動詞で呼応しているという解釈も可能である

が，There's に複数主語が結びつく例はしばしばあるので，主語が単数か複数どちらになるかを考える前に習慣的に There's と口にしてしまったのではないかと考えられる。

f. 複数の統合による場合

　複数の統合とはイェスペルセンの用語である。数個の個体の集合を一個の高次の単位と考えて，これを単数として取り扱うことをいう。多くは，「数詞＋複数名詞」の形を取る。これらが主語の場合，動詞は単数形で呼応する。

　　*Ten years **is** a long time.*
Ten years という複数の主語に対して単数形の is で呼応している。これは，ten years がひとつのまとまりとして捉えられているので単数動詞で呼応している。

g. 牽引が生じる場合

　牽引とは，文中の語が近くの他の語に影響されて，数・格・人称などの呼応において特異な現象を生ずることをいう。口語においては，動詞の数が真の主語に一致しないで，その動詞に最も近い位置を占めている主部中の一部の語の数に呼応することが多々ある。

　　The different and contrary *reasons* of dislike to my plan ***makes*** me suspect that it was really the true medium.

主語は reasons という複数形であるが，主語 reasons と動詞 make が離れているために，直前の単数名詞 plan に影響されて，動詞が単数形の makes になったものと考えられる。真の主語と述語動詞との間に他の名詞が入れば入るほど，このような影響は受けやすい。

　このように，複数形の主語に単数動詞が結びつく例は多数ある。その多くにおいて一致が破られる理由は，その複数形主語が複数と感ぜられないところにある。また，述語動詞が主語に先行する場合や最後に挙げた牽引は，よく考えると文法的には間違いであるが，話している中では普通に感

第一部　文法

じられるという点で口語に多い表現である。このように，現代英語においては文法上の一致の原則はあまり厳しいものではなく，意味上の一致，または口語において柔軟な表現方法を優先していると考えられる。

§2　単数主語が複数動詞をとる場合

　主語が普通名詞の場合は，形が単数形なら単数動詞で呼応するのが原則である。しかし，形が単数形でも，意味上複数と感ぜられる語句が主語として用いられる場合，述語動詞は複数形をとる。これは，大きく次の3つに分けられる。

　　h. 集合名詞の場合（集合複数）
　　i. 数異分析によるもの
　　j. 牽引による場合

h.　集合名詞の場合（集合複数）

　　集合名詞は同一種類のいくつかの個体の集合を表す名詞であるから，複数性と単一の集合体とを同時に示すものであるということができる。主語としてこれを用いた場合，その複数性・単一性のいずれの観念を強調するかによって，それを受ける述語動詞も単複のいずれかを選ばなくてはならない。集合体を構成する個々の成員が考えられている場合は，主語の形は単数形であっても複数動詞で呼応する。

　　　The *clergy occupy* a high social station in England.

clergy という名詞が複数性をもつので，形は単数形であっても意味上は複数であるように感ぜられる。従って occupy で呼応している。

i.　数異分析によるもの

　　数異分析によって，本来の単数名詞に複数動詞で呼応する場合がある。例えば，alms は OE においては aelmesse という単数名詞であったが，複数語尾 -s がついたものと誤解されて，今日では複数動詞を用いるのが普通である。

> *Riches **have** wings.*

Riches は ME において richesse という単数名詞であったのが，複数語尾 -s がついたものと誤って解釈されて複数扱いを受けている。従って have で呼応している。

j. 牽引による場合

　牽引とは，§1.g でも述べたように，文中の語が近くの他の語に影響されて，数・格・人称などの呼応において特異な現象を生ずることをいう。

> The *rest* of the students *insist* on my speech.

真の主語は rest なので insists という -s の付いた形で呼応するのが正しいが，insist と複数形で呼応している。これは，述語動詞がその真の主語ではなく，すぐ前の students に牽引されたものであると考えられる。真の主語と述語動詞との間が離れれば離れるほどこの現象は起きやすい。

§3　主語が単複どちらの動詞もとれる場合

　これは，主語が単数動詞をとったり複数動詞をとったりする場合である。このような例が多いのは現代英語の特徴であるともいえる。厳密に文法的にみると間違いではあるが，意味の上で考えると自然な文なので普通に使われる例が多い。それらは大きく以下の5つの場合に分けられる。

k. 単数形と複数形が同じ形の名詞が主語の場合
l. 不定代名詞が主語の場合
m. 数の計算およびその他の数的表現の場合
n. 単数名詞が with 等で結ばれた場合
o. 関係代名詞と先行詞の場合

このように，文法的な一致よりも意味によって一致させるという傾向が多く感じられるということは，呼応の法則が絶対的なものではなく柔軟性があることを示している。

k. 単数形と複数形が同じ形の名詞が主語の場合

　　means, series, species, odds, whereabouts などのように，単数形と複数形が同じ形の名詞に呼応する動詞は単複共に用いられる。つまり，-s の付いた複数形の主語であっても単数動詞で呼応するということである。

　　　All possible *means* *were* tried, but no better *means* *was* found than that.

前者の means がひとつひとつの手段として認識されているのに対し，後者は手段というひとまとまりで捉えられているので，was という単数動詞で呼応している。また，means が財産を意味するときは常に複数扱いである。

l. 不定代名詞が主語のとき

　　主語が all, each 等の不定代名詞の場合，それに呼応する動詞は普通単数形であるが，複数形の例も少なくない。

　　　All *is* quiet on the western front.
　　　All *are* happy to hear the news.

前者の All はすべてをひとまとまりとしているので everything に近い意味であり，is という単数動詞で呼応している。しかし，後者の All は人々一人一人が話者の頭にあり all people の意味なので are という複数動詞で呼応している。

m. 数の計算およびその他の数的表現の場合

　　数学的計算の場合は，動詞は単複共に用いられる。論理的には単数動詞を用いるのが適当であるが，形式的に複数とする傾向が現在では強くなっているともいわれる。カーム (G.Curme) はその著書『カーム英文法—原理と実践—(*Principles and Practice of English Grammar*)』の中で次のように述べている。

　　　つぎの数学上の表現においては，論考しているのは抽象観念で，

具体的な事物ではないから，単数動詞の方が論理にかなっている。しかしわれわれは，異なった数の観念の影響を，単に形式的に受けるので，複数を用いるのが現在の傾向である。
(G.Curme『カーム英文法─原理と実践─』§55.A.2b)

Two and two are [is] four, or make [makes] four.
Two and two は and で結ばれた複数主語なので複数動詞で呼応するのが普通である。だが，数の計算においては，その and で結ばれた複数動詞をひとまとまりとして捉えることも，個々ひとつひとつを考えることも可能なので，[ ]内で示したように単数動詞で呼応することもある。

n. 単数名詞が with 等で結ばれた場合

単数名詞が with, as well as, not only 〜 but [also], no less than 等で結ばれた場合は，論理的には単数動詞で呼応するのが正しいが，意味の上から複数動詞で呼応することも少なくない。

The king with his prime minister is in the council chamber.
主語 The king に呼応させて単数動詞 is で受けたという考え方も可能であるし，The king with his prime minister をひとつのまとまりとして捉えて，is という単数動詞で呼応しているとも考えられる。

The captain with his men were saved.
主語は The captain という単数名詞であるが，複数動詞 were で呼応している。これは，with を and に近い意味で捉えているからであると予想できる。複数動詞で呼応する場合の with は and に近い意味を有する。この例は心理的には同時に多くのものが話者の頭にあることから，複数の動詞で受けている。また，men に牽引されて were という複数動詞で呼応していると考えることも可能である。

o. 関係代名詞と先行詞の場合

who, what, which 等が関係代名詞として先行詞を含んで用いられ

る場合，これに呼応する動詞は，その直前の補語によって単複いずれともなる。It is [was]～that [who / which]…という強調構文で考えてみると，that [who / which] の次の動詞はその先行詞に呼応するが，本来の先行詞は直前にある名詞(または代名詞)ではなく文頭の it である。したがって厳密には，常に3人称単数形で呼応しなければならない。しかし，直前にある補語に引かれてそれが先行詞のように考えられ，その数と一致するようになったのである。これは牽引の一例である。

> *It* is you who **make** dress pretty, and not dress that **makes** you pretty. — G.Eliot

前の make も後の makes も It ではなく直前の語である you, dress にそれぞれ呼応している。厳密にいうと文法的には It に呼応させてどちらも単数形の makes で呼応すべきであるが，直前の you, dress に牽引されている。現在では直前にある補語の数に一致させるのが普通である。

以上の例のように，主語と述語動詞の数は必ずしも一致するわけではない。一致が破られる理由としては，次のようなことが考えられる。まず，単数主語に複数動詞が呼応したり，複数主語に単数動詞が呼応するのは，その文の意味から考えるとその方が自然だからである。このように，形式によらず意味によって取り扱うことを，"Construction according to sense" または "Synesis" といい，最も論理的な言語であるといわれているラテン語においてもよくある現象である。また，牽引が生じる理由としては，初めの主語とそれにかかる動詞が隔たれば隔たるほど，話者や書き手の心の中には主語の数が単数，複数のいずれかであったかということは忘れがちになり，意味に従って心理的に顕著に意識されている語，または近接語の影響を受け，それの数に一致させるということである。

現代英語の呼応の法則の例外をみてきたが，主語の数が単数でも内容上，

第8章　一致(呼応)の問題

意味上複数であれば述語動詞は複数形をとり，逆に，主語の数が複数でも内容上，意味上単数であれば述語動詞は単数形で呼応させる，という傾向がある。現代英語においての呼応の法則は，融通のきくものである。

第二節　シェイクスピア英語における不一致
― 数に関して ―

　シェイクスピアの英語においても，主語と動詞が人称および数において一致するというのは現代英語と同じである。単数主語には単数動詞で，複数主語には複数動詞で呼応するのが原則である。しかし，後の時代の厳密な論理からすれば，一致の法則が無視されているとも解される文例が，シェイクスピアにはかなり頻繁に現れるというのが特徴である。

　スミス (C.A.Smith) は，"The Chief Difference between the First and Second Folios of Shakespeare." (1902) の中で，F1 と F2 とを比較して主語と述語動詞の間に不一致が生じる例を考察している。小論では，その例を F3, F4 および 100 年後のポープの編纂したシェイクスピア全集まで比較することにより，呼応の用法の変化を調べるとともに，その結果から年代別特徴を明らかにする。

　一致の法則は，以下のように破られる。
　　数に関して (第二節, p.205)
　　　§1　複数主語が単数動詞をとる場合
　　　§2　単数主語が複数動詞をとる場合
　　　§3　関係詞節において複数主語が単数動詞をとる場合
　　　§4　関係詞節において単数主語が複数動詞をとる場合
　　人称に関して (第三節, p.230)
　　　§1　2 人称の主語が 3 人称単数動詞をとる場合
　　　§2　1 人称の主語が 3 人称単数動詞をとる場合
　まず，数に関する場合と人称に関する場合とに大別できる。この節（第

205

第一部　文法

二節）では数に関する不一致をみていく。数に関する場合［(§1) 複数主語が単数動詞をとる場合，(§2) 単数主語が複数動詞をとる場合，(§3) 関係詞節において複数主語が単数動詞をとる場合，(§4) 関係詞節において単数主語が複数動詞をとる場合］は現代英語と同じであるが，その不一致の生じる頻度が異なる。シェイクスピアの英語においては現代英語よりも頻繁に一致の法則が破られていた。特に，(§1) 複数主語が単数動詞をとる場合の例が多数ある。

§1　複数主語が単数動詞をとる場合

シェイクスピア英語においても，原則的に複数主語は複数述語で呼応する。しかし，複数主語が意味上単数とみなされる場合は，単数動詞で呼応する。スミスによると，16世紀における口語においては，複数主語が単数動詞をとる場合がとても多かったという。それは，複数主語がひとつの要素からなるもの (I)，複数主語がふたつ以上の要素からなるもの (II) のふたつに大別できる。

Ⅰ．複数主語がひとつの要素からなるもの

スミスによるとF1には，ひとつの要素からなる複数主語が単数動詞をとる文が235も現れる。そのうち，F2では59を訂正している。それら59例を，以下の3つに大きく分類する。

　　ⅰ　動詞が主語に先行する場合
　　ⅱ　話者が真の主語を見失ってしまう場合
　　ⅲ　北部方言の複数 -s 形の動詞を用いている場合

Ⅰ-ⅰ　動詞が主語に先行する場合＜7例＞

There is 〜，Here is 〜，または単数の本動詞が，しばしば述語として複数の主語の前に現れる。これは，主語が後から付加的に and で結ばれた他の名詞を結び付けてしまったため結果として一致が破られる場合，または，主語が複数形であるがひとつにまとまった単数のように感じられる

場合のように，主語に理由がある場合もある。しかし大抵の場合，頭の中で言いたいことを言葉に置き換えるよりも早く口に出してしまうことに理由がある。つまり，話者が急いで，次にくる主語の形が何であるか考慮する前に，一般的な There is 〜，Here is 〜，あるいは単数動詞で始めるのである。ムーア・スミス (Moore Smith) は以下のように記している。

> Here it may be considered that at the moment of writing the verb, the subject has not been determined in the mind. These cases are very common.
> (Moore Smith, *The Life of Henry the Fifth*, p.243)

これは第一節 §1.e で説明したように，現代英語でも生じる現象である。だが，以下の 7 例は述語動詞が複数形に訂正されているものである。例文は F1 であり，F1 以降の各版は問題の箇所だけを下に記してある。

(2) There *is* pretty *orders* beginning I can tell you.
(Measure for Measure, V.1.16)
　　F2：are　F3：are　F4：are Pope：are
主語は orders だが is で呼応している。話者が次の主語の形が何であるか考慮する前に，一般的な There is で始めたものであると考えられる。これは，第一節 §1.a で示したとおり現代英語でも生じる現象である。

(3) What *needs* these *hands*? (The Winter's Tale, III.3.127)
　　F2：neede　F3：need　F4：need　Pope：need
主語は hands だが needs で呼応している。この文も最初に動詞がきているので，真の主語が複数なのか単数なのか考慮する前に，一般的に単数動詞で始めてある例。

(4) I thinke at the North Gate, for there *stands Lords*.
(I Henry VI, I.4.66)

F2：stand　F3：stand　F4：stand　Pope：stand

主語は lords だが，there の後に stands が呼応している。次にくる主語の形が何であるか明らかにならないうちに，一般的な単数動詞で始めているからだと考えられる。以下の3例も同様の理由で一致が破られている。

(5) *Is* all *things* well? (Ⅱ Henry Ⅵ,Ⅲ.2.11)
　　F2：are　F3：are　F4：are　Pope：are

(6) By my head here *comes* the *Capulets.* (Romeo and Juliet, Ⅲ.1.38)
　　F2：come　F3：come　F4：come　Pope：come

(7) There *is* no more such *Masters.* (Cymbeline, Ⅳ.2.35)
　　F2：are　F3：are　F4：are　Pope：are

以上の6つが F2，F3，F4 およびポープの全集において主語に一致する複数形の動詞に訂正されている。次の1例は，上の6例と同じく主語よりも動詞が先にくるために単数動詞で呼応している例であるが，F2とポープにおいてのみ複数動詞に訂正してあり，F3，F4 においては F1 と同じ形で，単数動詞をとっている例である。

(8) But stay, here *comes* the *Gardiners.* (Richard Ⅱ, Ⅲ.4.24)
　　F2：come　F3：comes　F4：comes　Pope：come

Gardiners なので come で呼応するのが正しいが，here comes は慣用表現であり，特に口語においては普通に使われていた。F3とF4はF1のままであるが，F2とポープは複数動詞 come に訂正している。この例から，F2とポープはF3，F4と比較すると，文の自然さよりも形式的な文法を重んじているといえる。

動詞が主語に先行するために主語と動詞の不一致が生じるのは，話者が急いで，次にくる主語の形が何であるか考慮する前に，慣用的な There is 〜，Here is 〜，あるいは単数動詞で始めたからである。口語では文全

体を考えてから言葉を口にするのではないので，シェイクスピア作品中でこの不一致は頻繁に生じていたものと考えられる。この不一致は現代英語においても許されるが，F2以降の4つの版は上に挙げた7例を訂正している。

Ⅰ-ⅱ　話者が真の主語を見失ってしまう場合＜8例＞

　話者が主語を見失ってしまうというのは，話し言葉によく生じる現象である。その場合，動詞の本当の主語ではないがたまたま主語の近くにある文中の，ある語の人称または数にその動詞が影響されることがある。この牽引は現代英語においても生じるが，口語においてもよく生じるこの現象は，劇作品であるシェイクスピア英語においては現代英語よりも頻繁に生じていた。主語と動詞が離れていて，その間に名詞や代名詞があると，動詞は間に入った名詞や代名詞に引きつけられて数・人称を一致させ，従って真の主語との文法的一致が破られるのである。以下は，F2以降で訂正を受けている例である。

(9)　And is't not pitty, (oh my grieved friends) That we, the *sonnes and children* of this isle, ***Was*** borne to see so sad an houre as this (King John, V.2.24-6)
　　　F2：were　F3：were　F4：were　Pope：were
真の主語は sonnes and children であるが，直前の isle に牽引されて was で呼応したと考えられる。

(10)　The *Sonnes* of Duncane (From whom this Tyrant holds thedue of Birth) ***Lives*** in the English Court. (Macbeth, Ⅲ.6.24-6)
　　　F2：live　F3：live　F4：live　Pope：live
真の主語は sonnes なので live で呼応するのが正しいが，主語と動詞が離れてしまっているために話者が主語の数を忘れ，近くにある単数名詞 Tyrant に牽引され，単数動詞で呼応している。

(11)　When their *rimes*, Full of protest, of oath and big compare,

第一部　文法

Wants smiles. (Troilus and Cressida, III.2.181-3)
　　　　F2：want　F3：want　F4：want　Pope：want similies

真の主語は rimes なので want で呼応するのが正しいが，wants で呼応している。これは，直前にある名詞 compare に牽引されたと考えられる。F2 以降はこれを want に訂正している。ポープは smiles という名詞も similies に書きかえている。以下の例も同じような理由で真の主語との一致が破られている。

(12) Whose subdu'd *Eyes,* Albeit un-used to the melting moode, *Drops* teares of fast as. (Othello, V.2.348-50)
　　　F2：Drop　F3：Drop　F4：Drop　Pope：Drop

(13) And the high *Gods* To do you Justice, *makes* his Ministers Of us. (Antony and Cleopatra, III.6.87-9)
　　　F2：make　F3：make　F4：make　Pope：make

(14) We *poore unfledg'd* Have never wing'd from view o'th' nest; nor *knowes* not what Ayre's from home. (Cymbeline, III.3.27-9)
　　　F2：know　F3：know　F4：know　Pope：know

(15) Some *words* there *was* worser than Tybalts death.
　　　　　　　　　　　　　　　　(Romeo and Juliet, II.4.108)
　　　F2：word there was　F3：word there was
　　　F4：word there was　Pope：word there was

上に挙げた7例が，F1 において話者が主語を見失ってしまい近くの語と呼応させてしまったために，真の複数主語に単数動詞が結び付いている。これらはすべて F2 以降の4つの版で訂正を受けている。だが，次はこれまでの例とは逆に，F1 では正しく呼応しているのを F2 以降の版が誤って書きかえたものである。

(16) *No want of resolution* in mee, but onely my Followers base and

ignominious <u>treasons</u>, ***makes*** me betake mee to my heels.
(Ⅱ Henry VI, Ⅳ.8.65-7)
F 2：make　F3：make　F4：make　Pope：make
真の主語は No want of resolution であり，F1 のように makes で呼応するのが正しいが，F2 以降は直前の treasons に牽引されて make で呼応させている。

　牽引は第一節（§1.g,§2.j）でも述べたように，現代英語にも生じる現象である。しかし，口語の特徴であるこの現象は劇作品であるシェイクスピア作品にはもっと頻繁に生じていた。シェイクスピア作品の中で話者が真の主語を見失い，近くの語に牽引されて一致が破られ，それを F2 以降で訂正されたのは 7 例である。つまり，複数主語が単数動詞と結びつき訂正された 59 例のうち，牽引が理由で訂正されたのは 7 例である。また，スミスは (16) の例を複数主語が単数動詞と結びついている例の中に入れていたが，この 1 例は逆に F2 以降の版が牽引によって主語と動詞の一致を破ってしまったものである。

Ⅰ-ⅲ　北部方言の複数 -s 形の動詞を用いている場合＜44 例＞
　F1 の中には，いくら現代英語の枠で考えても，主語と述語の不一致を説明出来ない例が多数現れる。例えば次の例である。

(17)　My old *bones **akes.*** (Tempest, Ⅲ.3.2)
　　　F2：ake　F3：ake　F4：ake　Pope：ake

主語が bones という複数形にもかかわらず，単数動詞 akes が結びついている。主語のすぐ後に動詞がきているので，動詞が主語に先行する場合 (i), 話者が真の主語を見失ってしまう場合 (ii) のどちらにもあてはまらない。これを誤植とみなすのは簡単である。ポワリエ (M.Poirier) は，主語と動詞の不一致を間違いであると主張する。シェイクスピアに関して，ベン・ジョンソンの言葉"Whatever he penned he never blotted a line"を信じ，「このことは複数の先行詞を持っている関係代名詞の後であれ，二つの単

211

数主語の後であれ，他の単数実詞の牽引のためであれ，動詞が単数である一連の文を説明するものである。」とシェイクスピアが主語と動詞の一致の規則を無視していたという結論を出している（『エリザベス朝英語概説 (*Précis d'anglais élizabéthain*)』p.69）。しかし，すべてをシェイクスピアの間違い，全集を作成する過程での誤植だと決めつけるのは間違っている。

フランツ (Franz) によると，「エリザベス朝時代の標準語に認められていた s に終わる複数現在形は，大体 1640 年頃以後文語の語形としては文献から姿を消したが，それ以後は方言に残っている」（『シェークスピアの英語』§679a）という。ME においては，OE の複雑な動詞活用語尾組織は大幅に簡略化した。だが，簡略化の程度は現在形では方言間で違いがあった。下の表は，ME 中頃 (1300 年頃) の直説法現在の各方言における動詞活用語尾である。

	南部方言	中部方言	北部方言
単数 1 人称	-e	-e	(-e)
2 人称	-(e)st	-est,(-es)	-es
3 人称	-eþ	-es,-eþ	-es
複数 1-3 人称	-eþ	-es,-e(n)	-es,-is

この表からわかるように，中部方言と北部方言においては複数の動詞活用語尾に -es という 3 人称単数と全く同じ形を持っていた。標準語においては中部方言 -en の影響を受け，これが -e となり，さらに -e も発音されなくなって Mod E の無語尾の複数形を作った。だが，中部と北部で使われていた -s 形の複数動詞活用語尾はたくさんの文献にも残されており，非常によく使われる表現だったことを示している。だが，このような複数形は 17 世紀の間に書き言葉では使われなくなり，現代ではいくつかの方言で生き残っているという状態である。カームは次のように述べている。

> This *s* was destined to play an important part in the literary language. In Middle English it spread to the northern part of the

Midland, where it was used in the East in the third person singular and in the West in the third person singular and often also in the plural. (...) The *s* at this time had not yet reached London, and thus it did not affect Chaucer's customary language. (...) Later, the *s*-ending became established in London and the South generally. (...) Shakespeare employed *s* in the prose of his dramas, where the tone is colloquial, while the translators of the Bible used *th* throughout as more appropriate for a serious style. The poets often employed *s* on account of its warmer tone or for the sake of rime or meter. After the time of Shakespeare *s* gradually became established in all styles of the literary language, but only in the third person singular, not in the other persons of the singular and throughout the plural as in northern English.

(G.Curme, *Syntax*, 8 I 1 *h Note*)

このように，-s 形の複数動詞を現代の文法の規則で間違いと決めつけてしまうのではなく，シェイクスピアは当時人々に親しまれていた -s 形の複数動詞で呼応させることがあったと考えるほうが自然である。従って，説明の難しい主語と動詞の不一致の例を間違いと決めつけてしまうのは間違いである。しかし，近代の文法家がこれを間違いとみなし訂正したのは事実である。この -s 形の複数動詞を用いて訂正を受けている例を挙げる。

(18) His *teares **runs*** downe his beard like winters drops.

(Tempest, V.1.16)

F2：run　F3：run　F4：run　Pope：run

teares なので run と複数動詞で呼応するのが文法的には正しいが，北部方言の複数の活用語尾が結びついたものであると考えられる。アボット (E.A.Abbott) はこの例について次のように述べている。

(...) they indicate a general predilection for the inflection in -s which may well have arisen from the northern E.E. third person plural in -s.   (E.A.Abbott, *Shakespearian Grammar*, §333)

(19) I'll *deeds **is*** doubled with an evill word.

(Comedy of Errors, III.2.20)

F2：are F3：are F4：are Pope：are

deeds のすぐ後に is で呼応している。文法的には are で呼応するのが正しいが，これは中部・北部方言の影響による複数 -s 語尾であると思われる。以下の例も同じような理由で主語と動詞の不一致が生じている。

(20) My *bones **beares*** witnesse. (Comedy of Errors, IV.4.80)

F2：beare F3：bear F4：bear Pope：bear

(21) Thy jealous *fits **Hath*** scar'd thy husband from the useof wits.

(Comedy of Errors, V.1.85-6)

F2：Have F3：Have F4：Have Pope：Have

(22) As the *events **stamps*** them. (Much Ado about Nothing, I.2.7)

F2：event stamps F3：event stamps

F4：event stamps Pope：event stamps

(23) Your *wits **makes*** wise things foolish.

(Love's Labour's Lost, V.2.374)

F2：wit makes F3：wit makes F4：wit makes Pope：wit makes

(24) Oh, how mine *eyes **doth*** loath this visage now!

(A Midsummer Night's Dream, IV.1.85)

F2：doe F3：doe F4：do Pope：do

(25) O father Abram, what these Christians are, Whose owne hard *dealings **teaches*** them suspect The thoughts of others.

第8章　一致(呼応)の問題

(Merchant of Venice, I.3.162-4)
F2：dealing teaches F3：dealing teaches
F4：dealing teaches Pope：dealings teache

(26) All *things is* readie. (Taming of the Shrew, IV.1.118)
F2：are F3：are F4：are Pope：are

(27) *Warres is* no strife. (All's Well that Ends Well, II.3.308)
F2：warre is F3：War is F4：War is Pope：War is

(28) Some ***atcheeves*** greatnesse (Twelfth Night, II.5.157)
F2：atcheeve F3：atchieve F4：atchieve Pope：atchieve

(29) Their *Encounters* (though not Persnall) ***hath*** been Royally atornyed. (The Winter's Tale, I.1.29-30)
F2：have F3：have F4：have Pope：have

(30) Not...for all the Sun sees, or The close earth wombes, or the profound *seas* ***hides*** In unknowne fadomes, will I breake my oath.
(The Winter's Tale, IV.4.500-2)
F2：hide F3：hide F4：hide Pope：hide

(31) 'Gainst him, whose *wrongs* ***gives*** edge unto the Swords.
(Henry V, I.2.27)
F2：wrong gives F3：wrong gives
F4：wrong gives Pope：wrong gives

(32) For looke you, the *Mynes* ***is*** not according to the discipilines of the warre. (Henry V, III.2.62-3)
F2：are F3：are F4：are Pope：are

(33) Lord Say,7 the *Traitors* ***hateth*** thee. (II Henry VI, IV.4.43)
F2：hate F3：hate F4：hate Pope：hate

215

(34) Beshrew me, but his *passions* **moves** me so That hardly can I check my eyes from Teares! (III Henry VI,I.4.150-1)
　　F2：move　F3：move　F4：move　Pope：move

(35) How many *Houres* **brings** about the day. (III Henry VI,II 5.27)
　　F2：bring　F3：bring　F4：bring　Pope：bring

(36) Thy tough *Commixtures* **melts**. (III Henry VI,II.6.6)
　　F2：melt　F3：melt　F4：melt　Pope：melt

(37) Her *Looks* **doth** argue her replete with Modesty, Her *Words* **doth** shew her Wit incomparable.
　　　　　　　　　　　　　　(III Henry VI,III.2.84-5)
　　F2：doe, doe　F3：do, do　F4：do, do　Pope：do, do

(38) Ultimely *stormes*, **makes** men expect a Death.
　　　　　　　　　　　　　　(Richard III,II.3.35)
　　F2：make　F3：make　F4：make　Pope：make

(39) Looke how thy *wounds* **doth** bleede.
　　　　　　　　　　　　　　(Troilus and Cressida, V.3.82)
　　F2：doe　F3：do　F4：do　Pope：do

(40) You were us'd to say, *Extremities* **was** the trier of spirits.
　　　　　　　　　　　　　　(Coriolanus, IV.1.3-4)
　　F2：extremity was　F3：extremity was
　　F4：extremity was　Pope：extremity was

(41) All *places* **yeelds** to him. (Coriolanus, IV.7.28)
　　F2：yeeld　F3：yield　F4：yield　Pope：yield

(42) Chiron thy *yeres* **wants** wit. (Titus Andronicus, II.1.26)
　　F2：want　F3：want　F4：want　Pope：want

(43) Be pittifull to my condemned Sonnes, Whose *soules is* notcorrupted as 'tis thought. (Titus Andronicus, III.1.8-9)

 F2：are　F3：are　F4：are　Pope：are

(44) I, now *begins* our *sorrowes* to approach.

(Titus Andronicus, IV.4.72)

 F2：begin　F3：begin　F4：begin　Pope：begin

(45) Even when their *sorrowes* almost *was* forgot.

(Titus Andronicus, V.1.137)

 F2：sorrow almost was　F3：sorrow almost was

 F4：sorrow almost was　Pope：sorrow almost was

(46) Come betweene us good Benuolio, my *wits faints.*

(Romeo and Juliet, II.4.71-2)

 F2：faints　F3：faints　F4：faints　Pope：faints

(47) The damned use that word in hell *Howlings* **attends** it.

(Romeo and Juliet, III.3.47-8)

 F2：attend　F3：attend　F4：attend　Pope：attend

(48) *Feares* **comes** upon me. (Romeo and Juliet, V.3.135)

 F2：come　F3：come　F4：come　Pope：fear comes

(49) All *these* **Owes** thir estates unto him. (Timon of Athens, III.3.4-5)

 F2：owe　F3：owe　F4：owe　Pope：owe

(50) Their drenched *Natures* **lyes** as in a Death. (Macbeth, I.7.68)

 F2：lye　F3：lie　F4：lie　Pope：lie

(51) The *times* **has** bane, That when the Braines were out, the man would dye. (Macbeth, III.4.78-9)

 F2：have　F3：have　F4：have　Pope：have

(52) The great man downe, you marke his *favorietes **flies**.*
　　　　　　　　　　　　　　　　　　　　　(Hamlet, III.2.214)
　　F2：favorite flies　F3：favorite flyes
　　F4：favorite flyes　Pope：fav'rite flies

(53) When *sorrowes **comes**,* they come not single spies.
　　　　　　　　　　　　　　　　　　　　　(Hamlet, IV.5.78)
　　F2：come　F3：come　F4：come　Pope：come

(54) Or the hard Reine which *both of them **hath*** borne.
　　　　　　　　　　　　　　　　　　　　　(King Lear, III.1.27)
　　F2：have　F3：have　F4：have　Pope：have

(55) The *Messengers* of Venice ***staies*** the meate. (Othello, IV.2.170)
　　F2：The Messenger of Venice staires
　　F3：The Messenger of Venice stayes
　　F4：The Messenger of Venice stayes
　　Pope：The Messenger of Venice stayes

(56) What our *contempts **doth*** often hurle from us, We wish it ours againe. (Antony and Cleopatra, I.2.127-8)
　　F2：doe　F3：do　F4：do　Pope：do

(57) Th' emperious *Seas **breeds*** Monsters. (Cymbeline, IV.2.35)
　　F2：breed　F3：breed　F4：breed　Pope：breed

以上の41例はすべてF2以降の版で動詞を-sのない複数動詞に変更、または主語を単数主語に変更している。以下に挙げる3例は少し異なった訂正がなされた例である。

(58) O these naughtie *times **Puts*** bars betweene the owners and their rights. (Merchant of Venice, III.2.18-9)
　　　F2：put　F3：put　F4：puts　Pope：put

times にシェイクスピアは複数のつもりで用いたと考えられる puts という単数形動詞が呼応しているので，F2, F3, ポープは put という現代の複数動詞で呼応させている。しかし，F4 だけ F1 と同じ puts という形で呼応させている。

(59) Wee'l beate them to their Wives As they us to our *Trenches followes.* (Coriolanus, I.4.41-2)

  F2：followed F3：followed F4：followed Pope：followed
Trenches に followes で呼応しているが，これは動詞を複数に変えたり主語を単数に変えたりする代わりに，F2 以降の全ての全集において動詞を過去形に訂正してある。

(60) Whose double *besomes seemes* to weare one heart.
            (Coriolanus, IV.4.13)

  F2：besomes seene weare on heart
  F3：besomes seen wear on heart
  F4：besomes seem to wear one Heart
  Pope：besoms seem to wear one heart

besomes に seemes で呼応しているので訂正を受けているが，これも変わった訂正がなされている。F2 と F3 は，besomes を seen(e) という過去分詞で修飾し，F1 での one を on に変えている。それに対して F4 とポープは F1 と同じ seem to という表現を保っている。

以上の 44 例が複数主語に -s 形の複数動詞が結びついていると考えられる。複数主語に単数動詞が呼応している例のうち 59 例が訂正されていると述べたが，そのうち 43 例がこの北部・中部方言 -s 形の複数動詞語尾の影響によるものである。注目すべきは，シェイクスピアは -s 形の動詞を単数動詞としてではなく，複数動詞として使用していたということである。現代ではなくなってしまった -s 形の複数動詞語尾が，エリザベス朝時代には普通に使われていた。これらを，F2 以降の版は近代の英語の枠で考

えて間違いだとみなし，訂正してしまった。

　この節の最初 (p.213) で，スミスによるとシェイクスピアの作品の中には，ひとつの要素からなる複数主語が単数動詞をとる例が 235 あり，そのうち 59 例が F2 で訂正されていると述べた。それでは，上に挙げた訂正がなされている箇所 59 例の分類を下にまとめる。

　　i 動詞が主語に先行する場合…7 例
　　ii 話者が真の主語を見失ってしまう場合…8 例 [(16) を含む]
　　iii 北部方言の複数に -s 形の動詞を用いている場合…44 例

　複数に -s 形の動詞を用いている場合 (iii) が厳しく訂正されていたことがわかる。動詞が主語に先行する場合 (i) は現代英語にも残っている表現なので，7 例だけが訂正された。また，話者が真の主語を見失ってしまう場合 (ii) も現代でも生じる現象なので 8 例のみ訂正された。しかし，シェイクスピアが用いていた複数語尾 -s 形の動詞は，次第に廃れていき，17 世紀には書き言葉では使われなくなった。現代では標準英語には全く残っておらず，方言だけに残っている。しかし，書き言葉では使われなくても話し言葉では使われていたと思われるこの複数の -s 形は，劇作品であるシェイクスピアにでは使われつづけた。だが，それは厳密な文法家からは間違いとみなされ，訂正されたと思われる。しかし，あくまでもそれは後の時代の尺度で考えて間違いだったのであり，シェイクスピアの時代には普通に話されていた自然な用法であった。

II．複数主語がふたつ以上の要素からなるもの

　いくつかの名詞からなる主語を複合主語というが，ふたつ以上の要素からなる複数主語が単数動詞をとる場合は，スミスによると 188 例ある。現代英語では主語が複数の場合は複数動詞で呼応するのが基本である。だが，シェイクスピアの英語においては必ずしもそうではない。以下，フランツ，アボット，スミス，カームの見解を挙げる。

　　意味上単一体，または同種と考えられるような二つの主語が述語に先行しているとき，これを単数の述語により，単数としてまとめる例は

第8章　一致(呼応)の問題

非常に多い

(フランツ『シェークスピアの英語』§673)

The inflection in *s* is of frequent occurrence also when two or more singular nouns precede the verb:

(E.A.Abbott, *Shakespearian Grammar*, §336)

But even when the members of a compound subject mean entirely different things, the predicate may, in Elizabethan grammar, remain in the singular, agreeing in number with the last member. This construction, though outlawed now, was very common in Elizabethan times.
(C.A.Smith, "Shakespeare's Present Indicative s-Endings with Plural
　　　Subjects: A Study in the Grammar of the First Folio.", p.371)

In older English, a singular verb is often found after two or more singular subjects where we now employ a plural verb. The singular form of the verb here was defended on the ground that the verb agrees with one subject and is understood with the other or the others.

(G.Curme, *Syntax*, 8 Ⅰ 2a)

このように，ふたつ以上の要素からなる複数主語が単数動詞をとることはよくあった。それらの 188 例のうち，ここでは 3 つだけ例を挙げる。

(61) So rare *a wondred Father, and a wife* **Makes** this place Paradise.

(Tempest, IV.1.123-124)

　　F2：makes　F3：makes　F4：makes　Pope：Make
a wondred father, and a wife がひとつのまとまりのように感じられるので，makes という単数動詞で呼応している。これは父とその妻，つまり夫婦という合一した感じを示すためにも単数動詞が用いられた

221

と考えられる。だが，ポープのみ make という複数動詞で呼応させている。

(62) Our *Master and Mistresse seeks* you. (As You Like It, V.1.66)
　　　F2：seekes　F3：seeks　F4：seeks　Pope：seek
master と mistresst は意味上お互い近い関係にある名詞なので，ひとまとまりと認識され seeks という単数動詞で呼応している。この例においてもポープは seek という複数動詞で呼応させている。

(63) When *his disguise and he is* parted.
(All's Well that Ends Well, III.6.112)
　　　F2：is　F3：is　F4：is　Pope：is
his disguise と he はとても近い関係にある名詞なので，単数動詞 is で呼応している。これは，F2 以降の4つの版すべて同じ形である。

このような文がシェイクスピアの作品中には 188 例現れる。今3例だけみたが，似たような関係にある語をひとつのまとまりとして捉えるのは，現代英語にもある (第一節 §1.f)。基本的には複合主語は複数動詞と呼応すべきだが，意味上単数とみなされる場合は単数動詞で呼応するほうが自然である。だが，この3例中2例を複数動詞に訂正していることから，ポープは厳密な文法を重んじていたことが伺える。

次に，188 例中訂正された例をみていく。これは，ひとつの要素からなる複数主語が 59 例訂正されたのに対し，訂正されたのはたったの2例だけである。

(64) But when *contention, and occasion meetes* By Jove, Ile play the hunter for thy life. (Troilus and Cressida, IV.1.16-17)
　　　F2：meete　F3：meet　F4：meet　Pope：meet
F1 では contention and occasion をひとつのまとまりとして捉え，meetes で呼応しているが，F2 以降では，主語が and で結ばれた複合主語なので複数扱いを受け，meet で呼応している。

第8章　一致(呼応)の問題

(65) My *rest and negligence* **befriends** thee now.
　　　　　　　　　　　　　　(Troilus and Cressida, V.6.17)
　　F2：befriend　F3：befried　F4：befriend　Pope：befriend
これも，F1 では rest and negligence をひとまとまりとして捉え，befriends で呼応しているが，F2 以降では befriend に訂正されている。

このように，ふたつ以上の要素からなる複数主語が単数動詞と結びついている例は 188 あり，そのうち 2 例のみが F2, F3, F4 及びポープの版で動詞を複数の形に訂正してある。つまり，複数主語が意味上単数とみなされる場合は単数述語で呼応することがよくあり，少しずつ減ってきているが現代にも受け継がれている用法であるから，あまり訂正を受けていない。

§2　単数主語が複数動詞をとる場合
　次に，単数主語が複数動詞と結びついている場合をみていく。単数主語が単数動詞をとるという一般原則はシェイクスピア英語においても同じである。現代英語では，主語が固有名詞等の場合，単数主語が数異分析により複数と感じられる場合，動詞が近隣する名詞に牽引される場合に一致が破られた (第一節 §2)。シェイクスピア英語においても同じような理由で一致が破られていたが，現代英語よりも頻繁に起きていた。

　　全体の一部を成す個人(または個体)が考えにある場合，単数の集合概念が複数の述語と結合することは今の英語では，ごく普通のことである。シェークスピアの語法はこの点で非常に自由である。
　　　　　　　　　　(フランツ『シェークスピアの英語』§674)

フランツが述べているように，シェイクスピアの英語においては，単数主語が複数の概念を持つ場合，複数動詞と結びつくのは普通であった。

(66) *the senate* **have concluded** To give this day a crown to mighty Caesar. (Julius Cæsar, II.2.93)

第一部　文法

　　　　　F2：have　F3：have　F4：have　Pope：have
主語 senate は単数にも複数にも扱われる語なので，複数動詞 have concluded をとっている。文法的には主語と動詞で一致しないが，主語が複数性を持つので，訂正はされていない。

(67) The *nobility are* vex'd. (Coriolanus, IV.2.2)
　　　　　F2：are　F3：are　F4：are　Pope：are
主語 nobility は単数動詞も複数動詞もとれる集合名詞である。この場合，個々が対象となっているので複数動詞 are をとる。ここでも訂正はなされていない。

(68) what a *multitude are* here! (Henry VIII, V.4.64)
　　　　　F2：are　F3：are　F4：are　Pope：are
主語 multitude が集合名詞で複数の概念を持つので，複数動詞 are をとっている。やはり訂正はなされていない。

「はじめに」で挙げた例 (1) More than the *scope* of these dilated Articles *allow.* も牽引による不一致である。主語 scope は単数形であるが，複数名詞 articles に牽引されて allow で呼応している。これについても訂正はなされていない。このように，主語が複数性を持っていたり，動詞が近くの名詞複数に近接していたりすると，単数主語が複数動詞をとることは，現代英語同様シェイクスピアの英語でも生じていた。このような現象は，文を意味によって作る場合に多々生じる。口語的表現にあふれるシェイクスピア英語においては，現代では許されていない呼応もあり，それらは訂正を受けている。単数主語が複数動詞をとる例は，シェイクスピア作品中に 16 例ある。そのうち，以下の 7 例が訂正を受けている。

(69) To her, whose *worth* **make** our worthies nothing.
　　　　　　　　　　　　(Two Gentlemen of Verona, II.4.166)
　　　　　F2：makes　F3：makes　F4：makes　Pope：makes
F1 では主語 worth を複数ととらえて make で呼応している。しかし

これは集合名詞ではないので，F2, F3, F4及びポープの版はmakes
に訂正している。

(70) Doe me the favour to dilate at full, *What have* befalne of them.
(Comedy of Errors, I.1.123-4)
F2：hath　F3：hath　F4：hath　Pope：hath
主語は関係副詞whatであり，F1はこれに複数性を感じhaveで呼応
させている。しかしF2, F3, F4及びポープの版はhathに訂正してい
る。

(71) My heavie *burthen are* delivered. (Comedy of Errors, V.1.402)
F2：burthens are　F3：burthens are
F4：burthens are　Pope：burthens are
主語burthenは単数であるが，heavyという形容詞から複数性を感じ
ることができ，areで結びついている。文法的に正しい呼応にするた
め，F2, F3, F4及びポープの版は主語を複数形burthensに訂正して
いる。以下は，似たような例である。

(72) And the deep-drawing *Barke do* there disgorge Their warlike
Frautage. (Troilus and Cressida, Prologue 12-3)
F2：Barke doe　F3：Barks do
F4：Barks do　Pope：barks do

(73) Whose phrase of Sorrow *Conjure* the wandring Starres, and
make them stand. (Hamlet, V.1.278-9)
F2：Conjures, makes　F3：Conjures, makes
F4：Conjures, makes　Pope：Conjures, makes

(74) Sextus *Pompeius Have* given the dare to Caesar.
(Antony and Cleopatra, I.2.190-1)
F2：Hath　F3：Hath　F4：Hath　Pope：Hath

第一部　文法

(75) The Silken *Tackle*, *Swell* with the touches of those Flower-soft hands. (Antony and Cleopatra, II.2.214-5)
　　F2：Tackles swell　F3：Tackles swell
　　F4：Tackles swell　Pope：tackles Swell

　以上の7例は，F1では意味によって文を構成して主語と動詞の不一致が破られていたのを，F2, F3, F4及びポープの版が訂正した例である。次に挙げる例は，F2がF1での不一致をそのままにし，F3, F4及びポープの版が訂正しているものである。

(76) The Town is beseech'd and the *Trumpet call* us to the breech.
(Henry V, III.2.115-6)
　　F2：call　3：calls　F4：calls　Pope：calls
　主語 trumpet は，楽器そのものを指すのではなくトランペットの音を指す。従って，複数性を帯びておりF1とF2では複数動詞callを取っている。F2は，厳密な文法に従い口語的な表現では許される文も文語的な表現に訂正する傾向にあったが，この例を訂正しなかったということは，このような表現は書き言葉の中でも使われていたと考えることができる。

　シェイクスピアの作品中，単数主語が複数動詞と結びつくものが16例あり，そのうち8例が訂正された。半分も訂正されたという事実から，シェイクスピアの英語は現代英語よりも意味によって文を構成していたといえる。現代英語においてもある程度は一致の法則は緩やかであるが，シェイクスピア英語の方がもっと柔軟に人の気持ちに従った文を作ることができたと考えられる。

§3　関係詞節において複数主語が単数動詞をとる場合

　関係詞節においても主語と動詞の不一致は生じる。また，複数主語が単数動詞をとることが多いというのも同じである。関係詞節においては，真

の主語と述語動詞の間に距離が生じやすい。また，複数主語であるのに直前の関係代名詞に牽引されて単数動詞と結びつく場合がある。関係代名詞に牽引されてというより，関係代名詞を用いることによって関係詞節がまとまったひとつの3人称単数のように感じられるので，単数動詞で呼応するという考え方も可能である。アボットは次のように述べている。

> The relative (perhaps because it does not signify by inflection any agreement in number or person with its antecedent) frequently takes a singular verb, though the antecedent be *plural,* and the verb is often the *third* person, though the antecedent be in the *second* or *first*. The distance of the relative from the antecedent sometimes makes a difference, (…). (…) the relative was often regarded like a noun by nature third person singular, and, therefore, uninfluenced by the antecedent.
> (E.A.Abbott, *Shakespearian Grammar,*§247)

また，スミスは次のように述べている。

> The singularizing influence of relative pronouns I as marked in the popular speech of to-day as it is in the language of Shakespeare. It is far easier, for example, to find a singular predicate with a plural relative in Shakespeare, than it is to find a singular predicate with a plural noun. And the reason is obvious, for the farther the speaker or writer advances from his original plural (the antecedent of the relative), the weaker becomes the plural conception, and all the stronger grows the tendency on the part of the predicate to drop into the dominant conventional form of the third singular.
> (C.A.Smith, "Shakespeare's Present Indicative s-Endings with Plural Subjects: A Study in the Grammar of the First Folio.", p.373)

シェイクスピア英語においては複数先行詞が単数動詞をとることがよく

第一部　文法

あった。関係詞節がひとつの名詞として扱われることもあり，先行詞と動詞との距離が離れることにより，その複数性が弱まってしまうこともあった。また，エリザベス朝時代によく使われていた -s に終わる複数動詞が使われていたこともあった。次に挙げる例は，F2, F3, F4 及びポープの版において訂正されたものである。

(77) As Mountains are for *windes*, That **shakes** not, though they blow perpetually. (Taming of the Shrew, II.1.141-2)
　　　F2：shake　F3：shake　F4：shake　Pope：shake
主語は windes であるが shakes で呼応している。直前にある that に牽引されたと考えられる。

(78) Tis not the many *oathes* that **makes** the truth.
(All's Well that Ends Well, IV.2.21)
　　　F2：make　F3：make　F4：make　Pope：make
oathes に対し makes で呼応している。直前の that に牽引された，または that によって関係詞節がまとまったひとつのように感じられたからであると考えられる。

(79) The *Sands* are numbred, that **makes** up my Life.
(III.Henry VI,1.4.25)
　　　F2：make　F3：make　F4：make　Pope：make
主語 sands に makes で呼応している。これは，主語と述語が少し離れているので，関係詞節がまとまって感じられるというより，that に牽引されて単数動詞になったと考えるのが自然である。以下の例も同じような理由で一致が破られており，それを F2 以降の全集では訂正している。

(80) Well know *they* what they speake that **speakes** so wisely.
(Troilus and Cressida, III.2.159)
　　　F2：speake　F3：speak　F4：speak　Pope：speak

(81) Farewell the plumed Troopes, and the bigge *Warres*, That ***makes*** Ambition, Vertue! (Othello, Ⅲ.3.349-50)
　　F2：make　F3：make　F4：make　Pope：make

(82) With *knaves* that ***smels*** of sweate. (Antony and Cleopatra, I.4.21)
　　F2：smell　F3：smell　F4：smell　Pope：smell

(83) Betwixt two *Friends*, That ***does*** afflict each other.
　　　　　　　　　　　　(Antony and Cleopatra, Ⅲ.6.77-8)
　　F2：doe　F3：do　F4：do　Pope：do

　このように，上に挙げた7例がF2, F3, F4及びポープの版において訂正を受けたものである。関係詞節においては，真の主語と述語動詞の間に距離が生じやすいので，複数主語であるのに直前のthatに牽引されて単数動詞と結びつく場合がある。また，関係代名詞に牽引されてというより，関係代名詞を用いることによって関係詞節がまとまったひとつの3人称単数のように感じられるので単数動詞で呼応するとも考えられる。

§4　関係詞節において単数主語が複数動詞をとる場合

　単数主語が複数動詞と結びつく例が，複数主語が単数動詞と結びつく例に比べて少なかったのと同じで，関係詞節においても単数の先行詞が複数の動詞と結びつく例は少ない。このような例はたったの3例しかなく，そのうち次の1例が訂正されている。

(84) How many times shall Cæser bleed in *sport*, That now on Pompeyes Basis *lye* along. (Julius Cæsar, Ⅲ.1.114-5)
　　F2：lyes　F3：lies　F4：lies　Pope：lies

先行詞sportは単数であるが複数動詞lyeをとっている。これは，動詞がすぐ前のBasis牽引されたからである。F2, F3, F4及びポープの全集は単数動詞lyes(lies)に訂正している。

第一部　文法

第三節　シェイクスピアの英語における不一致
－人称に関して－

　この節ではシェイクスピアの英語の人称に関する不一致をみていく。人称に関する場合［(§1) 2 人称の主語が 3 人称単数動詞をとる場合，(§2) 1 人称の主語が 3 人称単数動詞をとる場合］，現代英語においては滅多に不一致は生じないが，シェイクスピアの英語においては現代より頻繁に不一致が生じていたのが特徴である。

§1　2 人称の主語が 3 人称単数動詞をとる場合
　シェイクスピアの作品中には，人称が主語と動詞で一致しない場合がよくある。シェイクスピア英語においては 2 人称の主語はよく 3 人称の動詞をとっていた。第二節の初めで ME における方言別の動詞形成語尾をみたが，ここでもう一度みてみることにする。

	南部方言	中部方言	北部方言
単数 1 人称	-e	-e	(-e)
2 人称	-(e)st	-est,(-es)	-es
3 人称	-eþ	-es,-eþ	-es
複数 1-3 人称	-eþ	-es,-e(n)	-es,-is

2 人称の屈折語尾 -es は中部と北部の方言で使われていた。-s 語尾はエリザベス時代の人々にはなじみのあるものだったので，よく使われていた。また，南部と中部で使われていた -st は完璧に発音されないこともしばしばあった。従って，-t は口語においてはよく省かれることがあった。ブルック (G.L.Brook) は次のように述べる。

> The final -t of the 2 sing. pres. ind. often disappears when the next word begins with a consonant that would make pronunciation of the

-t difficult. In speech a group of words pronounced without a pause between them is treated in the same way as a single word. (…) When the next word begins with -*th*, the final -*t* is particularly likely to disappear:

(G.L.Brook, *The Language of Shakespeare*, §282)

このように，-s 語尾が当時よく使われていたことと，2 人称 -st 語尾の最後の -t が発音されずに脱落したという理由から，2 人称の主語が 3 人称単数の動詞と結びつくことが多かったといえる。スミスによると，シェイクスピアの作品中 2 人称（稀に 1 人称）の主語が 3 人称単数の動詞と結びつく文が 46 例あるという。このうち，15 例が F2, F3, F4 及びポープの版において訂正されている。以下が 2 人称主語のもののうち訂正された例である。

(85) *Thou* rather with thy sharpe and sulpherous bolt ***Splits*** the un-wedgable and gnarled Oke.

(Measure for Mesure, II.2.115-116)

F2：Splitst F3：Splitst F4：Split'st Pope：Sprit'st

主語は 2 人称 thou であるが 3 人称単数動詞 splits をとっている。2 人称単数動詞語尾 -s が使われたことと，次に続く単語が th という -st の発音を難しくするものなので -t が省略されたというふたつの理由が考えられる。

(86) But *thou **mistakes*** me much. (II Henry VI, V.1.130)

F2：mistakest F3：mistakest F4：mistak'st Pope：mistak'st

主語は 2 人称単数 thou であり文法的には mistakest で呼応すべきだが，mistakes で呼応している。これもふたつの理由が考えられる。-s で終わる 2 人称単数動詞が使われたことと，次に続く単語が m で始まるので -st の発音を難しくしているため，-st の -t が発音されなかったことである。普通 Christmas を発音する際に t を発音しないの

第一部　文法

と同じである。

(87) *Thou **disputes*** like an Infant. (Love's Labour's Lost, V.1.69)
　　　F2：disputes't　F3：disputes't　F4：disputest　Pope：disputest
主語は 2 人称単数 thou でありこれも文法的には disputest で呼応すべきだが，一見 3 人称単数にみえるけれども実は当時使われる表現であった -s で終わる 2 人称単数動詞が使われている。以下，似たような例である。

(88) And *thou* Lord Bourbon, our High Admirall **Shall** waft them over with our Royall Fleete. (Ⅲ Henry VI, Ⅲ.3.252-3)
　　　F2：Shalt　F3：Shalt　F4：Shalt　Pope：Shall

(89) The faire Rosaline, whom *thou* so ***loves***.
　　　　　　　　　　　　　　　　　　(Romeo and Juliet, I.2.88)
　　　F2：lovest　F3：lovest　F4：lovest　Pope：lov'st

(90) Upon the next Tree *shall **thou*** hang alive. (Macbeth, V.5.39)
　　　F2：shalt　F3：shalt　F4：shalt　Pope：shalt

(91) That *thou* dead Coarse againe in compleat steele, **Revisits** thus the glimpses of the Moore. (Hamlet, I.4.52-3)
　　　F2：Revisistst　F3：Revisitst　F4：Revisitst　Pope：Revisit'st

(92) And *thou* by that small hurst **hath** casheer'd Cassio.
　　　　　　　　　　　　　　　　　　(Othello, II.3.381)
　　　F2：hast　F3：hast　F4：hast　Pope：hast

(93) *Thou* do'st stone my heart, And ***makes*** me call, what I intend to do, A Murther. (Othello, V.2.63-5)
　　　F2：makest　F3：makest　F4：makest　Pope：mak'st

(94) Making Peace or Warre, As *thou **affects***.

第8章 一致(呼応)の問題

(Antony and Cleopatra, I.3.70-1)
F2：affectst F3：affect'st F4：affect'st Pope：affect'st

(95) That *thou* reciding heere, *goes* yet with mee.
(Antony and Cleopatra, I.3.103)
F2：goest F3：goest F4：goest Pope：goest

(96) When *thou* once *Was* beaten from Medena,
(Antony and Cleopatra, I.4.56-7)
F2：Wert F3：Wert F4：Wert Pope：Wert

(97) The barkes of Trees *thou brows'd* (Antony and Cleopatra, I.4.66)
F2：browsed'st F3：browsed'st
F4：browsed'st Pope：browsed'st

(98) *Thou*, an Egyptian Puppet *shall* be shewne In Rome as well as I.
(Antony and Cleopatra, V.2.208-9)
F2：Shalt F3：Shalt F4：Shalt Pope：shalt

(99) And *Solicites* heere a Lady. (Cymbeline, I.6.146-7)
F2：Solicitst F3：Solicitst F4：Solicit'st Pope：Sollicit'st

このように，2人称（稀に1人称）の主語に対して3人称単数の動詞が結びついた46例のうち，上に挙げた16例がF2，F3，F4及びポープの版において2人称の動詞に訂正されている。F1でこのような不一致が生じた理由は，当時よく使われていた-s形の語尾が使われたことと，次の単語が発音を難しくするような子音で始まる場合は-tが省略されたことである。後者の理由は口語の特徴である。シェイクスピアは，自分の作品が後にこんなにも有名になり文学としても読まれるようになるとは想定していなかったであろう。彼は劇のために作品を書いたのであり，発音を簡単にするために-tを省いたというのは自然に考えられる。

233

第一部　文法

§2　1人称の主語が3人称単数動詞をとる場合

　1人称の主語が3人称単数動詞をとるのは，2人称の主語が3人称単数動詞をよくとっていたのに比べるととても稀である。1人称単数の屈折形は -e であり，近代英語では次第に使われなくなり，現代英語では無語尾となった。北部方言の特徴である -s で終わる語尾が，2人称単数と3人称単数，そして複数にも使われてきたことは今までみてきたが，これが1人称にも使われるようになった。カームは次のように述べている。

> This use of the verbal ending *s* for all persons and numbers was originally a dialectic feature of Northern English. In the Old English period the oldest ending for the second person singular of the verb was *s*. In this early period the *s* often spread to the second person plural, and then further spread to the other persons of the plural and to the third person singular, so that in the Old English period *s* was often used in the North for all persons and numbers except the first person singular. In Middle English, the *s* spread in the North also to the first person singular, so that the *s* was sometimes used for all persons and numbers:
>
> (G.Curme, *Syntax*, 8 Ⅰ 1 h *Note*)

北部においては -s 形の語尾が全ての数と人称に使われていた。そして，これまでみてきたように，シェイクスピアはこれを頻繁に使用していた。従って，-s 形の語尾が1人称にも使われたことは自然に考えられる。次に挙げる例は，1人称の主語が3人称にみえる -s 形の動詞と結びつくため訂正されたものである。

　(100)　My name is Tho. Mowbray, Duke of Nerfolk, Who hither ***comes*** engaged by my oath. (Richard Ⅱ, Ⅰ.3.16-7)
　　　　F2：come　F3：come　F4：come　Pope：come
　　my name is で始まっているので，I という語はないが主語は1人称

であると思われるのに，3人称単数動詞 comes と結びついている。これにはいくつかの理由が考えられる。関係詞がひとつの名詞として捉えられたということ，先行詞と動詞との距離が先行詞が1人称であったという事実を弱めたこと，3人称にみえるこの動詞は実は1人称動詞として使われていたことである。さらに，話者が主語を Tho. Mowbray という人物と勘違いしてしまったと考えることも可能である。

(101) *I* for a Clarence *weepes*, so doth not she. (Richard Ⅲ, Ⅱ.2.83)
　　　F2：weep　F3：weep　F4：weep　Pope：weep
主語は1人称単数 I であるが3人称単数動詞 weepes をとっている。これも，北部方言の影響により -s 形の1人称単数の動詞が使われたことと，この動詞は近隣する単数名詞 Clarence に牽引されそれと呼応してしまったという理由が考えられる。

シェイクスピアの作品中には人称において主語と動詞が一致しない文が46例あると述べたが，このうち1人称の主語が3人称にみえる動詞をとったために訂正された文は，上に挙げたふたつである。よって，シェイクスピア英語においては，稀ではあるが1人称にも -s 語尾が使われることがあったことがわかる。

結　論

大きくふたつに分類してシェイクスピア英語における主語と動詞の不一致を考察してきた。数に関する場合［複数主語が単数動詞をとる場合，単数主語が複数動詞をとる場合，関係詞節において複数主語が単数動詞をとる場合，関係詞節において単数主語が複数動詞をとる場合］と人称に関する場合［2人称の主語が3人称単数動詞をとる場合，1人称の主語が3人称単数動詞をとる場合］とである。これら全てにおいて，3人称単数形の動詞がとても頻繁に使われていたということがいえる。カームは次のよう

235

第一部　文法

に述べている。

> The principle that the verb should agree with the subject is very often not recognized in popular speech. Here in the present indicative the third person singular is used for all persons and both numbers, in accordance with the tendency to level away the inequalities within a category, provided distinctive form is not absolutely necessary to the thought:
>
> (G.Curme, *Syntax*, 8 Ⅰ 1 h)

主語と動詞の呼応は完璧であるとは限らない。我々は話しをする際，意味によって文を作るのであり，文法は時々破られることがある。シェイクスピアの英語は劇において使われているのであり，口語的な表現があふれている。

　スミスは，F2はF1での口語の特徴をいかした生き生きとした表現を，堅苦しい文法にあてはめ訂正していると批判する。ポープも堅苦しい文法を重んじていた一人である。また，F3, F4についてもF2の精神を引き継ぎ，口語的な表現を当時書き言葉として主流だった形に訂正する傾向がみられる。一番差が大きいのはF1とF2である。このふたつの主な違いは統語論に関するものばかりである。F2は，子供でさえ気づくような内容的な間違いは訂正していないが，当時口語としては普通に話されていた文，また，現代でも許容の範囲にある主語と動詞の不一致は訂正しているのである。スミスは次のように述べている。

> The supreme syntactic value of Shakespeare's work as represented in the First Folio is that it shows us the English language unfettered by bookish impositions. Shakespeare's syntax was that of the speaker, not that of the essayist; for the drama represents the unstudied utterance of people under all kinds and degrees of emotion, ennui, pain, and passion. Its syntax, to be truly

第 8 章　一致 (呼応) の問題

representative, must be familiar, conversational, spontaneous; not studied and formal.　Men do not speak as they write.
(C.A.Smith,"The Chief Difference between the First and Second Folios of Shakespeare.", p.4)

　なぜ F2 以降で厳しく訂正がなされたのかは，当時の社会的背景からもうかがうことができる。16 世紀後半は清教徒の影響があった。カルヴィンは教会などの宗教的なものだけではなく政治や習慣，そして市民の生活までも改革した。禁欲主義を確立し，市民の生活に影響を及ぼしたのである。エリザベス朝時代の生活はとても自由であったが，それが規則に縛られることの多い生活に変わったのである。従って，規則というものが重視され，言葉においても文法に従うことが良いとされたと考えることができる。
　これまで考察してきたことから，シェイクスピアの統語法は，主語と動詞の呼応という点に関してはかなり発展したものであるといえる。文法から外れる表現がシェイクスピアの作品に頻出するのは，シェイクスピアが文を意味によって構成し，話者の感情を最大限に出そうとしたからである。現代では使われない二重否定や二重比較などもエリザベス朝時代には使われていた。当時の人々は厳密な文法よりも文や台詞の活力を重視し，生き生きとした表現を用いていた。この表現は現在でも残っているが，多くは間違いとみなされて使われなくなってきた。17 世紀には，多くの文法家が F1 で使われていた口語的な，迫力のある文を間違いとみなし訂正した。この理由としては 16 世紀後半に清教徒の影響があり，規則を重視するようになったことも考えられる。F1 における文法的不一致の多くは訂正されてしまったが，F1 の文は間違っているのではなく，当時の自然な口語を反映する偉大な作品であるといえる。そもそも，言語は人の感情を表現する手段であり，人の感情とは規則によって縛りきれるものではない。従って，ほとんど全ての文法規則には例外がある。言語が話者の心の在りようを反映する以上，文法規則にとらわれずに柔軟な表現方法を採用したとし

237

第一部　文法

ても決して不思議ではない。

本章の参考文献

Moore Smith, G.C.(ed.), *The Life of Henry the Fifth,* (The Warrick Shakespeare) 1901, Blackie & Son

Pope, A. (ed.), *The Works of Shakespeare,* 6 vols., 1723-5, rpt., AMS.

Smith, C.A., "The Chief Differences between the First and Second Folios of Shakespeare.", *Englische Studien*, vol.30, pp.1-20, 1902

─────── , "Shakespeare's Present Indicative s-Endings with Plural Subjects: A Study in the Grammar of the First Folio.", *Publications of the Modern Language Association of America*, 1896, vol.XI,4

第二部　語　彙

第 9 章　シェイクスピアの catched と caught
― 違いはあるのか ―

　シェイクスピアの作品の中で，動詞 catch の規則変化（弱変化第 3 類）の過去・過去分詞形 catched と，不規則変化（弱変化第 1 類）の caught が同一文中に同時に用いられている箇所が 2 カ所ある。

(1-a) None are so surely *caught*, when they are *catched*, As wit turn'd fool;（利口な人が馬鹿になったときほど，確実に掴まえられる者はなくってよ）(LLL. V.2.69-70)

(2) I saw him run after a gilded butterfly, and when he *caught* it, he let it go again, and after it again, and over and over and over he comes, and up again, *catched* it again;（きれいな一羽の蝶を追いかけていらして，掴まえては放し，放しては掴まえ，何度もなさってはいました）(Cor. I.3.60-3)

シェイクスピアが catch にふたつの異なった過去・過去分詞形を用いていることに触れて，ブルックは，アボットの見解（"*Caught* seems to be distinguished as an adjective from the participle *catch'd*", *Shakespearian Grammar*, p.245）を受けて，(1-a) を引用し，次のようにいう。

279. Some verbs which were originally strong occasionally have weak preterites and past participles:(...). *Catch* (ONF *cachier*) has the preterite *caught* on the analogy of archaic preterites like *laught* (pret. of *latch*) and *raught* (pret. of *reach*); Shakespeare has this form 【=caught】 beside *catched*. The two preterites seem to have acquired

241

第二部　語彙

different shades of meaning in: None are so surely caught, when they are catcht, As wit turn'd foole: (LLL.V.2.69)
(もともと強変化だった動詞の中には，時々弱変化の過去形と過去分詞形を持つものがある：(...) *Catch* (ONF *cachier*) は caught という過去形を持つが，これは laught (latch の過去形), raught (reach の過去形) のような古い過去形の類推によるものである。シェイクスピアは catched の他に caught を用いている。このふたつの過去形は，次の例では意味の微妙な違いを持っているようにみえる：(利口な人が馬鹿になったときほど，確実に掴まえられるものはなくってよ)。

(G.L.Brook, *The Language of Shakespeare*, p.121; 三輪他訳，
G.L. ブルック『シェイクスピアの英語』p.206)

つまり，シェイクスピアは catched の他に caught を用いていて，このふたつの過去・過去分詞形には微妙な違いがあるようだという。一方，イェスペルセンは，ブルックと全く同じ文を引用しながら catched と caught との間に違いはないという。

The regular form *catched* was formerly not infrequent. As a prt 【=preterite】Sh【=Shakespeare】has it only once(Cor I.3.68) against several instances of *caught*; the ptc 【=participle】*catched* is recorded three times in Sh-lex 【=Lexicon】 by the side of *caught* (six times), apparently, without any distinction, though the two are pitted against each other in: (LLL.V.2.69) None are so surely caught, when they are catched, As wit turn'd fool:

(O. Jespersen, *Modern English Grammar VI*, §4.9$_1$)

シェイクスピアの全作品中で，catch の過去・過去分詞形としての catched が用いられているのは全部で 4 例しかない。そのうちの 2 例が caught と同一文中に現れる。その 2 例のうちのひとつである全く同じ一文を引用しながら，ブルックとイェスペルセンとでは全く反対の見解が述

第 9 章　シェイクスピアの catched と caught

べられている。一体，シェイクスピアの英語にあって 4 例の catched は意味・用法の上で caught と何らかの違いがあるのだろうか。

catched と caught

　動詞 catch は，中期英語期にノルマン・フランス語 (Norman-French) から借用された。外来語の動詞は規則変化をとるのが原則 (例, change-changed-changed) なので，catch も規則変化の屈折形態をとった。それが catched である。ところが，catch にとって変わられた英語本来語の latch が，catch とは語頭の c- [k-] と l- [l-] とが異なるだけで後は全く同じ音声形態 [-atʃ] を持ち，しかも，同じ意味を持っていたために，teach(teach-taught-taught), bring (bring-brought-brought) 等と同じく，現在では不規則変化に分類されている弱変化第 1 類をとった (latch-laught-laught) ので，その類推で catch も不規則変化をするようになった。それが過去・過去分詞形の caught である。外来語の動詞は規則変化をとるのが原則であり，外来の動詞で母音交替（アプラウト）による不規則変化（強変化）となったのは，drive, thrive, ride との類推による strive(＜ OF estriver)だけである。[1] また，外来語の動詞のうち，現在では不規則変化とされている弱変化第 1 類の屈折形態をとるのは，catch だけである。[2]

　一方，規則変化形 catched も長く用いられ，OED^2 によれば，標準英語から完全に姿を消したのは 19 世紀になってからのことであり，現在でも俗語や方言では用いられている (cf. J.Wright, *English Dialect Dictionary*, catch)。シェイクスピアでは，caught の総数が 32 例，catched の総数が 4 例であり，標準英語で catched から caught への交替が実質的に完了したことを示している。即ち，catched は古語法で，caught が一般的であった。なお，ブルックは，「シェイクスピアでは catched が caught より多く見られる」(§290) と記しているが誤りである。

第二部　語彙

シェイクスピアの catched と caught

では，4例の catched と 32例の caught との間にブルックの主張するような意味・用法上の違いはあるのだろうか。4つの実例を検討してみる。

冒頭に引用した一文 (1-a) の前後を加えて改めて引用する。

(1-b) So pair-taunt-like would I o'ers way his <u>state</u>
　　　That he should be my fool and I his <u>fate</u>.
　　　Princess. None are so surely caught, when they are <u>catched</u>,
　　　As wit turn'd fool: folly, in wisdom <u>hatch'd</u>,
　　　Hath wisdom's warrant and the help of <u>school</u>,
　　　And wit's own grace to grace a learned <u>fool</u>.
　　　　　　　　　　　　　　　　（LLL. V.2.67-72；下線三輪）

即ち，この一節で catched が用いられている理由は，伝統的な英語を使う王女の台詞であることに加えて，state-fate, catched-hatch'd, school-fool と脚韻を構成するためであって，規則変化形と不規則変化形の違いで意味・用法上の違いが生じているわけではない。

同様に，同一文中に catched と caught の両方が現れるもうひとつの例である引用 (2) を検討してみると，he caught it(=butterfly), (he) catched it(=butterfly) と全く同じ文の構成であって，caught と catched とが違う意味で用いられているとは考えられない。コリオレーナスの妻の友人ヴァレーリアの台詞であるから，上流階級風の古い英語が用いられているのである。

(3) And cruel Death hath catch'd it from my sight. （あのむごたらしい死神めの手が，永久に見えぬ世界へと引きさらっていってしまいました）(Rom.IV.5.48)

ここでは，ジュリエットの突然の死というシェイクスピアの数ある作品の中でも際だって悲劇的場面なので，荘重な古文体を用い，古語法の catch'd

が用いられていることは，口語法の has ではなくやはり古語法の hath が用いられていることからも分かる。台詞もキャピュレット夫人である。

(4) My fear hath catch'd your fondness!:（恋じゃないかしらと思っていたけれど，当たったらしいわね！）(AWW. I.3.170)

ここでは，貴族であるロッシリオン伯爵夫人の台詞であり，hath の使用からも分かるように，上流階級の伝統的で古めかしい英語を用いていることは (3) の場合と同じである。従って，この例も引用 (1) ～ (3) と同様に，caught との実質的な意味の違いがあるとは考えられない。

辞書にみる catched と caught

シュミット (A.Schmidt) の *Shakespeare Lexicon* をみると，引用 (2) の catched は語義 1) to seize, to take, to capture, whether by pursuit or by stratagem, 引用 (1) と (4) は語義 3) to seize with the eye, or by thought, to perceive, 引用 (3) は，語義 5) Sometimes, indeed, scarcely differing from to take となっているが，それぞれの項目には，catched と caught という形態上の違いには関係なく例文が挙げられている。引用 (1) の caught はシュミットでは語義 1) であり，同一文中に現れる catched は語義 3) である。この場合のそれぞれの語義の違いに基づいてブルックは，catched と caught では意味が違うと判断したと考えられる。しかし，シェイクスピアの英語にあって，規則変化形 catched と不規則変化形 caught という形態上の違いが，意味・用法の違いを伴っているわけではない。catch という単語が 9 種類に分類される意味を持ち，そのうちの 4 例がたまたま catched という規則変化形を取ったにすぎない。シュミット以外のシェイクスピア専門の辞書，グロッサリーのどれをみても，catched と caught という形態の違いが意味の違いを表すという記述はみられない。例えば，ネアズ(R.Nares), *A Glossary; Or, Collection of Words, Phrases, Names, Allusions to Customs, Proverbs, &c. Which have been thought to Require Illustration, in the Works of English Authors, Particularly Shakespeare, and* his Contemporaries, 1822, 1882², ダイス (A.Dyce), *A Glossary to the Works of William Shakespeare*, 1857, 1902², フォスター (J.Forster), *Shakespeare Word-Book*, 1908, アニアンズ (C.T.Onions), *A Shakespeare Glossary*, 1911, 1986², シューメイカー (E.F.Shewmaker), *Shakespeare's Language, A Glossary of Unfamiliar Words in Shakespeare's Plays and Poems*, 1996。

外来語と認識されていた catched

イェスペルセンは, catched は "formerly not infrequent" と記している。しかし, OED^2 によると, catched が現れるのは 14 世紀以降であるのに反し, caught は *Ormulum*(?c1200) を初出とする。従って, 他の外来語の動詞の慣例に従って catched が生じたのは借入当初のごく短期間であって, 借入後まもなく, latch との類推によって caught が生じた。その後改めて, catched が規則動詞からの類推で生じたという考え方もあり得る。例えば, *King Horn*(?c1225, EETS. OS. 14, 1901, rpt. 1990) の巻末の glossary には catched はなく, caught の系統が 1 例 (Laud MS.; Cambr. MS. では該当部分が欠落) のみ。チョーサーには, L.D.Benson, *A Glossarial Concordance to the Riverside Chaucer*(1993) でみるかぎり, catched は 1 例もなく, 78 例の全てが caught (kaht, y-caught, etc.) である。同様に, ガワー (J.Gower, 1330?-1408, *The English Works of John Gower*, EETS. ES. 82, 1901, rpt. 1979) の巻末の glossary には, caught の系統が 7 例だけで catched 系統の形態はみられない。キャクストン (W.Caxton, *The History of Reynard the Fox*, 1481, EETS. 263, 1970) の 2 例も caught だけである。ところが, 規則変化形 catched はずっと時代を下って, スペンサー (E.Spenser) の *Faerie Qveene*(1590) に 1 例 (*A Comprehensive Concordance*, ed. by H.Yamashita et al, 1990, Kenyusha; caught は 6 例), ミルトン (J.Milton) の *Paradise Lost*(1667) に 1 例 (Bk.x.544), バニヤン (J.Bunyan) の *The Pilgrim's Progress*(1678) に 1 例 (巻頭の The Author's Apology for the Book の中) 現れる。以上の事実から, catched は, 後世, 規則変化動詞からの類推によりつくられたという解釈も可能である。

第9章　シェイクスピアの catched と caught

しかし，特にノルマン・コンクェスト以降，いつの時代でもイギリス人がラテン語，フランス語について豊富な知識を持っていたことを考えると，catch の語源がフランス語 chasser，ラテン語 captāre と知っていて，外来語の動詞の慣例に従って規則変化をさせたのではないかと考えた方が妥当であろう。当時のイギリス人がラテン語，フランス語に関していかに豊富な知識を持っていたかを証明する例が，シェイクスピアに見いだされる。

(5) *Evans.*: Pauca verba; Sir John, good worts.
Fal.: Good worts?　Good cabbage.　Slender, I broke your head; what matter have you against me?　(WIV.1.1.120)
(エヴァンズ：ジョン殿，ちょっと一言。口をつつしんで下さい。
フォルスタッフ：口をつつすめって，鼻でもかんでこい。おい，スレンダー，俺がおまえの頭を割ったがなにか文句があるのか？)

このやりとりの中で，ラテン語をそのまま用いた Pauca verba(=few words) はいうまでもないが，エヴァンズがウェールズ訛りのために words と言えなくて worts と発音したのを，フォルスタッフはエヴァンズのウェールズ訛りと知りながら，英語の wort(= 野菜)ととって cabbage(= キャベツ)と言い替え，さらに cabbage がラテン語の caput(= 頭)と語源が同じであることを心得て，head とつないでいる。もう1例挙げてみる。

(6) I am here with thee and thy goats as the most capricious poet, honest Ovid, was among the Goaths.　(余がここにかくして，おまえと，おまえの山羊とともにあるありさまをたとうれば，彼の最も山羊的なる気まぐれ詩人，品行よろしきオヴィッド氏が，山羊なすゴート蛮人のなかにあるがごとし)　(AYL.III.iii.6-8)

ここでは観衆がgoatsを，[goːt]とも発音されたGoths (Kökeritz, *Sh.'s Pronunciation*, 1953, p.109) との掛詞として理解できることを前提とし，goat を先に出すことにより，capricious からラテン語の caper(= 雄山

247

第二部　語彙

羊)を連想することを期待している。capricious の語源は，ラテン語で caput(= 頭) + raccio(= はりねずみ) である。ところが，現代英語の capricious の「気まぐれな」という意味は，ラテン語の caper, capra(= 雌山羊)を連想し，山羊が気まぐれな性質の動物であると俗に信じられていたことからつくり出された民間語源である。ラテン語を連想したうえで，英語 capricious に新しい意味を生じさせてしまったのであるから，一般の人々にもラテン語の知識が相当深く広く行き渡っていたことがわかる。

　このような程度の高い言葉遊びが，必ずしも特定の知識階級に限らずにできたということ，あるいは観客に理解できることを前提にした台詞があることからも，当時のイギリス人には，catch がフランス語，ラテン語に由来することは周知のことであった。従って，catch が初めて借用されてから長い年月が経ち，不規則変化形 caught が英語化し定着していたにもかかわらず，それとは別に，外国語から借用された動詞の慣例に従って規則変化も用いた。シェイクスピアに用いられている4例も含めて，16世紀のスペンサー以降，ミルトン，バニヤンに規則変化が現れるのもそのような事情に基づく。

　発音と意味が英語本来語 latch に非常によく似ていたために英語化された不規則変化形 caught を取り入れる一方で，外来語と認識された規則変化形 catched も維持し続けたのである。アングロ・サクソン民族の英語がノルマン・コンクェスト以降絶えることなく，フランス語，ラテン語と密接な関係を保ってきたために生じた英語特有の現象のひとつである。このことについて，イェスペルセンは次のように述べている。

> This continued contact constitutes a well-marked contrast between the French and the Scandinavian influence, which seems to have been broken off somewhat abruptly after the Norman conquest. (このようなとぎれることのない【英語とフランス語との】接触は，ノルマン・コンクェスト以後，いささか突然に英語との接触が途絶えたス

カンジナビア語と比べると影響の与え方に際立った対照をなす。)
(Jespersen, *Growth and Structure of the English Language*, p.105, 三輪試訳)

注

(1) *OED*²は，不規則変化をする dig も古期フランス語 diguer の借用であるとするが，研究社の『英語語源辞典』によると，dig の初例は *Ancrene Riwle*(?c1200) であるのに，diguer がフランス語の文献に現れるのは 14 世紀である。

(2) ブルックは，caught という形態は reach の過去形 raught との類推もあるというが，意味及び屈折形態を同じくする latch, それに音声形態の似ている teach, beseech がやはり同じ弱変化第 1 類であったことの方が大きい影響を与えたと考えられる。

第二部　語彙

第10章　色彩語 grey の意味領域
－構造的意味論への試み－

はじめに

　英語は語彙の豊かな言語である。その原因として主に3つのことが考えられる。まず，英語を国語としているアングロ・サクソン民族が，長い年月の間に数多くの民族と接触してきたために，多くの外国語が借用語として英語に流入したこと。次に，英語が借用語を受け入れることに大変寛容であったこと。そして最後に，英語は新語を創造する力が非常に活発であったことである。この3つが互いに有効に機能して，英語は語彙を増やし続けてきた。この英語の語彙増加の中で大きな役割を果たしたのが，借用語である。また，英語の場合，日常の基本語彙にも多くの借用語が浸透していることは興味深い。

　日常語のひとつに色彩語がある。色彩語の中にも多くの借用語が存在する。借用語の力を借りるとともに，派生もしくは複合などの方法を使いながら，英語の色彩語はどんどん膨らんできている。本章では英語の色彩語に注目し，時代とともにどのような変化を遂げてきたのかを明らかにする。第一節では色彩語の一般論，第二節では色彩語彙の拡大の様子を，そして第三節では，色彩語の拡大とともに元々あった色彩語の意味領域がどのように変化していったのかを grey(gray) を例にみていく。

第一節　色彩語に関する一般論と現在の研究

　我々は現在，色の中で生活している。時代とともに我々の周囲にはいろいろな事物が増え，そして当然のことながら，色彩語も次第に増加してき

た。色彩語の増加は，言い換えれば，微妙な色彩の差異を表すことができるようになったということでもある。文明社会の発達によって，日常生活の世界が華やかになっただけではなく，作家の表す文学の世界も華やかになった。

　色彩語は切れ目のない全体としてひとつの連続体である。故に，その連続体である色を，どのように知覚しどこで区切って名称をつけるかは，言語・文化・時代によって異なる。つまり，「色彩語」を使って生活する人それぞれの環境によって，色彩相互間の境界線は変わってくる。また，同じ言語を話し同じ文化の中に生活し，同じ時代に生きたとしても，人によって色の境界線が一致するとは限らない。なぜなら，一人一人がひとつひとつの色に抱く感覚像はそれぞれ違うからである。

　色彩語研究の歴史は大変短い。この研究は，個別的研究と総合的研究に大きく分けることができる。まず，個別的研究について，ワイラー(S.Wyler)は次のように説明する。

> Where philologists undertake studies or write monographs on colour terms these are mainly studies in literature which aim to discover the representation and the importance of colours in the works of specific writers rather than linguistic research on the properties of colour terms.
> 　　　　　　　（S.Wyler, *Colour and Language*, 須賀川誠三, 1999より）

つまり個別的研究とは，一言語・一作家などに限って，文献を基に言語学の立場から色彩語を研究する方法である。この方法を使うと，ある言語が，もしくはある作家が，色に関してどのような言語感覚を持っているかがわかる。文献・作品の中の色彩語は，歴史を語り文化を表す。そして，その色彩語を使った作家の心の中，心像風景を解き明かすキーワードにもなり得る。

　一方，総合的研究は，多言語または関連分野を視野に入れた総合的な研究である。総合的研究の代表的なものとして，アメリカの人類学者，

第二部　語彙

バーリンとケイ (Berlin-Kay) の基本色彩語の研究がある。彼らは，基本色彩語 11 種 (white, black, red, yellow, green, blue, brown, purple, pink, orange, grey) の color chip を母語話者に見せて，それぞれの民族の用いている色彩語をまとめた。この研究の結果から，彼らは基本色彩語の発達段階を次のように示し，世界の言語に適応した。

$$\left.\begin{array}{l}\text{white}\\ \text{black}\end{array}\right] \to \text{red} \to \text{green} \to \text{yellow} \to \text{blue} \to \text{brown} \to \left[\begin{array}{l}\text{purple}\\ \text{pink}\\ \text{orange}\\ \text{grey}\end{array}\right.$$

and

$$\left.\begin{array}{l}\text{white}\\ \text{black}\end{array}\right] \to \text{red} \to \text{yellow} \to \text{green} \to \text{blue} \to \text{brown} \to \left[\begin{array}{l}\text{purple}\\ \text{pink}\\ \text{orange}\\ \text{grey}\end{array}\right.$$

(Brent Berlin and Paul Kay, *Basic Color Terms,* p.104)

上の発達段階についてのレーラー (A.Lehrer) の説明を引用する。

On the basis of their investigation, Berlin and Kay have hypothesized that there is a definite hierarchy in importance and in the development of color words. They find that all languages have terms for black and white. If there is a third term, it will be red. If a language has four terms, the fourth will be either yellow or green. Language with five terms have both yellow and green. A word for blue is the sixth term to emerge, and a term for brown is the seventh. If a language has eight or more color words, it will have words for purple, pink, orange, gray, or some combination.

(A.Lehrer, *Semantic Fields and Lexical Structure,* p.153)

つまり，すべての言語に black, white を意味する語は存在し，そこから red, green, yellow というように，上の図の左から右へと基本色彩語は順番に発達していく。またこれに加え，バーリンとケイは，色彩用語の発達が，

第10章　色彩語 grey の意味領域

ある社会の技術や文化の進歩とも関わりがあることを述べている。なぜなら，技術や文化が発達して色彩語への需要が増えれば当然，色彩語は増えるからである。このバーリンとケイの研究は，人類学者・言語学者・色彩論学者など，多くの人々の注目を集めた。しかし一方で，この研究に対しての批判も多く存在する。例えば，英語の色彩語にも，上の「基本色彩語の発達段階」がすべて当てはまるわけではない。バーリンとケイの示した段階では，grey と purple は第7段階に属する。しかし，上に示した基本色彩語11語のうち，OE 期では8語 (blæc, hwit, rēad, ġeolu, grēne, græg, brūn, purple) が存在していたことを，須賀川誠三は『英語色彩語の意味と比喩』の中で述べている。OED には，これら8語が文献に現れた初出年は次のようにある。

色彩語	初出年
black (blæc)	890
white (hwit)	888
red (rēad)	700
green (grēne)	700
yellow (ġeolu)	700
purple (purple)	975
grey (græg)	1000
brown (brūn)	1000

この表からもわかるように，英語における基本色彩語8語は，すでに1000年以前に文献に現れている。それでは，バーリンとケイの選んだ基本色彩語11語のうち，残りの3語はどうだろう。

blue	1300
orange	1542
pink	1720

orange, pink に関しては，色彩語として初めて用いられた年とする。この2語は，初めは果物・植物を表す語として英語では使われ，それが後に

253

第二部 語彙

色彩語として転用されたからである。つまり英語の場合，11 の基本色彩語が出揃ったのは 1720 年であり，grey と purple は，バーリンとケイの表した発達段階では，第 7 段階と 11 語のうちでは一番遅く現れる語とされているが，第 5 段階の blue よりも早く発達していたことがみてとれる。従って，バーリンとケイの主張は，色彩語の体系，あるいは一般的に語彙体系の大体の目安にはなるが，全ての言語に当てはまるわけではない。

第二節　色彩語の拡大

　文明社会の発達とともに物質が増え，そして当然のことながら，生み出された事物を表すための単語，語句は増加する。英語は多くの借用語の力を借りながら，あるいは派生や複合などの方法を使いながら，語彙を増やしてきた。ブラッドリ (H.Bradley) も，英語の語彙拡大の方法について次のように述べている。

> The English language has augmented its resources not only by the adoption of words from other tongues, but also by the making of new words. There are three possible ways in which a new word can be made: (1) by *composition*, which means the joining together of two existing words to form a compound; (2) by *derivation*, which means the making of a new word out of an old one, usually by the addition of some prefix or suffix which is not itself a word, but is significant in combination; and (3) by *root-creation*, which is the invention of an entirely new word, usually either imitative of some inarticulate noise, or suggested by some instinctive feeling of expressiveness.
>
> 　　　　　　　　　　　　　(H.Bradley, *The Making of English*, p.92)

　さて「色彩語」も，このような方法で語彙数を増やしてきたひとつである。英語の色彩語は，大きくふたつに分けることができる。須賀川誠三の

第10章　色彩語 grey の意味領域

記述を引用する。

英語色彩語の系統 ─┬─ Anglo-Saxon 系 ← PrGmc ← (IE)
　　　　　　　　　└─ Romance 系 ← French ← Latin ← (IE)

　第一の層は，Anglo-Saxon 系 (本来語) の語彙である。これに属する語は，古英語期に入ったもので，遡ると PrGmc(ゲルマン祖語) に到達し，更に遡ると IE(印欧祖語) にいたる。ただ，AS 系の語でも，非印欧語系のものも含まれる。
　第二の層は，Romance 系の借入語で，これらは色彩語の場合は，中期英語以降に英語に借入された語彙である。色彩語として借入されたものは極く少数で，大部分は動植物名・鉱物名・宝石名からの転用である。

(須賀川誠三『英語色彩語の意味と比喩』p.9)

　そこで，この記述に基づいて，現代英語で使われている色彩語がどのようにして拡大の道をたどってきたのかをみる。現在使われている色彩語は，*Roget's Thesaurus* を参考にするとおおよそのことがわかる。*Roget's Thesaurus* による調査の詳細は省略するが，現代英語の色彩語については次のようなことがわかる。

① 英語の色彩語においては本来語が大変少ない。一方，借用語の数はかなり多い。多くの色彩語が，初めは動植物名・植物名・果実名・鉱物名・染料名として借用され，それが後に色彩語へと転用されている。

② 英語の色彩語に関する語彙数は，本来語・借用語両方からの派生の形を使うことによって膨らんできた。

③ 複合色彩語の歴史は比較的新しい。特に，分類した色彩語の中でよく目につくのは，「色彩語＋色彩語」「固有名詞＋色彩語」「固有名詞＋ color / colored」の形である。

④ orange や purple に関する色彩語は比較的少ない。一方，red や blue に関する色彩語は大変豊かである。英語では，red や blue

255

第二部　語彙

関連の色に対する需要が多かった。

さて，語彙の増加で忘れてはならないのが，新語・新表現を生み出す作家の存在である。多くの作家の中でも特に，シェイクスピアの造語力が秀でていたことはよく知られている。そこで，シェイクスピアの色彩語への貢献の様子をみてみる。*Shakespeare Thesaurus* に掲載されている色彩語のうち，シェイクスピアが初めて使ったものは下の 13 語である。

cain-coloured（廃用） divers-coloured ebon-coloured flame-coloured freestone-coloured（廃用） raven-coloured ruby-coloured	heaven-hued	hell-black orange-tawny proud-pied（廃用） rubious	silver-white
7	1	4	1

13 語のうち 3 語は廃用となっているものの，残りの 10 語は現在も使用され続けている。シェイクスピアの作った 13 語のうち 8 語は，-coloured, -hued の形である。また，silver-white のような「色彩語＋色彩語」の複合語も使われている。複合語は，近代英語の色彩語の特徴といえるだろう。限られた色彩語でより微細な色彩を表すためには有用だからである。このような複合の用法も取り入れながら，シェイクスピアは，多くはないが色彩語にも貢献したことがみてとれる。

第三節　意味領域の縮小

第二節では英語の色彩語の拡大の様子をみてきた。それでは，元々あった色彩語の意味領域は時代とともにどのように変化してきたのか。第一節で，英語の基本色彩語 11 語のうち 8 語は，OE 期に既に存在していたこ

第10章　色彩語 grey の意味領域

とを述べた。第三節ではこの 8 語のうちのひとつ，grey(gray) に注目する。
　まず初めに，我々日本人は灰色をどのように認識し，どのように使っているのか。『広辞林』，香川勇・長谷川望編著の『色彩語事典』には次のようにある。

(1) 灰のような薄暗い色，ねずみ色，グレー　(2) 陰気であること，憂鬱「―の青春」　(3) 有罪（黒）か無実（白）か判然としないが非常に疑わしいこと。

(『広辞林』灰色)

灰色は，物が燃え尽きたあとにできる灰の色である。また，自然の中での灰色といえば，曇空・梅雨空・冬空や薄暮などの色である。灰色は，生命活動が停滞・鈍化した状況を反映し，したがって感情的にはなんとなく憂鬱な印象を与える色である。

(香川・長谷川編著『色彩語事典』p.117)

『色彩語事典』には，江戸時代には多彩な灰色が生み出されたこと，また，洗練された灰色文化 (わび・さびの文化) が日本文化の中に展開されたことも述べられている。以上が日本語の「灰色」のあらましである。
　英語の grey(gray) はどうだろう。OED には次のような記述がある。

5. a. Used to describe the dull or cold light of twilight, or of a day when the sky is overclouded.　c1380 〜
b. *fig.* Not bright or hopeful; dismal, gloomy; sad, depressing; esp. in phr. *to go a grey gate* (dial.).　spec. Of a person: dull, anonymous, 'faceless'.　1721 〜
c. Used in various collocations in the place of *black* to indicate a less extreme form of the activity, object, etc.　1966 〜

(OED, grey, gray)

OED によると，英語の grey も日本語の「灰色」同様，暗く，どんよりと

257

第二部　語彙

したという意味を持つ。しかし，比喩的に用いられた暗い意味は，18世紀以降，つまり近代になってからのことである。それでは，grey(gray)はそもそもどの様に使われていたのだろうか。特に，チョーサーやシェイクスピアの時代の grey(gray) の意味は，しばしば論争の対象となっていて，註釈によっても意見がそれぞれ異なる。つまり，中期英語期から初期近代英語期にかけて，grey(gray) の意味領域が明確ではなかったのである。そこで，チョーサーとシェイクスピアの使った grey(gray) を例として，辞書，註釈を参照し，中期英語期・近代英語期の grey(gray) の意味領域をみていく。

§1　チョーサーの grey(gray)

まずチョーサーに見られる grey の例を挙げる。

(1) Hire nose trerys, hir eyen *greye* as glas, (A.Prol.152)
（彼女の鼻は優美で格好良く，眼はガラス玉のように薄青く）

(2) That was al pomely *grey*, and highte Scot, (A.Prol.616)
（馬には灰色のぶちがあり，スコットと呼ばれていました）

(3) Salueth in hir song the morwe *gray*, (A.Kn.1492)
（太陽の使者なる忙しい雲雀が歌をうたって，まだ明けやらぬ朝に挨拶をかわし）

(4) His rode was reed, his eyen *greye* as goos, (A.Mil.3317)
（顔色は赤くて，ガチョウのように薄青い眼をしていました）

(5) With kamuse nose, and eyen *greye* as glas, (A.Rv.3974)
（鼻は平べったく，眼はガラス玉のように涼しい青色で）

(6) With *grey* goshauk on honed, (B.Th.1928)
（手には灰色の大鷹を携え）

(7) He worth upon his steede *gray*, (B.Th.1941)
（卿は連銭葦毛の馬にうちまたがり）

(8) His steede was al dappull-*gray*, (B.Th.2074)

258

第10章　色彩語 grey の意味領域

（彼の駿馬は全身灰色のまだら模様で）

(9) Ne noon so *grey* a goos gooth in the lake, (D.WB.269)
（湖の中を泳ぐどんな灰色のガチョウだって）

(10) And fostred in a roche of marbul *gray* (F.Sq.500)
（私は，灰色の大理石の岩の中で養い育てられました）

(11) Gladeth, ye foules of the morwe *gray*! (Mars. 1)

(12) donne And *greye*, I mene the goshauk that doth pyne (P.F.335)

(13) Telling his tale aiwey, this olde *greye*, (T.C.4.127)
（この白髪の老人が謙譲な言葉つきと態度で綿々と語る間）

(14) Hir yen *grey* as is a faucoun, (R.R.546)
（隼のように灰色の眼で）

(15) With metely mouth and yen *greye*, (R.R.822)
（均整の取れた口許に眼は灰色だった）

(16) Hir yen *greye* and glad also, (R.R.862)
（眼は灰色，かつ喜びに満ち）

(17) And *greye* clothis not full clene, (R.R.7256)
（飾りの灰色の衣を着こなし）

チョーサーの grey(e) の意味	引用番号
灰色の	(2), (6), (7), (8), (9), (10), (12), (14), (15), (16), (17)
白髪の，老人の，年をとった	(13)
早朝の薄暗さ	(3), (11)
青色か灰色かはっきりしないもの	(1), (4), (5)

チョーサーに現れる以上の17例のうち，(2), (6), (7), (8), (9), (10), (12), (14), (15), (16), (17) は「灰色の」の意味である。これは現在我々が使っている意味と同じである。次に (3), (11) の morwe gray だが，(3) については MED の gray の項に '(b) of morning light: dim, gray, early' とあり，(11 については *The Riverside Chaucer* の *The Complaint of Mars*. 1行目の註

259

釈に 'dim, early morning' とある。つまり，「早朝の薄暗さ」を表す表現として使われている。(13) の greye は「白髪の」を意味する。英語の場合，年をとって髪の毛の白髪まじりの人のことを grey(gray) で表す。遠藤敏雄は，このことを次のように述べている。

> 英語では，頭髪の白いことについて老人の場合は gray，若い人の場合は white を使うのが普通で，従って gray-haired または gray-headed は「白髪混じりの」「老齢の，老練の」ことであり，He is growing gray. は「白髪になりかけている」ことである。
>
> (遠藤敏雄『英文学に現れた色彩』p.75)

また OED の grey, gray にも次のような記述がある。

> 6. a. Of the hair or beard: That is turning white (as with age or grief). This use is of somewhat late appearance in Eng., but now one of the most prominent applications of the word. 13.. -1440 〜
> b. Of a person: Having grey hair; grey-haired. c1483 〜
> c. *fig.* Also, ancient, old. 1662
> d. Belonging to old age; hence (of advice, experience, etc.), mature. 1602 〜
>
> (OED, grey, gray)

初めは「(歳をとって) 髪やひげが白くなる」状態を表していたものが，時代とともに，象徴的に「老人の，老齢の」を表すようになり，そして「(歳をとっているが故に) 円熟した」状態を表すようになった。上に述べた，「早朝の薄暗さ」や「白髪まじり」の状態を grey(gray) で表す表現方法は，現在にも受け継がれている。チョーサーの時代には既に，現在の grey(gray) のこの意味が存在していた。問題となるのは，(1),(4),(5) に使われている grey である。これらは全て眼の色を表す表現である。この grey に関しては，greye as glas という表現がキーワードとなる。市河三

喜・松浪有註釈では次のように述べられている。

> grey as glas「ガラスのようにきらきら輝く」。grey eyes は中世の物語に登場する美女（あるいは男）にお決まりの条件のひとつであるが，greye の意味については説が分かれる。ここでは MED にしたがって，'of eyes: bright, gleaming(of indeterminate color)' としておく。
>
> （市河・松浪, *Chaucer's Canterbury Tales General Prologue*, p.117）

また，桝井迪夫の『完訳カンタベリー物語（上）』によると, (1) は「眼は，ガラス玉のようにうす青く」と訳されており，註釈には以下のようにある。

> 原語では'greye as glas'(直訳すれば「ガラスのように灰色」)とあるが，ここの'greye'は，灰色ではなくて，あの中世のガラスの色のように奥深い薄青色であろうと思われる。グレイという形容辞は，ことに中世，美人の眼の美しさを描くのに使われた語であった。このグレイの意を薄褐色の色にとる学者もある。
>
> （桝井迪夫完訳『カンタベリー物語（上）』p.260）

他にもロビンソン (F.N.Robinson) の註では，sky-blue の他に green, yellow に近い色合いの可能性まで指摘している。[1]

> 152 The meaning of *greye* is disputed, It probably included blue (sky-blue) as well as the shades verging on green or yellow which it would now suggest.
>
> (F.N.Robinson ed., *The Works of Geoffrey Chaucer*, p.655)

これらの註釈を参考にすると，(1) の grey(gray) は「灰色」以外の色を指していることになる。MED の中にも，grey(gray) が「灰色」以外の意味を表すという記述がある。

1. (a) Ash-colored, flint-colored, dull, gray; of cloth: gray, drab; of a man: gray-haired; (b) of morning light: dim, gray, early;
2. (a) Bright, Shining, glinting; gleaming in a grayish or bluish color;

(b) of eyes: bright, gleaming (of indeterminate color); (c) having a color other than gray: red, yellow, brown.

(MED, grei)

この記述によると，中期英語の grey(gray) が「灰色」だけではなく，「朝方の薄明るい色 (of morning light: dim, gray)」の他「青っぽい，赤い，黄色い，茶色い (bluish, red, yellow, brown)」の意味までも併せ持っていた可能性がある。現在の grey(gray) の持つ意味「灰色」だけに比べると，中期英語時代 grey(gray) の意味領域は，今よりもかなり広く，文脈によっては様々な色合いを表した。

§2 シェイクスピアの grey(gray)

それでは，初期近代英語期の grey(gray) はどうだろう。ここでは，シェイクスピアの使った grey(gray) についてみてみる。彼は grey を 42 回使用し，うち 19 例は人名であって，髪や肌の色に由来すると思われる。Greybeard と Greybeards という表現は計 5 回で，いずれも「白髪まじりの老人」に対する呼びかけである。また，grey-ey'd を 2 回 (ROM 2.3.1, TNK 4.2.131) 使用している。人名とあだ名を除く 23 例の grey と grey-ey'd を調べると，シェイクスピアの使用した grey(gray) もまた，チョーサーと同じように，

①灰色の，白と黒の中間色
②早朝の薄暗さ
③白髪の，白髪まじりの
④灰色か青色かはっきりしない，意見の分かれるもの

に分類できる。④として扱われるのは次の 7 例である。

(18) her eyes are *grey* as glass, and so are mine （TGV4.4.192）

(19) item, two *grey* eyes, with lids to them,（TN 1.5.248）

(20) the hunt is up, the morn is bright and *grey*（TIT 2.2.1）

(21) him as the sun in the *grey* vault of heaven,（2H4 2.3. 19）

(22) hildings and harlots, thisby a *grey* eye or so,（ROM2.4.42）
(23) mine eyes are *grey*, and bright, and quick in（VEN 140）
(24) better becomes the *grey* cheeks of the east,（SON 132.6）

これらは，*Shakespeare Lexicon* によると，

> 2) According to some commentators, =blue: (But in all these passages it may well have the modern signification)
>
> (*Shakespeare Lexicon*, grey or gray)

とある。上に挙げた7例のうち (18), (19), (22), (23) が眼についての記述であり，特に，チョーサーも用いた grey as glass という表現が目を引く。ここで，(18) の grey as glass という表現についての注釈をみていく。まず，ナイト (Knight) は次のように述べている。

> The glass of Shakespere's time was not of the colourless quality which now constitutes the perfection of glass, but of a light blue tint; hence "as grey as glass." "Eyen as gray as glasse," in the old romances, expresses the pale cerulean blue of those eyes which usually accompany a fair complexion belonging to the "auburn" and "yellow" hair.
>
> (Knight, *Shakespeare Comedies I*, p.54)

彼の意見によると，grey は薄青色ということになる。アーデン版はマローン (Malone) の見解を採用している。

> Malone argued, from the translation of 'grey' (eye) as 'ceruleus, glaucus' in Coles' Latin Dictionary of 1679, that the Elizabethans meant 'blue' when they said 'grey eye'.
> (The Arden Shakespeare, *The Two Gentlemen of Verona*, p.104)

この中の ceruleus, glaucus は，英語の cerulean, glaucous にあたり，OED に

第二部　語彙

よると "dark blue, dark green, bluish-green or grey" を指す。このふたつの語はラテン語からの借用語である。シェイクスピアの時代にはまだ使われておらず，初例は cerulean が 1667 年，glaucous が 1671 年となっている。

　多くの注釈は，マローンのいう grey eye が blue を表しているという意見に同意している。例えばアニアンズ (Onions) は，

> hoary, ancient ¶ In its application to the colour of eyes *grey* is supposed by some, e.g. Malone, to mean what we now call 'blue'.
>
> (*A Shakespeare Glossary*, grey)

と述べている。ダイス (Dyce) も 'gray: blue, azure'(*A Glossary to the Works of William Shakespeare,* 1886) としている。さすがに，チョーサーの時のような青以外の色（薄褐色，赤，黄，茶 etc.）を表すという意見はみられない。一方，この grey eye が blue を表すことに懐疑的な解釈もある。例えば，OED の記述は次のようになっている。

> 3. Of the eyes: Having a grey iris.
> 1591 Shaks. *Two Gent.*IV.iv.197 Her eyes are grey as glasse. [Malone in Shaks. *Wks.* 1821 Ⅳ. 118 By a *grey* eye was meant what we now call a *blue* eye.]
>
> (OED, grey, gray)

OED の見解をとるなら，この 2 例は「眼はガラス玉のように灰色で」，「彼女の眼はガラスのように灰色」になる。

　さて，grey eye が問題であるのなら，シェイクスピアの grey-eyed はどのように使われているのだろうか。OED には次のようにある。

> a. Having grey eyes.
> b. Applied poetically to the early morning.　1592 Shaks. *Rom. & Jul.* II.iii.1 The gray ey'd morne smiles on the frowning night.
>
> (OED, grey-eyed)

第10章　色彩語 grey の意味領域

このセクションの冒頭で，シェイクスピアもチョーサーと同様，grey(gray) を「早朝の薄暗さ」を表す表現として使用していることを述べた。そしてシェイクスピアは早朝を表す表現として grey-eyed を用いた。彼の作品に現れる grey-eyed の 2 例ともがこの意味である。もし仮に，マローンやナイトの意見をとって，grey=blue だったとするならば，blue は一体どの様に使われていたのか。シェイクスピアの使用した blue について触れてみる。シェイクスピアは blue を 28 回使用している。その中の black and blue, blue eye, blue-ey'd という表現に注目してみる。

(black and blue)

 (25) good heart, is beaten *black and blue*, that you（WIV 4.5.112）

 (26) what tallest thou me of *black and blue*?（WIV 4.5.114）

 (27) suck our breath, or pinch us *black and blue*.（ERR 2.2.192）

 (28) and we will fool him *black and blue*, shall we（TN 2.5.10）

これらは全て，つねったり痛めつけることによってできる「青黒いあざ」を意味している。

(blue eye)

 (29) a *blue eye* and sunken, which you have not,（AYL 3.2.373）

 睡眠不足で眼が凹み，眼の淵が青黒くなること，つまり「クマのできた眼」を表す。

 †a.=BLACK EYE 2 (cf. BLUE a.3). †b. A blueness or dark circle round the eye, from weeping or other causes c. An eye of which the iris is blue.

               （OED, blue eye）

1. An eye of which the iris is black or very dark-coloured; *esp.* as a mark of beauty, a dark lustrous eye.

2. a. A discoloration of the flesh around the eye produced by a blow or contusion.

265

第二部　語彙

　　　　1. Having black eyes. Cf. BLACK EYE 1,
　　　　　　　　　　　　　　　　　　　　　　　（OED, black eye）
　　　　　　　　　　　　　　　　　　　　　　　（OED, black-eyed）

(blue-ey'd)

(30) this ***blue-ey'd*** hag was hither brought with child（TMP 1.2.269）

Shakespeare Lexicon は，'having a blueness, a black circle about the eyes (cf. AYL III.2.373)' としているし，*The Riverside Shakespeare* は，'blue-ey'd; with circles around the eyes.' と註釈をつけている。OED にも次のような記述がある。

[See BLUE EYE.] 1. a. Having a blue eye or eyes (now in sense c). 1610 Shaks. Temp. I.ii.269

　　　　　　　　　　　　　　　　　　　　　　　（OED, blue-eyed）

　これら3つの表現，black and blue, blue eye, blue-ey'd 全てに共通するのは，blue が肌が黒く変色している状況を表しているということである。そして，eye に関してシェイクスピアが用いた blue は，眼が青いことを述べているわけではなく，クマやあざのような黒く変色した肌の色に用いられている。

　ここまでに3つの eye(grey eye, blue eye, black eye) が出てきた。これらの表現は，3つとも全てシェイクスピアの時代には存在している。これらを図にすると次のようになる。

	grey eye		blue eye		black eye	
シェイクスピアの時代	p.262の ①, ③, ④	早朝の色	眼の周りの肌の変色，クマ	青い眼	眼の周りの肌の変色，あざ	黒い眼
現在	灰色の眼	○	廃用	○	○	○

　ひとつの言語に，全く同じ意味を表す複数の語は存在しない。また，ある一人の人間の心の中にも，まったく同じふたつの色彩語は存在しないだ

ろう。似たような意味を持つものであっても，どこかに若干の相違，意味のズレがあり，無意識のうちに区別されているものである。例えば上の図でもそのことはみてとれる。シェイクスピアは，blue eye という表現を「眼の周りの肌が黒く変色した状態，クマ」として使用した。彼が眼についてblue を用いた場合は，「青い眼」の意味ではない。よって，シェイクスピアの使用した grey eye が，「青い眼」もしくは「青に近い色合いを持った眼」を表していてもおかしくはないのである。

　さて，シェイクスピアの時代，blue eye は，「眼の周りの黒い変色，クマ」（と「青い眼」両方の意味）を表す表現として文献に現れている。またblack eye も同じく，「眼の周りの肌の黒い変色，あざ」と「黒い眼」の両方を表す表現として既に存在していた。つまり，同じ時代に，「眼の周りの肌の黒い変色」を表す表現がふたつ存在していたことになる。OED の記述によると，blue eye の「眼の周りの肌の黒い変色」を表す意味は廃用となり，black eye の表現方法が生き残った。おそらく，違うふたつの表現 (blue eye, black eye) が，ふたつとも「眼の周りの黒い変色」を表すことは，言語を運用するうえで不都合が生じた。時代とともに，blue eye は「青い眼」を表す表現として意味が限定された。そして，その意味限定に伴なって，grey eye の指す意味領域も，灰色か青色かわからない漠然としたものから，「灰色の眼」という限定したものへと変化したと考えられる。

結　論

　現在では，白と黒の中間色「灰色」の意で限定されて使われることの多い grey(gray) であるが，以前は，意味領域が現在よりも広かった。そして，学者，注釈者の間で grey(gray) へのさまざまな解釈が生じるのは，元々grey(gray) が，時には明るい，時には暗い漠然とした中間色 (薄い青色，灰青色等) を表すために用いられていたためである。また他にも，grey と blue の表す意味領域の類似性が原因として考えられる。blue は有彩色

267

に属し，greyは無彩色に属するというように，全く共通性のない2語のように我々日本人には感じられる。しかし，言語，文化，時代などによって，色をどのように知覚しどこで区切るかは異なってくる。例えば，ウェールズ語に glas という語がある。この語が，blue, gray 両方の意味領域を含んでいることは興味深い。郡司利男は，英語とウェールズ語の意味領域のズレを下のような図で表している。

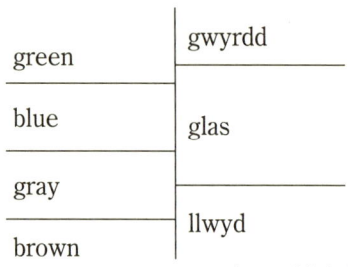

```
green  ┃ gwyrdd
───────┃
blue   ┃
───────┃ glas
gray   ┃
───────┃
brown  ┃ llwyd
```

(郡司利男『英語学ノート』p.3)

　この図からもわかるように，一般的に blue と grey の意味領域は大変接近している。
　現在では，複合語の発達，例えば grey-blue（初例 1834）のようにふたつの色彩語を合わせたり，light blue や dark-blue のような「light / dark ＋色彩語」といった新しい語形成の型の出現によって，微妙な色の違いを表すことができるようになった。そのために，grey(gray) の漠然とした中間色を表現する役割は次第に衰退した。時代とともに，grey(gray) の意味領域は狭くなって，現在の意味「灰色」を主に指すようになった。
　英語の色彩語は，多くの借用語の力を借りることによって，また，派生や複合の力をかりながら膨らんできた。この拡大の様子は第二節で示したとおりである。一方，元々あった色彩語の意味領域は必然的に縮小された。なぜなら，年月が経つにつれ，色彩のわずかな違いを表現する効率的な方法（複合語や「light / dark ＋色彩語」の形）が造りだされ，それに伴い，元々の色彩語が広い意味領域をもっている必要がなくなってきたからである。外来語の借用や新しい合成語の発達による色彩語の数・種類の増加に反比

例して，元々存在した色彩語の意味領域は縮小されていった。つまり，英語の色彩語と意味領域とは反比例の関係で成長してきたのである。

注

(1) 第3版の *The Riverside Chaucer*(1987, p.25) では，greye:gray(?); the exact color intended is uncertain. となっている。

本章の参考文献

Brent Berlin and Paul Kay, *Basic Color Teams*: *their universality and evolution*, CSLI Publications, 1999

Lehrer, A., *Semantic Fields and Lexical Structure*, North-Holland Publishing Company, 1974

Wyler, S., *Colour and Language* : *Colour Terms in English*, Gunter Narr Verlag Tübingen, 1992

郡司利男 『英語学ノート』こびあん書房，1988

須賀川誠三 『英語色彩語の意味と比喩―歴史的研究―』成美堂，1999

第二部　語彙

第11章　carry の意味，用法
―基本語彙の意味，用法研究の方法―

はじめに

シェイクスピアの *Coriolanus* に次の一節がある。

(1) First he was A noble servant to them, but he could not *Carry* his honors even.（第一，彼はローマにとっては一種の英雄であった，もっともその名誉をうまく維持することはできなかったが）

(COR.4.7.37)

この一節に用いられている carry について，*Riverside* 版には，carry his honors even =bear the weight of his honors without losing his balance. という注釈が与えられている。一方，シュミット (A.Schmidt) の *Shakespeare Lexicon* には，語義 1) convey, bear の用法としての例文で載っている。つまり，*Riverside* 版にある注釈によれば，この一節の carry の意味は「維持する」である。ところが，シュミットは「運ぶ」と解釈している。どちらの解釈が適切なのかを考えながら，シェイクスピアにおける carry の意味，用法を考察する。更には，一般的に，従来考察されることのなかった日常基本語彙の意味変化研究の視点を追究する。

第一節　carry の意味と用法

carry は遠くラテン語の carrum "two-wheeled wagon" に由来し，アングロ・ノルマン語 carier "to cart" を経て 14 世紀前半に英語に借用された。OED^2(以下，OED) の,

第11章　carryの意味, 用法

    1. *trans*. To convey, originally by cart or wagon, hence in any vehicle, by ship, on horseback, etc.

(OED, carry)

という定義にあるように，最初は「(二輪や四輪の荷馬車で物を)運ぶ」という意味から，一般的に「運ぶ」という意味を獲得した。このことについて，ブラッドリ (H.Bradley) が『英語発達小史 (*The Making of English*)』の中で「意味の一般化」の例として言及している。

    またcarry (運ぶ) という動詞は古期フランス語からの借入語だが，語源的には車輪のついた運搬器すなわちcarで物を運ぶという意味であった。英語ではこの語を車で運搬しない場合にも使うが，おそらく最初はふざけていったのであろう。今日，物を部屋から部屋へ cartする (荷車で運搬する) と冗談めかして言う類である。結局のところ，この動詞は<u>物を地面から上げて</u>，<u>場所を移動させる</u>ことを表す最も一般的な語となった。

(ブラッドリ, 寺澤芳雄訳『英語発達小史』pp.190-1, 下線三輪)

carryに意味の一般化が生じて，意味領域が拡大したのである。ところで，この引用文中のcarryという動詞の持っている2種類の動作の意味特徴を述べた下線部に関しては，OEDのcarryの項に補足説明がある。

    From the radical meaning which includes at once 'to remove or transport', and 'to support or bear up', arise two main divisions, in one of which (I.) 'removal' is the chief notion, and 'support' may be eliminated, as in 4, 5, and several of the fig. sense; while in the other (II.) 'support' is the prominent notion, and 'motion' (though usually retained) may entirely disappear. Cf. 'Do not leave the carpet-bag here; carry it up stairs', with 'Do not drag it along the floor; carry it'. For the former *take* is now largely substituted.

(OED, carry)

第二部　語彙

つまり，OED は carry が互いに異なるふたつの意味特徴を持っていることに着目して，carry の意味を大きくふたつに区分している。即ち，(I) "to remove or transport"，(II) "to support or bear up" である。(I) は "removal" 「移動」が主な概念であり，特に，OED の語義4と5のように，"support" 「支持」という意味特徴が欠如している場合がある。逆に，(II) は "support" 「支持」が主たる意味であり，"removal" という動作の概念が全く欠如している場合がある。例文を検討してみる。

 1. Do not leave the carpet-bag here; carry it up stairs.
 2. Do not drag it along the floor; carry it.

1. の carry は「(階上へかばんを) 移動させる」，つまり "removal" の意味で用いられており，2. の carry は「(かばんを引きずらずにしっかりと) 持ち上げている」，つまり "support" の意味で使われている。

 OED における carry の語義のうち，"removal" の意味を持つ語義の 1 から 24 を抜粋する。

 I. To transport, convey, while bearing up.
 * *Of literal motion or transference in space.*
 1. trans. To convey, originally by cart or wagon, hence in any vehicle, by ship, on horseback, etc.　　[c1320] 1330 〜
 2. a. To bear from one place to another by bodily effort; to go bearing up or supporting. *So to fetch and carry. to carry coals* (fig.). c1340-70 〜
 3. Also said of a cart, wagon, railway train, ship, bicycle, or other vehicle; so running water carries bodies floating on it, or suspended in it, wind carries leaves, balloons, slates, etc. 1377 〜
 4. To bear or take (a letter, message, report, news, and the like). (Without reference to weight).　　c1340-70 〜
 5. b. *esp.* To take by force, as a prisoner or captive.　　1584 〜

10. The wind is said to *carry* a ship along, which it drives or impels over the sea.　1526 〜 1737
** *With notion of taking away by force*
15. a. To take as the result of effort, to win (as a prize), succeed in obtaining: also *to carry off*.　1607 〜

(OED, carry)

OEDのcarryにある,44以下の句動詞を除く全語義43のうち,"removal"の意味の初出が1330年[c1320年]で,語義数は24におよび,シェイクスピアからも19例引用されていることから,"removal"を意味するcarryの用法はシェイクスピアの時代には定着していたことがわかる。

次に,"support"の意味を持つ語義25〜43を抜粋する。

II. To support, sustain.
* *With more reference to motion.*
25. To hold, hold up, sustain, while moving on or marching; to bear. *to carry weight* (in Horseracing): i.e. such additional weight as equalizes the competitors.　1563 〜
26. a. To bear, wear, hold up, or sustain, or one moves about; habitually to bear about with one (e.g. any ornament, ensign, personal adjunct; also a name or other distinction).　c1380 〜
27. To bear about (mentally); to have or keep in the mind.　1583 〜
*** *With chief reference to sustaining.*
38. a. To support, sustain the weight of, bear.　1626 〜
†39. To bear, endure,'take'(anything grievous).　1583 〜 1679-1715

(OED, carry)

以上のようにOEDは,carryには(I)"removal"と(II)"support"という相異なるふたつの意味特徴があることを明確に記述している。では,なぜcarryという動詞には"removal"と"support"という相異なるふたつの

273

第二部　語彙

意味特徴が生じたのか。
　carryは一般的に「運ぶ」という意味であるが，何かを運ぶにはふたつの方向の動作が必要である。ひとつは，「(垂直上方向に持ち上げて)支える("support")」という動作，もうひとつは，「(持ち上げたものを水平横方向に)移動させる("removal")」という動作である。ブラッドリの『英語発達小史』からの引用文中の下線部は，このようなcarryの持っている互いに異なるふたつの意味特徴についての示唆である。持っていたふたつの意味を整理し，"support"という意味特徴と"removal"という意味特徴とに区別する作用が働いた。そしてシェイクスピアなど，言語感覚の優れた作家たちがふたつの意味特徴の区別を世間一般に浸透させていった。あるいは，世間一般の人々の間に無意識のうちに生じていた意味特徴の区別を，言語感覚に優れた作家たちが意識的に使い分け，定着させた。実際，シェイクスピアを初出とするcarryの用法は，語義の初出が5例，句動詞の初出3例で計8例ある。初出と，初出から2番目の6例を含めて全部の引用は19例および，carryの意味用法の確立に貢献していることがわかる。
　では，carryの意味特徴を"removal"と"support"とに明確に区別したOEDの定義に基づき，実際にシェイクスピアの英語におけるcarryを検討してみる。

第二節　シェイクスピアにおけるcarry

　シェイクスピアの時代に，"removal"の意味と"support"の意味が同時に存在していたのであれば，当時の人々は，ある特定の文脈におけるcarryが"removal"と"support"のどちらの意味で用いられていたのかを，どのようにして識別していたのだろうか。OEDは，carryにふたつの意味特徴を認め，明確に区別はしているが，どのようにしてふたつの意味を区別するのかについては明言していない。そこで，OEDの語義分析を前提として，実際にシェイクスピアの作品中に出てくるcarry145例が用い

られている文脈を詳しく分析すると，シェイクスピアの carry の用法には以下のようなはっきりとした原則が認められる。

　A　総数 146 例のうち"removal"を意味する carry は 82 例。
　　A-1：水平横方向を表す前置詞 to, toward, into, unto が共起していることから"removal"を意味することが明らかな例が 28 例
　　A-2：to, toward, into, unto 以外の方向を表す前置詞，副詞が共起していることから"removal"を意味することが明らかな例が 28 例
　　A-3：OED が"removal"の語義に含めている「手紙を運ぶ」が 6 例
　　A-4：文脈から"removal"の意味であることが明らかな例が 20 例
　B　総数 146 例のうち"support"を意味する carry は 36 例。
　　B-1：明らかにそれとわかる具体的な目的語をとることから"support"を意味する例が 16 例
　　B-2：明らかにそれとわかる抽象的な目的語をとることから"support"を意味する例が 20 例
　C　"manage, succeed"(「運ぶ」から「運営する，成功する」)を意味する carry は 28 例。

A-1： 水平横方向を表す前置詞 to, toward, into, unto が共起する例＜28 例＞

(2) Ah, villain, thou wilt betray me, and get a thousand crowns of the King by *carrying* my head *to* him,（やい，この野郎，おれを売る気だな。おれの首を王のところへ持ってって，1 千クラウンせしめようって腹だろう。）(2H6 4.10.27)

(3) And floating straight, obedient to the stream, Was *carried towards* Corinth, as we thought.（潮のまにまにコリントとおぼしき方角へただよいはじめたのです）(ERR1.1.87)

(4) *Carry* him gently *to* my fairest chamber,（一番いい部屋へ連れてゆけ，おこさぬようにな）(SHR 1.1.46). Riv.111

(5) *Carry* this mad knave *to* the jail.（この気ちがいを牢へ連れて行ってください）(SHR 5.1.92)

第二部　語彙

(6) there's one yonder arrested and *carried to* prison was worth five thousand of you all.（ほら，あそこで，逮捕されて監獄に連れてゆかれようとされている人，あの人には旦那がたが 5 千人も束になってかかってもかないませんよね）(MM 1.2.61)

A-2： to, toward, into, unto 以外の方向を表す前置詞，副詞が共起する例＜28 例＞

(7) But be contented when that fell arrest Without all bail shall *carry* me *away*,（しかし，保釈もなく死の残忍な拘引によって私をさらっていっても安心してくれたまえ）(SON.74.2)

(8) I think he will *carry* this island *home* in his pocket, and give it his son for an apple.（この島を隠し（ポケット）に入れて持ってかえって，林檎のかわりに息子にくれてやるだろうさ）(TMP 2.1.91)

(9) Why should I *carry* lies *abroad*?（なんで私が嘘の私を売り歩くもんですか）(WT 4.4.271)

A-3： OED が"removal"の語義に含めている「手紙を運ぶ」例＜6 例＞

(10) Bid him with speed prepare to *carry* it【＝letter】,（急いで手紙を運ぶ準備をしろ，と命じておくれ）(LUC 1294)

(11) Why, this boy will *carry* a letter twenty mile, as easy as a cannon will shoot point-blank twelve score.（あの小僧なら，じゅうりの先にまでだって，色文を届けられらあ，大砲で二町先の標的を真っすっぐに打ち抜くようにはずれっこない）(WIV 3.2.32)

(12) Nay, sir, less than a pound shall serve me for *carrying* your letter.（いいや，旦那さま，手紙の運び賃には 1 ポンドでなくとも十分です）(TGV 1.1.106)

(13) 'Tis threefold too little for *carrying* a letter to your lover.（針を幾重にも折りたんでも，恋人への運び賃になりゃしませんや）(TGV 1.1.109)【この例では方向を示す前置詞 to もついている】

(14) henceforth *carry* your letters yourself:（これからはご自身で手

紙はお運びください）（TGV 1.1.145）

(15) Fetch hither the swain, he must *carry* me a letter.（あの田舎者を連れてこい。手紙を持たせてやらねばならぬから）（LLL 3.1.49）

A-4：文脈から"removal"の意味であることが明らかな例＜20例＞慣用句とみられる carry coals(「石炭を運ぶ」→「侮辱をしのぶ」)を含む(20)(21)。

(16) Thither goes these news, as fast as horse can *carry* them–（大至急でこのことを知らせよう）（2H6 1.4.74）

(17) "*Inprimis*, She can fetch and *carry*". Why, a horse can do no more; nay, a horse cannot fetch, but only *carry*, therefore is she better then a jade.（第一，物の持ち運びが可能【雑役ができる】いやあ，馬だってそれ以上のことはできないぞ。いや，馬は，運びができるだけで，持つことはできない）（TGV 3.1.275-7）

(18) for the goose *carries* not the fox.（鵝鳥が狐に追い付いてかっさらってはゆけないから）（MND 5.1.236）

(19) No drop but as a coach doth *carry* thee;（ただしずくだに，君を運ぶ車ならざるなし）（LLL 4.3.33）

(20) I knew by that piece of service the men would *carry coals*.（そのお手柄から，この連中はどんないやしいことでもやる臆病者だと分かった）（H5 3.2.46）

(21) Gregory, on my word, we'll not *carry coals*.（グレゴリ，もうこれ以上侮辱をしのぶのはまっぴらだ）（ROM 1.1.1）

これに対して，"support"の意味で用いられている場合には，carry の目的語の性質によって容易に識別できる。

B-1：明らかにそれとわかる具体的な事物（weapon, armor, gate(×2), cannon, balls and sceptres, me(私の身体), him(self), train（裳裾）, pocket（「我慢」とかける）, ears and eyes, brave form, house）を目

第二部　語彙

的語にとる例＜16例＞　更には，支えている場所を表す語句 (on his back, by oursides) が明らかにされている場合がある。

(22) Forbidden late to *carry* any weapon,（このところ武器の携帯を禁じられていたもので）（1H6 3.1.79）

(23) and some I see That twofold balls and treble sceptres *carry*.（あそこにいる奴は，玉を2つに笏を3つ持っているぞ）（MAC 4.1.121）

(24) I have led you oft, *carry* me now, good friends, And have my thanks for all.（今まではおれがおまえたちを背負ってやった。今度はおまえたちの番だ。背負ってくれたら礼をいうぞ）（ANT 4.14.139）

(25) if we could *carry* a cannon by our sides;（大砲を腰にぶら下げるようになったら）（HAM 5.2.159）

B-2：明らかにそれとわかる抽象的な名詞（impression, anger, promise, favor, stain（欠点）, good will(×2), sin, authority, honor, mind, peace, valor, crotchet, desire, the stamp of one defect, quality, affliction, discretion）を目的語にとる例＜20例＞

(26) that these men, *Carrying*, I say, the stamp of one defect,（つまりこうした... なにかひとつの欠陥を背負わされた人々の場合だよ）（HAM 1.4.31）

(27) nor any man an attaint but he *carries* some stain of it.（人間の欠点でこの人がそのしみに染まっていないものはない）（TRO 1.2.25）

(28) for where an unclean mind *carries* virtuous qualities,（心の汚れたものが立派な能力をもっていても）（AWW 1.1.42）

(29) My imagination *Carries* no favor in't but Bertram's.（わたしが思い出すのは，ただバートラム様のお顔だけ）（AWW 1.1.83）

C "manage, succeed"の意味＜28例＞
  (30) This sport, well *carried*, shall be chronicled.（うまくいったら，このお慰みはあとで語り草になってよ）(MND 3.2.240)
  (31) he will *carry't*, he will *carry't*—（どこって非の打ちどころがねえんだから，勝負は奴さんのもんだぜ）(WIV 3.2.69)

この意味では，(30) のように文脈から明らかな場合の他は，(31) のように carry it (carry't) という形をとる例が多い (28例中16例) のでわかりやすい。

以上に述べてきたことを一覧表にしてみる。

A "removal" を意味する carry	小計	82
A-1：水平横方向を表す前置詞 to, toward, into, unto が共起		28
A-2：to, toward, into, unto 以外の方向を表す前置詞，副詞が共起 (abroad, away, before, beyond, from, here and there, home, on, out of, out, thence, hence, through, unto, in, beyond,)		28
A-3：OED が "removal" の語義に含めている「手紙を運ぶ」例		6
A-4：文脈から "removal" の意味であることが明らかな例		20
B "support" を意味する carry	小計	36
B-1：明らかにそれとわかる具体的な目的語をとる例		16
B-2：明らかにそれとわかる抽象的な目的語をとる例		20
C "manage, succeed" を意味する carry	小計	28
	合計	146

第三節　シュミットの誤り

この結果に基づいて，シュミットの *Shakespeare Lexicon* の語義区分を検討してみると，シュミットには OED に記述してある "removal" と "support" という意味特徴の区分という視点が全く欠如している。そのために，シュミットの本文解釈，語義区分に問題がある場合がある。問題が

第二部　語彙

ある場合を列挙する。

> (32) for he *carried* the town gates on his back like a porter;（町の門を背中に背負ったのですからね）(LLL 1.2.71)
>
> (33) I do excel thee in my rapier as much as thou didst me in *carrying* gates.（わしは門を担ぎのではとてもかなわないが，細身の剣にかけてはおまえよりも上手だ）(LLL 1.2.75)
>
> (34) Your breeches best may *carry* them.（あんたのズボンのポケットはおおきいからね）(JN 3.1.201)

この3例の carry は明らかにそれとわかる具体的な目的語を持ち，(32)，(34)はその目的語のある具体的な場所を示す副詞もあり，"support" の意味で用いられている。ところがシュミットは，語義1) to carry, つまり "removal" の例として挙げている。

> (35) ...Therefore precisely, can you *carry* your good will to the maid?（それ故にですなあ，まさにあんたのあの子に好意をもちえますか？）(WIV 1.1.231)
>
> (36) Nay, Got's lords and his ladies, you must speak possitable, if you can *carry* her your desires towards her.（なんつうズレッタイことだ。あんたがあの娘に愛情を持ち得るならもっと単刀直接に言明すなければならなんことですぞ）(WIV 1.1.236)

このふたつの例文は *Lexicon* では "removal" の用法に区分されているが，carry は好意，愛情をあの子に「持っている」のであって，"removal" の概念はない。方向を表す前置詞 to, toward がついているが，これらはそれぞれ your good will, your desire についているのであって，carry とは呼応していない。

> (1) First he was A noble servant to them, but he could not *Carry* his honors even.（第一，彼はローマにとっては一種の英雄であっ

た，もっともその名誉をうまく維持することはできなかったが）
(COR 4.7.37)

冒頭に引用したこの一節に用いられた carry を，*Riverside* 版は"support"を意味すると解して，carry his honors even ＝ bear the weight of his honors without losing his balance. と注釈している。一方，シュミットの *Lexicon* には語義 1)，つまり"removal"の例文で載っている。しかし，明らかにそれとわかる抽象的な目的語を持っている他の例と同じく，抽象名詞 honors を目的語にとっている。この場合の carry は，*Riverside* 版にあるように"support"の意味ととるべきである。

シェイクスピアの英語にみられる carry の，"removal"と"support"との意味特徴，用法上の区別については，シュミット以外のシェイクスピア専門の語彙集にも言及がない。例えば，ネアズ (R.Nares)，*A Glossary; Or, Collection of Words, Phrases, Names, Allusions to Customs, Proverbs, &c. Which have been thought to Require Illustration, in the Works of English Authors, Particularly Shakespeare, and his Contemporaries,* 1822，ダイス (A.Dyce)，*A Glossary to the Works of William Shakespeare,* 1857，1902^2，フォスター (J.Forster)，*Shakespeare Word-Book,* 1908，アニアンズ (C.T.Onions)，*A Shakespeare Glossary,* 1986^2。

第四節 シェイクスピアにおける cleave

ここまでシェイクスピアの英語にみられる carry の，"removal"と"support"との意味特徴，用法上の区別をみてきたが，実は，よく似た用法を持つ語がもうひとつある。動詞 cleave である。

シェイクスピアの作品に現れる cleave という動詞はふたつあって，そのふたつの cleave が正反対の意味で用いられているのである。全く同じふたつの cleave はどのように使い分けられていたのか。シュミットの

第二部　語彙

Shakespeare Lexicon から。

cleave その1

 "to stick, to hold to"「くっつく，くっついて離れない」; followed by *to*: My tongue *cleave* to my roof within my mouth（この舌は上あごにくっついて離れず）(R2 5.3.31)

 Figuratively,（比喩的な用法）

 a) "to fit, to sit well on"「～にぴったり合う」: New honours come upon him, Like our strange garments, *cleave* not to their mould But with the aid of use（新しい栄誉は新しい衣服と同じだ，着なれるまではなかなか身に付かぬものだ）(Mcb. 1.3.145)

 b) "to adhere closely, to stick to, to abide by"「密接に(…を)信奉する，～に執着する，忠実である，(法，約束を)固く守る」: Thy thoughts I *cleave* to. What's thy pleasure?（そのお心に忠実に従います。ご用は？）(Temp. 4.1.165): I'll call my brother again, And *cleave* to no revenge but Lucius（でなければ今やった弟をもう一度呼び戻し，復習はルーシアスひとりに頼むことにするぞ）(Tit. 5.2.136): If you shall *cleave* to my consent, when 'tis, It shall make honour for you（いざというときに私のためにつくしてくれれば，あなたにも名誉となるはずだ）(Mcb. 2.1.25)

cleave その1は「くっつく，くっついて離れない」という意味で用いられている。これに対して，次に挙げる cleave その2は「割る，裂く，分離させる」という正反対の意味で用いられている。*Lexicon* には cleave その1に続いて次のように記されている。

cleave その2

 1) trans. "to split, to rive"「～を割る，裂く，～を分離させる」: Such remedy as, to save a head, To *cleave* a heart in twain（ええ，あるとすれば首を救うために心をまっぷたつにすることだけ）(MM

3.1.63)：and *cleave* the general ear with horrid speech（Ham. 2.2.589）

2) intr. "to part asunder, to crack"「(ひとつのものが)真っぷたつに割れる，ひびが入る」：There's no remedy: Unless, by not so doing, our good city *Cleave* in the midst, and perish（他に手の打ちようがないのだ，このままでは我がローマはまっぷたつに割れ，滅亡するほかない）（Cor.3.2.28）：Wars 'twixt you twain would be As if the world should *cleave*, and that slain men Should solder up the rift（お二人の間に戦争が起これば，この世界はまっぷたつに割れ，その割れ目はたちまち戦死者で埋められてしまうでしょう）（Ant. 3.4.31）：O, *cleave*, my sides! Heart, once be stronger than thy continent, Crack thy frail case!（ええいこの脇腹も裂けてしまえ！心臓ももう一度力を取り戻し，もろい胸をぶち破るがいい）（Ant. 4.14.39）

発音，形態が全く同じcleaveその1とその2は，当時どのようにして区別されていたのだろうか。実は，シュミットを注意深く読むと答えは書いてある。その1の冒頭の"to stick, to hold to"の後に，'; followed by to'と注意書きがある。即ち，「くっつく，くっついて離れない」という意味で用いられた場合にはcleaveの後に必ずtoが続いているので，cleaveその2とは容易に区別できたのである。cleaveその1とその2との区別については，シュミットに用法上の区別が記されているのである。

結　論

　carryは，アングロ・ノルマン語からの古い借用語ではあるが，シェイクスピアの時代までには，完全に英語化し，基本語彙として認識されていた。そのcarryが"removal"という意味特徴と"support"という意味特徴を区別して持つようになり，シェイクスピアの時代にはその区別は定着し

第二部　語彙

ていた。しかし，馴染みのない，それだけに特異な意味を持つ新規の借用語と違って，基本語彙であればあるほど微妙な意味の違い，用法上の区別はたとえ英語話者といえども難しいはずである。しかし，話し手にも聞き手にも混乱することなく用いられている以上，なんらかの識別法がなければならない。carry の場合，「水平に横方向"removal"」の場合には，方向を示す前置詞，副詞と共起し，「垂直に上方向"support"」の場合には，明らかにそれとわかる具体的，もしくは抽象的な目的語が共起することによりその識別が可能である。

　シェイクスピアの英語には carry と同じような用法で用いられている語がある。cleave である。

　一般的に，基本語彙の意味，用法の識別は，その語 1 語だけではなく，その語と共起する文中の他の要素をも考慮にいれてはじめて可能な場合があるといえる。特に，現代英語の場合と違って，英語話者の生きた情報，判断が得られない過去の英語の意味，用法の研究には，直感や推論ではなく，具体的に目に見える形で論証するという視点が殊の外重要である。

第 12 章　品詞転換（機能転換）

はじめに

　英語は非常に語彙の豊かな言語であり，その長い歴史の中で多くの新語を創造してきた。新しい観念，曖昧で微妙な感情，新しく発見された事物などを表現するためには，主に外国語を借用する他に，既存の語を結合させる，あるいは接辞をつけて派生させる方法がとられる。その中で名詞を動詞化したり，形容詞を副詞として，または名詞として使うなど，ひとつの語をそのままの形で別の品詞として使用する，すなわち品詞の転換を行うことも手近な造語方法のひとつといえよう。ここにその一例を挙げる。

　　a.) He is a very good <u>man</u>.
　　b.) The ship was <u>manned</u> by a very able crew.

下線を引いたふたつの man において，a.) では「人」という意味で名詞として用いられ，b.) では「(船員を) 配置する」という意味で動詞として用いられている。そしてその形態は，接尾辞 (-ned) を除いて，何の変化もない。このように，ある品詞 A に属する語が別の形に変えられることなく，別の品詞 B として機能することを「品詞転換」という。この品詞転換は，造語の仕方のうちで他の何にも増して英語の特徴をよく表し，英語が造語に自由な言語であることを象徴している。そして形態上の簡単さ，言語表現の多様性と大胆さという利点により，新語を形成する際の最も生産的な手段のひとつとなっている。本章では，品詞転換がどのように行われているのか，またどのような語が転換されているのか，シェイクスピアの英語を中心に考察していく。

第二部　語彙

第一節　現代英語における品詞転換

この節では品詞転換の概略について説明していく。まず，スイート (H.Sweet) は現代英語の品詞転換について次のように述べている。

> When we talk of the *whiteness of the snow* instead of saying *the snow is white*, we make the adjective *white* into the noun *whiteness* by adding the derivative ending *-ness*. But in English, as in many other languages, we can often convert a word, that is, make it into another part of speech without any modification or addition, except, of course, the necessary change of inflection, etc. Thus we can make the verb *walk* in *he walks* into a noun by simply giving it the same formal characteristics as other nouns, as in *he took a walk*, *three different walks of life*. We call *walk* in these two collocations a converted noun, meaning a word which has been made into a noun by conversion.
>
> (H.Sweet, *A New English Grammar Part I*, §105)

例えば形容詞 white が名詞として機能するとき，名詞派生接尾辞 -ness が加えられ whiteness となる。しかしその一方で，walk は he took a walk というように，名詞接尾辞を付けることなく名詞 walk としての機能をも果たしている。walk のように，ある品詞は接辞を付けることなく別の品詞に変わり得る。それをスイートは「品詞転換 (conversion of the parts of speech)」，つまり「機能転換 (functional shift)」と名付けた。品詞転換はなんらの接辞を添加しないという点で派生とは異なる。しかし，ゼロ符合の接辞を添加して既存の語から新語を作ったという見方をすれば，派生の一種と考えることができる。故に品詞転換は「ゼロ派生 (zero-derivation)」とも呼ばれる。

第12章　品詞転換（機能転換）

　ビアズ (Y.M.Biese) はこの品詞転換を次の10タイプに分類している (*Origin and Development of Conversions in English*)。

1. 名詞から動詞への転換
2. 形容詞, 副詞から動詞への転換
3. 動詞から名詞への転換
4. 形容詞から名詞への転換
5. 名詞から形容詞への転換
6. 副詞, 間投詞から名詞への転換
7. 副詞から形容詞への転換
8. 動詞から形容詞への転換
9. 動詞から副詞への転換
10. その他（代名詞, 数詞などから動詞への変換）

これらのタイプについてそれぞれ例文を挙げながら説明していく。

1. 名詞から動詞への転換 : pleasure, mask, cage, angle

　　At Antwerp we *pictured*－*churched*－and *steepled* again, but the principal street and bason pleased me most.
　　　　　　　　　　　　　　　　　(Byron, *Selected Letters*, No.31)

　名詞から動詞への転換は picture, church, steeple にみられる。それぞれ「写真を撮る」,「教会へ行く」,「（教会の）尖塔へのぼる」を意味している。

2. 形容詞, 副詞から動詞への転換 : clean, smooth, slack, empty, fat

　　Music *mads* me. （この音楽を聞くと気が変になる。）
　　　　　　　　　　　　　　　　　(Shaks. Rich II. V. v.61)

　形容詞 mad「気の狂った」が動詞「気を狂わせる」という意味で使われている。形容詞が動詞として使用されると clean 'make clean'（きれいにする）, fat 'become fat'（太る）のように 'make ～' 'become ～' という

287

意味になる場合が多い。

3. 動詞から名詞への転換：look, walk, drink, drive

> I am just come out from an hour's *swim* in the Adriatic.
> (Byron, *Sel. Lett.* 36.p.79)

swim が名詞として「（一時間の）泳ぎ」を意味している。動詞から名詞への転換は極めて普通で，現代英語の特徴のひとつとなっている。特に have a drink, take a walk のように，have や take などとの結合が多い。

4. 形容詞から名詞への転換：dark, small, cool, native, male

> If you'll bestow a *small*,（もう少しくださるなら）
> (Shaks. Cor. I. i.129)

形容詞から名詞への転換は古くから行われている。例文の small には不定冠詞 a が付され，「少しのもの」を意味する名詞として機能している。

5. 名詞から形容詞への転換：a *gold* watch, a *silver* spoon, a *London* merchant

> How now, you secret, black, and *midnight* hags!（おい，どうした，こそこそと不気味に真夜中をうろつく悪婆め！）(Shaks. Macb. IV. i.48)

名詞を形容詞として用いることは現代でも普通に行われている。ここでは midnight が secret, black と共に hag「悪婆」を修飾し，「真夜中をうろつく」という意味の形容詞で使われている。このタイプにおいて，例えば a gold watch と a golden watch とは異なる。前者は「金製の時計」を意味し，後者は「金色の時計」を意味するからである。この違いは表現の多様な可能性を生む。

6. 副詞，間投詞から名詞への転換：the *ups* and *downs*, oh

> *Oh*! the profession; *oh*! the gold; and *oh*! the French － these three *oh's* all rank as dreadful bugbears.（Darwin in Life & Lett. I.384）

下線を引いた oh は臨時的である。前の 3 つの間投詞 oh を引用した形で名詞として機能している。

7. 副詞から形容詞への転換：the *above* quotation, the *outside* world

   Like *far-off* mountains turned into clouds.（(どうも今度のことははっきりしない) 遠方の山々がかすんで雲と見分けがつかないのによく似ている。）(Shaks. Mids. N. IV. i.194)

副詞 far-off が形容詞として mountains を修飾し，「遠くの山々」という意味で用いられている。

8. 動詞から形容詞への転換：replace, refill, swagger, crimp

   So fresh, so sweete, so red, so *crimp* with all as man may say.
   　　　　　　　　　　　　　　　(Churchyard, Worth. Wales 28)

動詞 crimp が形容詞として「もろい，壊れやすい」という意味を持っている。

9. 動詞から副詞への転換：dash, squash, crash, bump

   The train ran from Waukegan to Chicago and *return* every day.
   　　　　　　　　　　　(C.B.George, 40 Years on Rail, V.88)

return は副詞 back と同等の意味で用いられ，「ウォークガンからシカゴまで往復して」という意味になる。動詞から副詞への転換はあまり一般的ではない。

10. その他(代名詞，数詞から動詞への転換など)：to *thou*, to *you*, to *five*

    If thou *thou'st* him some thrice, it shall not be amiss.（さんざん彼を貴様扱いにすれば，間違いなんだ。）(Shaks. Twel.N. III. ii.48)

ビアズは代名詞や数詞などから転換された動詞を special group として設けている。例文で用いられている動詞 thou は人称代名詞から転換されたものである。このような場合，その人物を表す動詞として使われ，「貴

第二部　語彙

様扱いにする」という意味を持つ。

　この分類からわかるように，ほとんどすべての品詞が他の品詞に転換されうる。それを証明する語として like が挙げられる。この単語が名詞 (*like* attracts *like*), 動詞 (we *like* him), 形容詞 (a *like* sum), 副詞 (*like* mud), 擬似前置詞 (*like* you and me), 接続詞 (She swims *like* I do) の6つの品詞で使われていることは周知の通りである。しかし，上に挙げた10タイプの品詞転換がすべて同じ重要性を持つわけではない。1～5, 7は数でみると，英語の語形成において重要な位置を占めるが，その他のタイプは日常的に使われるわけではなく，臨時的要素が濃い。このことは次の3つの例文からもみて取れる。

 ① She *Phebes* me, mark how the tyrant writes. (いかにもフィービらしく私に酷いことつっかかってくる，まあ暴君の書きぶりを御覧なさい。) (Shaks. AYL. IV.iii.39)

 ② I would there were no age between sixteen and three-and-twenty …for there is nothing in the *between* but … (16と23の間の年はなけりゃいいと思う。…なぜってその間には…以外何もないんだから。) (Shaks. Wint.T. III.iii.62)

 ③ Let *bygones* be bygone. (1648 Nethersole *Parables* 5)
  (過ぎ去ったことは過ぎ去ったことにしよう。)

①の例では Phebe という人名が「（フィービ）らしくふるまう」という意味の動詞として，②の例では between の前に the が付き「その間（16と23の間）」という意味の名詞として，③の例では過去分詞 bygone が「過ぎ去ったこと」という意味の名詞として機能している。いずれの転換も頻繁に行われるわけでなく，臨時性が極めて強い。このように，人名，前置詞，更には過去分詞からの転換も可能という事実から，品詞の転換は極めて自由に行われているといえる。

　ビアズはこの自由な転換を 'something typically English' とし，英語の

自由さを特徴付けるものとしている。彼は品詞転換を10タイプに分類した。その臨時性，重要性の程度は様々であるが，品詞転換が極めて自由に行われ，現代の「自由な英語」を証明していることには疑いがない。そしてその自由さが英語の語彙を豊かにしているといえる。

各時代を通じて大きな比率を占めているのが10タイプのうち，次の3つのタイプである。

1. 名詞から動詞への転換
2. 形容詞，副詞から動詞への転換
3. 動詞から名詞への転換

ビアズはOEDの初出例を基に，13世紀以降，これら3つの品詞転換によって生じた新語の合計を20年ごとにグラフで示している。(最下段から2, 3, 1, 合計の順)

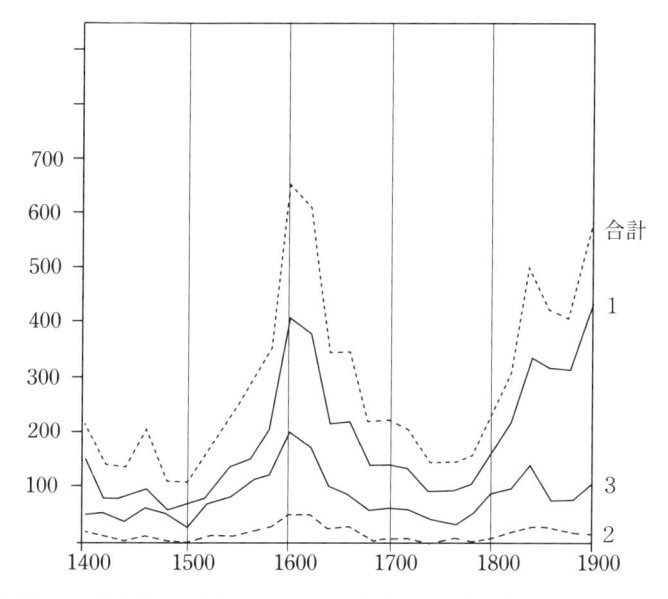

(Y.M.Biese, *Origin and Development of Conversions in English, Appendix, Diagram* No.31 より)

このグラフから直ちにわかることは,

第二部　語彙

- どの時代も1（動詞＜名詞）が圧倒的に多いこと
- 3（名詞＜動詞），2（動詞＜形容詞，副詞）が1に続いていること
- シェイクスピアの時代である1600年前後は英語史の中で品詞転換が最も盛んに行われていること

である。そこで第二節では，最も多くみられる名詞から動詞への品詞転換に着目し，現代ではどのような名詞が動詞へと転換しているのか，またそれらにはどんな特徴があるのかをみていく。また，他の多くの言語表現と同じく，シェイクスピアにおいて例が多いことはシェイクスピアの英語・表現そのものの特質解明に有意義である。そこで第三節では，シェイクスピアの名詞由来転換動詞について考察する。

第二節　現代英語における名詞から動詞への品詞転換

　第一節で述べた通り，品詞転換が最も多産的に行われているのは名詞から動詞への転換である。そこで，このタイプの転換例を挙げ，その意味による分類を行う。
　マーチャンド(H.Marchand)は名詞からの転換動詞を統語的な関係から次の4つのタイプに分類している(*The Categories and Types of Present-day English Word Formation*)。

　　A.　主語＋動詞＋補語の関係
　　B.　主語＋動詞＋目的格補語の関係
　　C.　主語＋動詞＋副詞句補語の関係
　　D.　主語＋動詞＋目的語の関係

この4つの分類に従い，彼の挙げた転換動詞のうち任意のいくつかを整理してみる。

A.　主語＋動詞＋補語の関係
　　この動詞は「～になる，～のようにふるまう」という意味を持ち，主語と類似の関係にある。そのため，ある特徴を持つ名詞からの派生が

多い。人称名詞から：father, model, captain, butcher, bully, chaperon, witness, pilot, rival，動物の名から：ape, dog, fox, parrot, snake, wolf，無生物名詞から：bolt, dart, needle, snowball, tail

B. 主語＋動詞＋目的格補語の関係

この動詞は主に「〜を—にする，〜を—に変える」という意味を持つ。無生物名詞から：arch, bundle, cash, group, lump, malt, scrap，人称名詞から：beggar, cripple, dwarf, knight, martyr, brother, doctor, baby, pet

C. 主語＋動詞＋副詞句補語の関係

この動詞は例えば arm 'furnish with arms' のように，その関係を「動詞＋前置詞」と表すことができる。主に「〜で…する」という意味が拡張し，意味において最も多様性が見られる。「〜を供給する」：anger, awe, belt, commission, document, finger, flavor, flounce, heat, label, mask, tag，「〜で覆う」：butter, candy, concrete, enamel, metal, oil，「〜で味付けをする」：ginger, pepper, salt, sugar，「〜を取扱う」：chloroform, paraffin，道具を表す名詞から：hammer, mop, shovel, guitar, trumpet, claw, finger, hand, mouth，「〜で打つ，殺す」：club, strap, gun, knife，乗り物の名から：ship, taxi, truck，「〜に入れる」：bag, bottle, coffin, cradle, garner，「〜に住む」：camp, nest，「〜を取る」：bark, rind, born, shell, skin, weed

D. 主語＋動詞＋目的語の関係

この動詞は主に「〜をする」という意味を持つ。その目的語は効果を表すものが多いので，結果的に「〜を生む，作る」という広い意味になる。gesture, golf, journey, parade, twist, waltz, wisecrack, bluff, history, parley, campaign, crusade，「子を産む」：calve, whelp, cub, lamb, spawn，「発芽する」：bloom, blossom, flower, blot, branch，「放出する」：fume, smoke, steam，「獲物を捕らえる」：fish, shark, rabbit, fowl，「収穫する」：berry, nut, hop, hay

第二部　語彙

以上のように分類すると，統語関係からみる限り，C(主語＋動詞＋副詞句補語)とD(主語＋動詞＋目的語)では，単語の数が他のふたつ(A, B)に比べて多い。その理由のひとつとして，これらのグループが意味に多様性を持つことが挙げられる。マーチャンドは，この4つのグループと名詞由来転換動詞の基礎となる名詞の特性について，次のように述べている。

> Verbs derived from a concrete substantive form the majority. The substantives may denote persons, animals, or things. However, derivations from abstract substantives are fairly numerous. They do not occur in the groups based on a Predicate-Subject Compliment and on a Predicate-Object Compliment relation while they are well represented in the two other groups. Many of them are quasi-action substantives, that is nouns implying an activity without being derived from a verb, as *capture, censure, lecture, massage*.
> (Marchand, *The Categories and Types of Present-day English Word Formation*, p.367)

マーチャンドによると，A(主＋動＋補)とB(主＋動＋目・補)においては抽象名詞(capture, lecture など)からの派生はないが，C(主＋動＋副・補)とD(主＋動＋目)においては具体名詞(hand, flower など)だけでなく抽象名詞，特に動作を表す名詞からの派生も多くみられるという。確かに今分類した単語において，CとDには抽象名詞からの転換がみられる(anger, awe, flounce, gesture, parade, waltz など)が，AとBにはみられない。このことから，抽象名詞からの転換がこれらふたつのグループに相対的な数の多さをもたらし，意味を多様化する一因になっているといえる。

　品詞転換は自由に行われている。この節ではその中でも現代英語における名詞由来転換動詞に着目し，その意味による分類と転換例をみてきた。特にC(主＋動＋副・補)とD(主＋動＋目)においては，その性質上広い意味を持つため，数多くの語がこれらのグループに属する。そしてこれらふたつのグループには，具象名詞だけでなく，抽象名詞からの転換も含まれ

ることが特徴として挙げられる。

第三節　シェイクスピアの英語における名詞から動詞への品詞転換

　第一節で示したビアズのグラフからもよくわかるように，シェイクスピアの時代には特に品詞の転換が盛んである。なぜか。そしてこの時代においても名詞から動詞への転換が最も多い。そこで，特にシェイクスピアの名詞由来転換動詞について様々な視点からその特徴を明らかにし，英語史における意味を考えてみる。

　ビアズによると，シェイクスピア時代の1600年前後に品詞転換された語の実数は次のようになっている。また，OED でシェイクスピアが初出となっている語数も挙げる。

	1580－99	1600－19	合計	Sh. 初出
1.（動詞＜名詞）	409	384	793	106
2.（動詞＜形容詞，副詞）	54	51	105	15
3.（名詞＜動詞）	204	173	377	54
合計	667	608	1275	175

　上の表によると，名詞から動詞へ転換された語(1)の数は，1580年から1599年までで409，1600年から1619年までで384，計793語にのぼり，上記1，2，3のタイプの中で最も多い。これに次ぐのが動詞から名詞への転換(3)で，1580年から1599年までで204，1600年から1619年までで173，計377語ある。そして形容詞，副詞から動詞への転換(2)が1580年から1599年までで54，1600年から1619年までで51，計105語と続く。

　これらのうち，OED でシェイクスピアの作品が初出となっている語は175語（1;106語，2;15語，3;54語）で，この時代のおよそ13.7％の語がシェイクスピアによって造語された可能性が高いことになる。この節では，シェイクスピアが初めて使用した名詞からの転換動詞(1)106語につ

295

第二部　語彙

いて，彼がどんな名詞を動詞として用いたのかを考察する．

§1　シェイクスピアの名詞由来転換動詞

　マーチャンドの分類に従い，これら106語を4つに分類し，いくつか例文を挙げる．なお，（　）内は初出年である．

A.　主語＋動詞＋補語の関係：22例（≒20.8％）

　　barber (1606), cater (1600), champion (1605), choir (1596), †compeer (1605), †consort I (1588), †convive (1606), devil-porter (1605), †elf(1605), †flap-dragon (1611), †glutton(c1600), gossip(1590), mountebank(1607), †niggard(c1600), pander(1602), queen(1611), sentinel(1593), shelve(1591), sire(1611), sister(1608), †surety(1601), †virgin(1607)

> 1.) Since frost itself as actively doth burn and reason *panders* will. (燃える心の情欲に身を焼かれたとて，何で恥ずかしいことがあるものか．現に霜をおいた老人の頭が燃え狂って，分別が情欲の取り持ちをしているではないか．) (Ham. III. iv.88)
>
> 2.) Being now awake I'll *queen* it no further, but milk my eyes and weep. (もう目が覚めました．もうこの先はちょっとでも女王様気取りはいたしません．羊の乳を搾って泣いて暮らします．) (Wint.T. IV. iii.462)

　1.) において，panderは名詞「売春の斡旋をする人」が動詞として使われており，「売春の斡旋をする，情欲の取り持ちをする」となる．同様に，2.) のqueenは動詞として「女王のようにふるまう」という意味で用いられている．

B.　主語＋動詞＋目的格補語の関係：15例（≒14.2％）

　　cake(1607), companion(1606), crank(1592), disproportion(1593), jade(1601), mammock(1607), monster(1605), partner(1611), pellet(1597), †property(1595), †re(1592), †servant(1607), †sol(1592), stranger(1605), †strumpet(c1590)

- 3.) Sure her offence must be of such unnatural degree, that *monsters* it, （彼女の罪は不自然極まる恐ろしいものに相違ありますまい。）(Lr. I.i.223)
- 4.) will you, with those infirmities she owes, unfriended, new-adopted to our hate, dower'd with our curse, and *stranger'd* with our oath, take her or leave her.（さあ，どうされる，この欠点だらけの娘をたよるものとてなく，新たにわしの憎しみを買い，わしの呪いを持参金とし，わしに勘当された娘をおとりになるか，お捨てになるか。）(Lr. I. i.204)

3.) の monster は動詞として「怪物にする」という意味を持つ。ここでは比喩的に「(怪物のように) 恐ろしいものにする」という意味で使われている。4.) において stranger は，名詞「よそ者」が動詞として「よそ者（他人）にする」の意味で使用されている。

C. 主語＋動詞＋副詞句補語の関係：46 例（≒ 43.4％）

apoplex(1602), arm(1611), attorney(1611), †barn(1593), bass(1610), belly(1606), blanket(1605), bower(1592), brooch(1606), canopy(c1600), casket(1601), caudle(1607), channel(1596), cow(1605), cudgel(1596), drab(1602), †drug(1605), elbow(1605), fever(1606), film(1602), †fit (c1600), glove(1597), hand(1610), helm (1603), hinge(1607), humour(1588), jig(1588), kitchen(1590), label(1601), †lethargy(1605), †livery(1597), mud (1593), oar(c1600), pageant(1606), portcullis(1593), scale(1603), screw(1605), sepulchre (1591), sheet (1606), sliver (1605), smutch (1611), †spright(1611), †tetter(1607), torture(1588), uproar(1605), †virginal(1611)

- 5.) A sovereign shame so *elbows* him, （この上ない恥ずかしさに

お心が押さえられておられるのです。）(Lr. IV. iii.44)

6.) It shall be inventoried, and every particle and utensil *labelled* to my will.（一つ一つ明細な条項に書き並べて遺言書に貼り付けておきます。）(Twel.N. I. v.265)

7.) There is a fat friend at your master's house that *kitchen'd* me for you to-day at dinner.（兄さんのだんなの家に太った女がいるね。今日兄さんの代わりにごちそうしてくれたぜ。）

(Err. V. i.415)

5.) の elbow は動詞として「ひじで突く」という意味を持つ。ここでは「困らせる」という意味で使われている。6.) の label は動詞として「貼り付ける」という意味になる。7.) の kitchen は動詞として「台所でもてなす」という意味で用いられている。

D. 主語＋動詞＋目的語の関係・・・23 例（≒ 21.7％）

†abode(1593), bonnet(1607), caw(1590), character(1591), compassion(1588), compromise(1596), dialogue(1597), dower(1605), estate(1590), †fig(1597), flaw(1613), lip(1604), miracle(1611), moral(1600), palate(1606), posset(1602), prologue(1601), †relish(1591), soil(1605), spirit(1599), test(1603), throe(1610), tod(1611)

8.) The night-crow cried, *aboding* luckless time.（夜啼鳥が鳴いて、不幸な時節の到来を予告したともいう。）(3Hen VI.V.vi.45)

9.) who this should be, doth *miracle* itself, lov'd before me.（だが、あれは一体何者だ、不思議にもわし以上にかわいがられるとは。）(Cymb. IV.ii.29)

10.) who art the table wherein all my thoughts are visibly *character'd* and engrav'd.（お前は私の書き板、そこには私の考えがはっきりと書かれ、彫られてあるのよ。）(Two Gent. II.vii.4)

第12章 品詞転換（機能転換）

8.) の abode は，名詞「予言，前兆」が動詞として使われ，カラスが「予告する，前兆を示す」様子を表す。9.) の miracle は動詞として「奇跡を行う」という意味で使われている。10.) の character は，名詞「文字」が動詞として使われ「文字を書く，刻む」を意味する。

以上のようにマーチャンドの分類にしたがってシェイクスピアの名詞由来転換動詞を4つのグループに分類した。シェイクスピアに最初の例が見られる名詞からの転換動詞は，Cに属する語が圧倒的に多い(約43％)。そしてこのグループにおいては具象名詞，特に場所や位置，手段（道具や体の一部など），装飾的なものを表す名詞からの転換が目立つ。

・場所や位置を表す語: barn, bower, casket, channel, kitchen, sepulchre
・手段を表す語: caudle, cudgel, elbow, arm, hand, helm, hinge, oar, humour, portcullis, scale, screw, torture
・装飾的な語: blanket, brooch, canopy, film, glove, label, livery, sheet, smutch

これらの語は明らかに名詞として基本的な語が多い。そのため，動作を表す意味を連想しやすいのが特徴である。シェイクスピアは自由に品詞転換をしたが，単純でわかりやすい語を転換させていたことは注目に値する。

§2 廃用された例

シェイクスピアがいくら自由に品詞転換を行ったといっても，そのすべてが現在でも使われているわけではない。それらの中にはシェイクスピアが使用したきり，動詞としての機能を果たさなくなり，現在廃用となっている語もいくつかある。このセクションでは廃用となった25語 (abode, barn, tetter…) について，OED の記述をひとつひとつみていく。

次の表は §1 で分類した 106 語をグループ別にまとめ，廃用率を出したものである。（ ）内はシェイクスピアが使用した回数を示す。

第二部　語彙

A	barber(1), cater(1), champion(1), choir(2), †compeer(1), †consort I(1), †convive(1), devil-porter(1), †elf(1), †flap-dragon(1), †glutton(1), gossip(5), mountebank(1), †niggard(2), pander(1), queen(2), sentinel(1), shelve(1), sire(1), sister(2), †surety(2), †virgin(1)	9／22 (40.9%)
B	cake(1), companion(1), crank(2), disproportion(3), jade(3), mammock(1), monster(2), partner(1), pellet(2), †property(2), †re(1), †servant(1), †sol(1), stranger(1), †strumpet(2)	5／15 (33.3%)
C	apoplex(1), arm(1), attorney(2), †barn(1), bass(1), belly(1), blanket (1), bower(1), brooch(1), canopy(4), casket(1), caudle(1), channel(1), cow(1), cudgel(12), drab(1), †drug (1), elbow(1), fever(1), film(1), †fit(1), glove(1), hand(3), helm(1), hinge(1), humour(9), jig(3), kitchen(1), label(1), †lethargy(1), †livery(1), mud(1), oar(1), pageant(1), portcullis(1), scale(2), screw(4), sepulchre(3), sheet(1), sliver(2), smutch(1), †spright(1), †tetter(1), torture(19), uproar(1), †virginal(1)	8／46 (17.3%)
D	†abode(2), bonnet(1), caw(1), character(7), compassion(1), compromise(1), dialogue(2), dower(1), estate(4), †fig(1), flaw(2), lip(2), miracle(1), moral(1), palate(3), posset(1), prologue(1), †relish(2), soil(1), spirit(1), test(1), throe(1), tod(1)	3／23 (13.0%)

A（主＋動＋補）は40.9%，B（主＋動＋目・補）は33.3%であり，このふたつのグループはC（主＋動＋副・補），D（主＋動＋目）に比べ廃用率が高い。特にその中でも人称名詞からの転換動詞に廃用が多い（servant, strumpet, glutton など）。一方，廃用率の低いC, Dグループで廃用となっているのは，fit, lethargy, tetter, fig, relish など抽象名詞からの転換動詞に多い。このことから，シェイクスピアの転換動詞においては，人称名詞と抽象名詞から転換された動詞が比較的廃用になりやすいといえる。

　次に廃用25語のOEDの記述を引用する。〔　〕内の数字はシェイクスピアの使用回数である。

abode〔2〕
　　trans. To presage, prognosticate, be ominous of.　(1593 − 1665)
　　　　The night- crow cried, aboding luckless time.　(3Hen. VI. V. vi.45)

This tempest dashing the garment of this peace, aboded the sodaine breach on't. (Hen. VIII. I. i.93)

Lest it should abode the running of that vessel upon rocks.
(1665 J.Spencer *Prodigies* 83)

intr. To be ominous. (1659, 1673)

This abodes most sadly to Saul at this time.
(1659 Hammond *On Psalm* lix.5)

No night raven or screech-owl can abode half so dismally as these domestic birds of pray.(1673 *Lady's Calling* II. §4.16.30)

abode が動詞として使われると他動詞では1.「～の前兆となる」,自動詞では2.「前兆を示す」を意味する。シェイクスピアはこの語を2回とも他動詞として使用している。

barn〔1〕

To house or store in a barn; to garner. Often *fig.* (1593 – 1702)

And useless barns the harvest of his wits. (Lucr. 859)

To plant and dress, and barn and beat their corn.
(1702 C.Mather *Magn. Chr.* III.iii.559)

barn は場所を表す動詞として「納屋に貯蔵する」という意味になり,シェイクスピアの例文(Lucr. 859)では比喩的に用いられている。

compeer〔1〕

trans. To equal, rival, be the compeer of. (1605 – 1839)

In my rights, by me invested he compeers the best. (Lr. V. iii.69)

Sooner let the mountains bend...than nations stoop their sky-compeering heads. (1839 Bailey *Festus* 21/1)

動詞 compeer は他動詞として「～と対等である」の意味になる。なお,名詞の意味は「同等の人, 仲間」である。

第二部　語彙

consort Ⅰ〔1〕

1. *trans.* To accompany, keep company with; to escort attend. (1588 – 1622)

 Sweet health and fair desires consort your grace. (LLL. II.i.178)
 The sayd ship consorting another of a hundred tonnes.
        (1622 R.Hawkins *Voy. S. Sea* 12)

2. To be a consort or spouse to. (1615, 1618)

 And such as may consort with grace so dear a daughter of so great a race. (1615 Chapman *Odyss.* I.429)
 The great twentieth day consort thy wife.
        (1618 Chapman *Hesiod's Bk. Days* 46)

consortは動詞としての意味の幅が非常に広いので，ここではシェイクスピアの初出 (1588) が見られる肢Ⅰのみを取り上げた。シェイクスピアは consort を他動詞として 1.「つきそう，同行する」の意味で使った。OEDの初出年からみる限り，比較的短い期間で廃用になった。名詞の意味は「仲間，配偶者」である。そこから動詞 2. の意味は「配偶者になる」になった。

convive〔1〕

 intr. To feast together. (1606)

 All you Peers of Greece go to my Tent, there in the full convive we. (Troil. IV.v.272)

動詞 convive はシェイクスピアのみの使用である。彼は名詞 convive「会食者」を動詞にして「会食者としてふるまう」，つまり「もてなす」の意で使っている。

drug〔1〕

 trans. To mix or adulterate(food or drink) with a drug, esp. a narcotic or poisonous drug. (1605 — 1855)

 I haue drugg'd their Posetts, That Death and Nature doe

contend about them. (1605, Shaks. Macb. II.ii.7)

elf〔1〕
　trans. To tangle or twist (hair) as an elf might do. (1605, 1721-1800)
　　My face I'll grime with filth blanket my loins, elf all my hair in knots. (Lr. II.iii.10)
　　To elfe the hair, to tie it up in knots or ringlets. (1800 Bailey)
　名詞 elf は「いたずら好きな小妖精」である。この名詞の意味から「(エルフがいたずらでよくするように) 髪をもつれさす」という動詞に転換されている。

fig〔1〕
　trans. To insult (a person) by giving him the fig. (1597)
　　When Pistol lies, do this; and fig me like the bragging Spaniard. (2Hen. IV. V.iii.123)
　名詞 fig は「二本の指の間から親指を出す下品な仕草」である。この行為から動詞「侮辱する」の意味に発展している。これはシェイクスピアのみの使用である。

fit〔1〕
　trans. To force by fits or paroxysms out of (the usual place). (*c*1600)
　　How have mine eyes out of their spheres been fitted, in the distraction of this madding fever. (Sonn.119.7)
　fit の名詞は「発作, 精神錯乱」で, ここから動詞として「(発作によって) 常軌を逸脱させる」の意味で使われる。この用法もシェイクスピアに一例みられるのみである。

flap-dragon〔1〕
　(nonce-wd.) *trans.* To swallow as one would a flap-dragon. (1611)
　　But to make an end of the ship: to see how the sea flap-dragoned it. (Wint.T. III.iii.100)

第二部　語彙

この語は臨時的に「(フラップドラゴンを飲み込むように) 飲み込む」の意で用いられている。flap-dragon は動詞だけでなく名詞も廃用となっている。

glutton〔1〕

intr. To feed voraciously or excessively.　(c1600 – 1781)

> Thus do I pine and surfeit day by day, or gluttoning on all, or all away.（Sonn.75.14）

> Hares never…glutton on their food, like the wise heads that hunt them.（1781 W.Blane *Ess. Hunting* 83）

名詞「大食漢」が転じ、動詞は「大食漢のように振舞う」、つまり「がつがつ食べる」の意味で使われる。シェイクスピアは自動詞として使用している。

lethargy〔1〕

trans. To affect with lethargy.　(1605, 1769)

> where are his eyes? Either his notion weakens, his discernings are lethergied.（Lr. I.iv.249）

> If lethargied by dullness here you sit.
> 　　　　　　　　　　　(1769 Colman *Prose Ser. Occas.* III.182)

動詞 lethargy は抽象名詞「無気力」からの転換である。意味は「無気力な状態にする」で、OED に 2 例のみ。

livery〔1〕

trans. To array in a livery.　(1597, 1611)

> His rudeness so with his authorize'd youth did livery falseness in a pride of truth.（Compl.105）

> to liuery, to giue or put into liueries.（1611 Flolio, *Liureáre*）

この動詞 livery は dress「着せる」と同等の意味で使われる。名詞の意味は「(家臣、召使などの) 仕着せ」である。

304

第12章　品詞転換（機能転換）

niggard〔2〕

intr. To act in a niggardly fashion. Also with *it*. (*c*1600, 1609)

> Thus...within thine own bud buriest thy content and, tender churl, maks't waste in niggarding. (Sonn.1.12)
> Now not to niggard it at all, but ioyne as partner yit.
> (1609 Armin *Ital. Tailor* 146)

trans. To put off with a small amount of something; to treat in a niggardly fashion. (1601)

> Nature must obey necessities, which we will niggard with a little rest. (Jul.C. IV.iii.229)

名詞 niggard は「けちん坊，欲深い人」で，動詞としては 'act as a niggard'「欲深になる」である。自動詞としては 1.「出し惜しみをする」，他動詞では 2.「ほんの少し供給する」で，シェイクスピアは他動詞，自動詞それぞれの意味で使っている。

property〔2〕

trans. To make a 'property' or tool of, to use for one's own ends. (1595, 1758)

> I am too high-born to be propertied to be a secondary at control. (John V.ii.79)
> There must...be a vast fund of stupidity amongst mankind, to make them ...be continually property'd away for the interests of a few crafty leaders. (1758 *Herald* I.Ded.5)

To make one's own property, to take or hold possession of. (1607, 1833)

> His large fortune...subdues and properties to his love and tendance all sorts of hearts. (Timon I.i.79)
> A being like Emma － whose sentiments, whose character, are propertied by the one, one engrossing passion.

305

第二部　語彙

(1833 T.Hook *Parson's Dau.* I.x)

名詞 property は「道具」である。動詞の意味は 1.「道具にする」、つまり「利用する」、2.「所有する」となり、シェイクスピアはそれぞれの意味で用いている。

re 〔1〕

(in nonce-use)　(1592)

> I will carry no crotchets: I'll re you. I'll fa you. Do you note me.（Rom. IV.v.121）

OED によると、この語は名詞「音階のレ」から、シェイクスピアが動詞として臨時的に用いたものである。シェイクスピアは、re だけでなく、fa「音階のファ」も動詞の位置で使っている。

relish 〔2〕

trans. To sing, to warble.　(1591 − 1608)

> First, you have learned, like Sire Protents, to wreathe your arms, like a malcontent, to relish a love-song, like a robin-redbreast.（Two Gent. II.i.20）
>
> Relish your nimble notes to pleasing eares.（Lucr. 1126）
>
> Whils't the king his willfull edicts makes...Hee's in a corner, relishing strange aires.（1608 Heywood *Lucrece* Wks. V.179）

ここでの動詞 relish は「歌う」という意味を持つ。シェイクスピアには 2 例みられる。名詞「装飾音」からの転換。

servant 〔1〕

trans. To put in subjection to.　(1607)

> My affairs are servanted to others.（Cor. V.ii.89）

pa.pple. Provided with a servant.　(1631)

> Hee is ill servanted that hears his maybe before hee sees her.
> （1631 J.Done *Polydoron* 133）

第12章　品詞転換（機能転換）

intr. to servant it, to act as a servant. （1656）
> He mated…not only his master, but his masters also,…by servanting it to them all in his administrations and services… for their good. （1656 S.H. *Golden Low* 68）

名詞「召使」から動詞に転じ，「召使にする」，つまり「支配下に置く」の意で用いられる。シェイクスピアはこの他動詞の意味で servant を使用している。なお，自動詞として使われる場合は 3.「召使としてふるまう」という意味になる。

sol〔1〕

(in nonce-use) （1592）
> I'll sol you. (Q1) （Rom. IV.v.121）

この語は re と同様「音階のソ」から動詞として臨時的に使用されている。ただし，この sol の動詞的用法は Q1 のみにみられる。

spright〔1〕

trans. To haunt, as by a spright. （1611）
> I am sprighted with a fool, frighted and anger'd worse.
> 　　　　　　　　　　　　　　　　　　　（Cymb. II.iii.144）

To invest with spirit. （1611）
> To make eyes delighted with that which by no art can be more sprighted. (1611 J.Davies *Commend. Poems, Coryat* Wks. II.13/2)

1.の意味は「（悪霊などに）取りつかれた」，2.は「元気付ける」である。シェイクスピアは 1.の他動詞としてこの語を用いた。

strumpet〔2〕

trans. To bring to the condition of a strumpet. （1590 － 1687）
> For if we two be one and thou play false I do digest the poison of thy flesh being strumpeted with thy contagion. (Err. II.ii.146)
> The king is aflicted for hearing his beloved queen is

307

strumpeted. (1687 Settle *Refl. Dryden* 41)

To repute as a strumpet; to debase (a woman's fame, name, virtue) to that of a strumpet. (*c*1600 − 1633)

And maiden vertue rudely strumpeted. (Sonn.66.6)

To all memory, Penthea's, poore Penthea's name is strumpeted. (1633 Ford *Broken Heart* IV.ii.H2b)

名詞の意味は「売春婦, ふしだらな女」である。動詞としては 1.「女郎にする」, 2.「～を売春婦と評す」の意味になる。シェイクスピアはこの語を両方の意味で使用している。

surety〔2〕

trans. To be surety for. (1601, 1607)

Stay, Royl sir; the jeweller that owes the ring is sent for and he shall surety me. (All's. V.iii.298)

Wee'l surety for him. (Cor. III.i.178)

動詞 surety はシェイクスピアのみの用法で 2 例見られる。意味は「～の保証人になる」で, A (主＋動＋補) に分類される。

tetter〔1〕

trans. To affect with, or as with a tetter. (1607)

So shall my lungs coin wards…against those measles which we disdain should tetter us. (Cor. III.i.79)

名詞「皮疹（ひしん）」が動詞に転用され「皮疹にかからせる」という意味を持つ。ここでは「皮疹」のみでなく, 病気一般を指して用いられている。

virgin〔1〕

intr. with *it*. To remain a virgin. (1607)

my true lip hath virgin'd it e'er since. (Cor. V.iii.48)

名詞「処女」から, 自動詞として「貞潔を守る」の意味を持つ。virgin it という形で用いられる。

virginal〔1〕
　　intr. To tap with the fingers as on a virginal.　(1611)
　　　　Still virginalling upon his palm.（Wint. T. I.ii.124）
　virginal の名詞は「バージナル（ハープシコードの一種）」でこの語が動詞として使われると「バージナルを弾くように触る」という意味になる。シェイクスピアに唯一の使用がみられる語である。

　以上 25 語について OED の引用と説明を加えた。それによると，シェイクスピアは転換動詞を他動詞として使っていることが多い。またシェイクスピアの使用頻度に注目すると，25 語の廃語のうち 19 語 (76％) が 1 回のみ，残りの 6 語 (24％) が 2 回，と極めてその使用回数は少ない。その中でも convive, fig, fit, flap-dragon, re, sol, surety, tetter, virginal はシェイクスピアのみの使用にとどまる。このことから 1，2 回の少ない使用頻度が廃用原因のひとつとして挙げられる。しかし，廃用となった原因はこればかりではない。次の §3 では OED の記述を基に品詞転換の限界について検証していく。

§3　品詞転換の限界

　§2 で 25 の廃語をみてきたように，これらの語がなぜ廃用になったのか考察していくことは大変興味深い。そこで品詞転換の限界について検証していく。
　まず compeer という語について考えてみる。名詞では「仲間，同等の人」を意味するが，シェイクスピアはこの語を動詞として「〜と対等である」という意味で用いている。

　　In my right, by me invested he *compeers* the best（Lr.V.iii.69）
　　（私が授けた私の権利を行えばこそ，王公とも同輩なのですよ。）

ところが，同じく「〜と対等である」という意味を表す語として equal がある。この語が現代においてよく使われていることからもわかるように，

第二部　語彙

同じ意味を持つ語でも equal の方がより一般的であった。通常，全く同じ意味を持つふたつの語は共存せず，どちらかが廃れるか意味を変える。この言語現象についてサミュエルズ (M.L.Samuels) は次のように述べている。

> Language possesses no *pure* synonyms, and this fact is not likely to be accidental. As Breal remarked in the same work, 'the memory does not willingly burden itself with two mechanisms working concurrently towards one and the same end'. If, for extralinguistic reasons such as cultural borrowing or foreign conquest, two exact synonyms exist for a time in the spoken chain, *either* one of them will become less and less selected and eventually discarded, *or* a difference of meaning, connotation, nuance or register will arise to distinguish them.
>
> (M.L.Samuels, *Linguistic Evolution*, p.65)

サミュエルズは，言語には純粋な同義語は存在しないと述べている。たとえ何らかの理由で存在するようになったとしても，ふたつのうちのどちらかは使われなくなるか，その意味やニュアンスに違いが生じるようになるのである。そのため，今取り上げた動詞 compeer は使われなくなった。同じ理由で廃用になったと考えられる語として consort I(=accompany), relish(=sing), livery(=dress), convive(=entertain, feast), property(=use), servant(=subject) などが挙げられる。

次に flap-dragon という語は動詞として「（フラップドラゴンを飲み込むように）飲み込む」という意味で用いられた。

> But to make an end of the ship: to see how the sea *flap-dragoned* it. (けども船の方を終わらしちまうとよ，海は跡形もなくそれを飲みこんじまってよ。) (Wint.T. III.iii.100)

上の例文では flap-dragon が「海が船を飲みこむ」場面で使われている。

この語が廃用となった理由は，同じく「飲みこむ」という意味を持つ swallow の存在がまず挙げられる。そしてもうひとつは名詞 flap-dragon そのものの意味に関係する。名詞としての意味は「干しぶどうつまみ（燃えるブランデーの中の干しぶどうを取って食べる遊び）」で，現在では廃用となっている。このように名詞自体が重要な語でない場合，廃用となり，動詞としても機能し続けるのは難しい。また名詞は廃用ではないが意味が曖昧であるため virginal(バージナル)，fig(二本の指の間から親指を出す下品な仕草)，lethargy(無気力, 惰気) についても同じことがいえる。というのは flap-dragon を含めこれらの名詞の意味は曖昧で，動詞として使用した場合もその意味が曖昧になりがちだからである。ここで名詞自体の意味が曖昧で一般的でない場合，動詞として生き残るには無理があるという点が廃語要因として挙げられる。

　また次の re, sol についても，名詞が曖昧であるうえ，動詞として使われた場合に文脈から推測されなければ意味が不明瞭である。そのためシェイクスピアは臨時語としてこれらの語を用いている。

　　I will carry no crotchets: I'll *re* you. I'll *fa* you. Do you note me.
　　Q1. adds: I'll *sol* you.（調子はずれの駄じゃれなんざまっぴらだ。ド，レ，ミ，ファ，ソのガンといこう。どうだ読めたか？）（Rom. IV.v.121）

上の例文の re, sol（あるいは fa）は音楽用語に関するシャレとして使われている。しかしこのような使われ方は一般的ではない。このように，その場限りで使用され，臨時性が極めて強い場合も動詞として定着しにくい。

　更に，転換動詞が生き残るには単純明快でわかりやすいこともひとつの条件として挙げられる。次は elf の例文である。動詞としての意味は「髪をもつれさせる」であるが，名詞「妖精」との意味関係をすぐ連想するのは容易でない。

　　Blanket my loins, *elf* all my hair in knots,（Lr. II.iii.10）
　　（腰にはぼろをまとい，髪をくしゃくしゃにもつれさせ，...）

第二部　語彙

この例文では elf のあとに all my hair が続く。それによって，動詞 elf の意味がようやく想像できる。次の spright の場合も同様である。動詞の意味は「取りつかれる」である。

　　I am *sprighted* with a fool, frighted and anger'd worse. （私は阿呆につきまとわれ，おどかされ，腹を立たされました。）(Cymb. II.iii.144)

spright の名詞は「鬼，悪霊」である。やはり動詞「取りつかれる」との関係は文脈から推測せざるを得ない。このように，名詞から動詞へと転換させたときに名詞と動詞の意味関係が想像しにくい場合も，その動詞は定着しにくいといえる。

次に fit をみる。シェイクスピアが最初に扱っている動詞の意味は「狂乱（の発作）によって常軌を逸脱させる」である。ところが，fit という語形でふたつの違う動詞がある。以下はふたつの動詞 fit の OED の記述を大まかに記したものである。

　　v.1 † I. To array, marshal(soldiers). *Obs.*　(?*a*1400)
　　II. To be fit, becoming, or suitable(to)　(1574 － 1891)
　　III. *trans.* To make fit.　(1600 － 1887)
　　IV. To supply, furnish, or provide with what is fit, suitable, convenient, or necessary. ?*Obs.* when obj. is a person.　(1591 － 1889)

以上が現今普通の動詞 fit(v.1) であり，次がもうひとつの動詞 (v.2) である。

　　†v.2　*Obs. rare. trans.* To force by fits or paroxysms *out of* (the usual place).　(*c*1600)

OED によると，fit はここで扱う v.2「常軌を逸脱させる」という意味の動詞の他にもうひとつ別の意味の動詞を持つ (v.1)。v.1 の fit に関しては，I「(兵士を)整列させる」，II「合う」，III「合わせる」，IV「備える，設備する」と大きく4つの意味を持つ。しかしこのようにひとつの語に対して複数の意味があると，意味が混同される恐れがある。特に v.1 の fit は

312

日常語なので，混同が起こりやすい。そのため v.2 の fit は動詞としての意味を失くした。同様のことが consort についてもいえ，動詞「つきそう」の意味を失くしたのは accompany の存在に加え，日常的に使う語の意味が混同されては大変不都合だからである。なお，fit については名詞そのものが多義で，動詞との意味関連が不明瞭な点も廃用原因に挙げられる。

以上，廃用となった原因を考察してきた。シェイクスピアの時代に品詞転換がいくら自由に行われているといっても，あくまでもその限界は存在する。シェイクスピアの転換動詞に関して，その廃用原因をまとめる。

1. 使用頻度の少なさ
2. 一般的な類義語が存在する場合
3. 名詞そのものが曖昧で消極的な語である場合
4. 極めて臨時的に用いられた場合
5. 名詞と動詞の関係が希薄である場合
6. 意味が混同される恐れがある場合

必ずしもひとつの要因のみがその語の廃語原因となるわけではない。決定的な要因はあるものの，複数の原因が絡み合って廃用となる場合が多い。そして生き残る力がない単語は，他の語に取って代わられたり，派生して形を変えて残ったり，あるいは現代との時代背景の違いで意味・用法そのものが消滅する。

廃語になるには何らかの理由，つまり品詞転換には限界が存在するということが明らかになった。逆にいえば，現在でも残っている転換動詞は，それらの限界に触れることなく必要とされてきた単語だといえる。

§4 シェイクスピアの転換動詞の影響

シェイクスピアの使用した転換動詞の使用回数を観察してみると，そのほとんどが 1, 2 回の使用である（1 回…74 語, 2 回…18 語）。従って，シェイクスピアは同じ語の多用を避け，それらの語をその場限りで使用した可能性が高い。そのため，§3 でみたように現在では廃用となったり，めったに使われなくなった語も少なくない。実際に廃語は 25 語，シェイクス

第二部　語彙

ピアが用いた意味が廃用になっている語は 15 語，OED に rare の記述があるものは 19 語にのぼる。しかし中には現在でも動詞として生き残り，シェイクスピアの影響力を示しているものもいくつかみられる。以下はその 3 例である。

cow

 trans. To depress with fear; to dispirit, overawe, intimidate.
  (1605, a1616, 1641, 1664, 1780, 1848, a1862)
   Accursed be that tongue that tells me so for it hath cow'd my better part of man. (Macb. V.viii.18)
 この語は名詞「臆病」が動詞に転じ，他動詞「おびやかす，おどかす」という意味で使われている。

elbow

 1. *trans*. To thrust with the elbow; to jostle; also *fig*.
  (1605, 1673, 1691-8, 1710, 1876)
   A sovereign shame so elbows him. (Lr. IV.iii.44)
 2. To thrust aside with the elbow; also, *To elbow off, out of (anything)*. Chiefly *fig*. (1712, 1712, 1855, 1884)
 †3. *absol*. and *intr*. To push right and left with the elbows; also *fig*.
  (1636, 1681, 1767, 1885)
 elbow には動詞の意味がいくつかみられるが，シェイクスピアは 1.「ひじで突く」という意味でこの語を用いた。

smutch

 trans. To blacken, make dirty, smut, smudge. Also in fig. context.
  (1611, 1655, 1690, 1790, 1818, 1850, 1876)
   Why that's my Bawcock: What? has't smutch'd thy nose?
              (Wint.T. I.ii.121)
 b. *fig*. To stain, sully, besmirch, etc., morally or otherwise.

(1640, a1680, 1858, 1865)

名詞 smutch は「すす，汚れ」を意味する。動詞の意味は「すすで黒くする」で，シェイクスピアには 1 例みられる。また，b. のように「(名声などを) 汚す，傷つける」の意味で比喩的に用いられる場合もある。

これらの初出年代をみてみると，cow はシェイクスピアが使った 1605 年以来 a1616, 1641, 1664, 1780, 1848, a1862 と，ある程度現代まで一定に使われ続けている。また elbow も 1605 年以来 1673, 1691-8, 1710, 1876, smutch も 1611 年より 1655, 1690, 1790, 1818, 1850, 1876 と，シェイクスピアが使用して以来，初出年代にさほど大きな幅はない。このことは，これらの語が動詞として後世の人々に受け継がれてきたことを証明する。更に，次の torture もシェイクスピアの影響がみられる一例である。この語は現代でもよく使われている点にも注目したい。

torture
　1. *trans*. To inflict torture upon, Subject to torture; spec. to subject to judicial torture; put to the torture.
　　(1593, 1594, 1611, 1632, 1847, 1896)
　　　Say, he be taken, rackt, and tortured; I know, no paine they can inflict upon him, will make him say, I mou'd him to those arms.
　　　　　　　　　　　　　　　　　　　　　(2Hen. VI.Ⅲ.i.376)
　2. To inflict severe pain or suffering upon; to torment; to distress or afflict grievously; also, to exercise the mind severely, to puzzle or perplex greatly. (1588, 1611, 1715-20, 1769, 1849, 1855)
　　　That same Berowne I'll torture ere I go. (1588 Shaks. L.L.L.V.ii.60)
　3. *fig*. a. To act upon violently in some way, so as to stain, twist, wrench, distort, pull or knock about, etc. (1626, 1743 ,1822, 186.)
　b. To 'twist' (language, etc.) from the paper or natural meaning or form: to distort, pervert. (1648, 1682, 1869)
　4. To extract by torture; to extort. *rare*.　(1687, 1818)

第二部　語彙

シェイクスピアは torture をふたつの意味で使った。ひとつは1.「拷問にかける」，もうひとつは2.「ひどく苦しめる」である。これらの初出年代からもシェイクスピアの影響がうかがえる。これらの意味は現代でも生き続け，更に3.「言葉などを曲解する，こじつける」，4.「（強引に）だましとる」という意味を獲得している。他の転換動詞の使用が1，2回という回数に対して，シェイクスピアはこの語を19回も使った。また，同じく現代でも馴染みの語である humour, character についてもそれぞれ9回，7回と使用回数が多い。このことから，シェイクスピアが多用した語は廃用とならず，重要な語として現代までに根付いてきたといえる。しかし，次に挙げる gossip は5回の使用回数にも関わらず，シェイクスピアの使用した意味が廃用となっている点で異なる。

gossip

†1. *trans*. To be a gossip or sponsor to; to give a name to.
(1601, 1716)
Pretty fond adoptious christendomes that blinking cupid gossips. (All's. I.i.189)

†2. *intr*. To act as a gossip, or familiar acquaintance; to take part (in a feast), be a boon-companion; to make oneself at home.
(1590, 1611, 1645)
With all my heart, I'll gossip at this feast. (Err.V.i.407)

3. To talk idly, mostly about other people's affairs; to go about tattling. (1627, 1669, 1786, …, 1863)

b. To write in a gossiping style. (1885)

4. *trans*. To tell like a gossip; to communicate.
(1611, 1650, …, 1880)

シェイクスピアは gossip を1.「名付け親となる」，2.「親しい友人となる，親しくする」の意味で使ったが，この意味は今では使われていない。3.の「人のうわさ話をする」というのが現代の用法である。しかし gossip

第12章　品詞転換（機能転換）

自体，名詞でも動詞でもよく使われる語である点においては torture や character などと変わらない。このことからシェイクスピアの使用回数と重要語との間には関連性があるといえる。

　この節では特にシェイクスピアの名詞由来転換動詞について論じてきた。シェイクスピアの転換動詞は，C(主＋動＋副・補)に属する語が圧倒的多数を占め，その中でも特に場所や手段など具象名詞からの転換が多い。そして，同じ転換語が多用されていないという点が何より大きな特徴である。そのため現在では廃用となった語が 25 語みられた。しかし廃用の原因はシェイクスピアの使用頻度の少なさばかりではない。他の類義語の存在や名詞との意味関連の問題など様々な要因が絡み合った結果である。その一方で，実際に後世に影響を与え，現代でも生き続けている転換動詞も存在する。このことはシェイクスピアの品詞転換が人々に受け入れられたということであり，シェイクスピアが優れた言語感覚を持っていたことを感じさせるのに十分である。

結　論

　新しく生じた観念，新しく発明された事物に応じて新しい語を創造していくことは，人類の言語の長い歴史で普遍的にみられることである。しかし，新語を獲得するきっかけはそれだけにとどまらない。従来からある平凡，陳腐な表現に全く新たな新鮮さや活力を与えたい欲望もその動機となることが多い。その要求を満たすための最も簡単で効果的な方法のひとつが品詞転換，つまりある品詞に属する語を姿，形を変えることなく別の品詞として用いる方法である。この方法は英語の自由さを顕著に示す特徴のひとつであり，その簡単さ故に生産的な造語法の一手段となっている。ビアズが品詞転換を 10 タイプに分類しているように，品詞転換は極めて自由で多様である。本論ではその中でも最も生産的な転換である名詞から動詞への転換についてみてきた。マーチャンドによれば，名詞から動詞への

第二部　語彙

　転換は更に4つのグループ，A(主＋動＋補)，B(主＋動＋目・補)，C(主＋動＋副・補)，D(主＋動＋目)に分類される。この分類のなかでも，シェイクスピアの名詞由来転換動詞については，特にCに属する語が圧倒的に多い。中でも場所や道具，体の一部，装飾を示す比較的馴染みのある具象名詞からの転換が目立ち，このグループに属する語に，シェイクスピアが意味を容易に連想しやすい語を多く転換させていたといえる。
　シェイクスピアはいくつかの語を除いて，同じ語を多用することがなかった。彼の造語した転換動詞106語のうち，一度きりの使用のものは74語(70％)，二度使用のものは18語(17％)にものぼる。そもそも言葉というものは多用されると慣れすぎて陳腐となり，その表現力を失う。そのためシェイクスピアは品詞転換を一時的に行うことで，文全体，あるいは作品全体に生気を与えた。しかし，逆にその一時性は，時としてその語を廃語にしやすい一面も併せ持つ。実際，25の廃語のうち76％(19語)が一度きりの使用にとどまる。それに加え，類義語の存在，名詞そのものの意味の曖昧さ，臨時性の強さ，名詞と動詞の意味関連の薄さ，意味の混同の5点も廃用原因として挙げられる。いくら転換が自由に行われても，必要かつわかりやすいものでなければ根付いていかないという結果にもなる。
　シェイクスピアの転換動詞は，その特異な表現力ゆえに一過性にとどまったものも少なくない。しかしシェイクスピアの転換動詞のうち，後世への影響を示すいくつかの語も存在することから，彼の優れた言語能力，造語力の偉大さを改めて感じ取ることができる。彼の造語は今日まで多くの人々を魅了してきた。そして彼の造語の一方法としての自由な品詞転換が今日まで受け入れられてきたというその事実は，やはり彼の豊富な語彙力，豊かな表現力，ひいては優れた言語感覚に帰するものが大きいと結論付けられる。
　シェイクスピア時代の造語の活力は品詞転換が多用された原因のひとつになっている。同時に，他の現象と同じく，その反動として規範を重んずる次の時代には品詞転換も減少し，価値ある語のみが残存し現在に至っているのである。

本章の参考文献

Biese, Y.M., *Origin and Development of Conversions in English*, Annales Academiae Scientiarum Fennicae B 45, 1941

Bladin, V., *Studies on Denominative Verbs in English*, Upsalas, 1911

Marchand, H., *The Categories and Types of Present-day English Word Formation*, C.H.Beck, 1969

第二部　語彙

第 13 章　強意語
―その特質―

はじめに

　特定の単語を頻用すると，その単語の意味は弱まる傾向がある。例えば，元来即時的未来 (at once) を意味していた immediately, soon, anon, presently, by and by 等の語は，「きちんと時間を厳守することを何となく心のどこかで厭う人間の性癖 (procrastination)」によって意味が広げられ，弱められて，現在では近時未来 (before long) を意味するようになった (cf. J.B.Greenough & G.L.Kittredge, *Words and their Ways in Enlish Speech*, 1920, p.293)。また, doubtless, indeed, in fact, as a matter of fact, to tell the truth などの語句は，本来の意味とは異なり，真実性や確実性の疑わしい場合に用いられることが多い。というのも疑う余地のない場合には，そういう語句を用いる必要がないからである。こうした人間心理の弱みから意味が弱化し，かえって真実性を欠くことになる。このように，人間の心理が原因となって単語の意味は弱まる場合がある。そしてその語の意味が弱まり陳腐になると，その意味を補うために別の単語によって取って代わられる。こうして語意は変化し，次々と新語が生み出される。その代表的なものが強意語である。

　シェイクスピアの作品に，passing を強意語として用いた passing fair が 5 例みられる。

(1) Is she not *passing fair* ? (TGV IV.4.148)
(2) Love, whose month is ever May,
 Spied a blossom *passing fair*
 Playing in the wanton air: (LLL IV.3.100-2)

(3) Show me a mistress that is *passing fair*,
   What doth her beauty serve but as a note
   Where I may read who pass'd that *passing fair*?
   (ROM I.1.234-6)

(4) Love, whose month is ever May,
   Spied a blossom *passing fair*,
   Playing in the wanton air. (PP 16.2-4)

これらにみられる一見現在分詞形の強意語 passing は一体何か。シュミット (A.Schmidt) によると，形容詞と副詞の前にのみ用いられ，'exceedingly' を意味するという (*Shakespeare Lexicon*, passing)。フランツ (W.Franz) も以下のように述べている。

> 今日廃れた passing 'exceedingly' は，第十七世紀に非常によく用いられた強意語であったが，ただ形容詞および副詞の前にのみ現われる。
> （フランツ『シェークスピアの英語』§387）

そこで，一般的に強意語とは何か，なぜ現在分詞形が強意語になるのかを調べる。

まず，強意語とは一体何か。ストッフェル (C.Stoffel) は『強意語と緩和語 (*Intensives and Down-toners*)』の中で以下のように説明している。

> Of intensives used to modify adjectives and adverbs, it may in general be said that most of them are adverbs derived from adjectives expressing absolute qualities, i.e. such as do not admit of variation, as, for example, *pure*, *full*, *very*, which in their strictest sense do not admit of degrees of comparison. (...)
> But most of those intensives that originally expressed completeness, have in course of time come to mean merely a high degree of a quality; and this is in exact accordance with one of the well-established facts of word-history. Frequent use is apt to weaken

the sense of a word: the general run of speakers are so much given to using hyperbolical language, to 《laying it on thick》, that the very words they use for this purpose will come to be discounted in the public estimation, and taken for what they are worth, which is usually a good deal less than what they imply etymologically.

If we want to impress on our hearers the fact that words of this class are to be taken in their etymological sense, they require abnormal stress to call the hearer's attention to the fact that they are to be so understood. (...)

In this way, a great many adverbs, intensives and others, that etymologically express completeness, have had their meaning weakened to the notion of a high or considerable degree. The process is always going on, so that new words are in constant requisition, because the old ones are felt to be inadequate to the expression of the idea of completeness of a quality, or of a quality to the very highest degree of which it is capable under the circumstances. In other words, of certain classes of adverbs the sense is constantly becoming weaker and less emphatic, so that others have to take their place where completeness of a quality has to be expressed.

(C.Stoffel, *Intensives and Down-toners*, pp.1-2)

一般に，形容詞や副詞を修飾する強意語は，pure, full, very などのように性質の変異を許さず，極めて厳密な意味で比較を許さない「絶対性」を表す形容詞に由来する副詞である。しかし，これらの強意語の大部分は，やがて単にある性質の「程度が高いこと」を意味するようになった。頻用はとかく語の意味を弱めがちである。人間は誇張されたことばを使いたがり，過度な表現をしたがるので，聞く側が意味を割引いて受け取るため元の意味が弱まる。こうした変化は常に起こっているので，絶えず新語が要求さ

れている。というのは，従来の語では性質の完全さとか，問題の状況下で可能な最高度の観念を表現するのに不適切だと感じられるからである。つまり，ある種の副詞では意味が絶えず弱まり強意的でなくなっているので，それに代わって他の語が性質の完全性を表現しなければならなくなる。

　ストッフェルの説をふまえて，フランツは次のように述べている。

> 大体から言って，強意語 (intensive) というものは非常に移り易く，変化し易い性質のものである。抵抗力が殆どなく，大抵は生命力も長くないので，それは安定性の殆どない表現手段の一つである。ある一つの意味から発して，それは先ずその意味の範囲内で発達するが，使用度が大きいので，この範囲を越えるようになり，周囲の事情が幸いすれば，大いに普及して，全く純粋の強意語となり終り，遂にはこの機能では余りにも平凡，無内容のものとなってゆく。そうするともっと表現力のある強調手段，および変化と新表現手段を求める心が，ほかのものを，その代わりに登場させる。そこで，強意語の間では，新陳代謝が一度として止まることなく，いつの時代も，造語はしないにしても，大抵は新語形を好むということになって来る。というのは，すべての社会層は，その教育，職業，人生観に従って，それ特有の強意語を用いるからである。

（フランツ『シェークスピアの英語』p.552）

　ストッフェルやフランツ以外にも，ブルック (G.L.Brook) やシェーラー (M.Scheler)，市河三喜なども強意語について述べている。それらを基に強意語を以下のように定義する。

　強意語とは，形容詞・副詞・動詞の表す性質・動作の程度・強度を高める副詞のことである。元々比較を許さない完全性を表す形容詞に由来する副詞で，最初はその語の持つ特殊な意義の香を漂わせているが，頻繁に使用されるにつれてその香が失せ，次第に陳腐で常套的な単に程度を高めるだけの強意語となってしまう。つまり頻用することで本来の意味が弱まり，別の語が要求される。そこで奇抜な思いつきや誇張的表現を工夫すること

により，強意語には激しい新陳代謝が行われるようになる。そのため各時代，各社会にそれぞれ特有の強意語があるのである。

　強意語が時代ごとに変化していることを示す最もはっきりした例は，今日よく用いられる awful(ly), jolly, precious, tremendously などの強意語が，シェイクスピアの時代では未だ全然知られていないということである。また逆に，シェイクスピアでは強意語として盛んに使用されている excellent, marvelous, merely などは，今日，もはや強意語としての機能は廃れている。

　そこで，シェイクスピアの作品に用いられている強意語を中心に，どういう語が強意語になりうるのか，それぞれの語の特徴は何か，なぜ現在分詞形が強意語になるのか，強意語はどのように変遷していったのかなどを詳しく調べる。

　シェイクスピアの作品に現れる強意語を，形によって以下のように大別する。

A	1. 現在分詞形の副詞	exceeding, passing
	2. 1 の -ly 形の副詞	exceedingly, passingly
B	1. 形容詞と同形の副詞	abundant, clean, clear, cruel, damnable, excellent, grievous, horrible, intolerable, main, marvellous, mere, monstrous, plaguy, shrewd, sore, through, wondrous
	2. 1 の -ly 形の副詞	abundantly, cleanly, clearly, cruelly, damnably, excellently, grievously, horribly, intolerably, mainly, marvellously, merely, monstrously, plaguily, shrewdly, sorely, throughly, wondrously
C	名詞形の副詞	vengeance, whoreson
D	特殊例	home

それぞれの語の特徴を調べるために，OED，シュミットの *Shakespeare Lexicon*，フランツの『シェークスピアの英語―詩と散文―』等を参考にしながら，ひとつひとつ単語をみていく。

第一節　現在分詞形の副詞とその -ly 形の副詞 (A)

A-1. **passing** (25回)
  (1) Is she not *passing* fair ?（TGV IV.4.148）
  (5) For Oberon is *passing* fell and wrath,
    Because that she as her attendant hath
    A lovely boy stolen from an Indian King;（MND II.1.20-2）
  (6) Cousin, you apprehend *passing* shrewdly.（ADO II.1.81）
  (7) If you call me Jephthan, my lord, I have a
    daughter that I love *passing* well.（HAM II.2.411-2）

　'exceedingly, very' の意味の passing は25例現れる。シュミットは used only before adjectives and adverbs として22例を挙げている。フランツは「17C に非常によく用いられた強意語」「ただ形容詞および副詞の前にのみ現われる」として (5), (6) の2例を挙げ、ブルックは (5) のみ、シェーラーは (7) のみを挙げている。OED には、強意語に関する以下の説明と1387年を初例に9例あるが、なぜかシェイクスピアの例が1例もない。

　　B. *adv*. a.(=PASSINGLY) In a passing or surpassing degree; surpassingly, pre-eminently, in the highest degree; exceedingly, very. (With adjs. or advbs. only.) Now somewhat *arch*.
　　　　　　　　　　　　　　　　　　　　　　　　　（OED, passing）

つまり passing は、形容詞と副詞の前にのみ用いられ、'exceedingly, very' を意味する強意語である。

A-2. **passingly** (0回)
　passing と同じ意味の passingly が、シェイクスピアの時代にすでに強

325

第二部　語彙

意語として存在していたことはOEDからわかる(初出c1380年)。しかし，シェイクスピアは25回もpassingを強意語に用いているのに，passinglyは1度も用いていない。

> b. In a surpassing degree or manner, surpassingly; pre-eminently, exceedingly; = PASSING *adv*. (qualifying adj., adv., vb.). *arch*.
>
> (OED, passingly)

A-1. **exceeding**(19回)

(8) Those, for their parents were *exceeding* poor,
    I bought, and brought up to attend my sons. (ERR I.1.56-7)

(9) You grow *exceeding* strange. (MV I.1.67)

(10) God give me joy to wear it, for my heart is
     exceeding heavy. (ADO III.4.24-5)

(11) So — very
     well, go to, very good, *exceeding* good. (2H4 III.2.273-4)

(12) O, very mad, *exceeding* mad, in love too;
     But he would bite none. (H8 I.4.28-9)

'extremely, exceedingly' の意味の exceeding は19例現れる。シュミットは never joined to verbs として17例を，OED も Prefixed to adjs. or advbs. Very common in 17-18th c.; now somewhat *arch*. として(10)を例に挙げている。フランツは「決して動詞に伴っては現われない」(§376)として(8)，(9)の2例を挙げている。つまり exceeding は，passing 同様形容詞と副詞の前にのみ用いられる強意語で，17，18世紀には非常によく用いられた。しかし後に，次に挙げる exceedingly にその機能は移っていった。

A-2. **exceedingly**(4回)

(13) O, my good knave Costard, *exceedingly well* met !

(LLL III.1.144)

(14) In faith, it is *exceedingly well* aim'd. (1H4 I.3.282)
(15) In faith, he is a worthy gentleman,
Exceedingly well read, and profited
In strange concealments, ... (1H4 III.1.163-7)
(16) My money is
almost spent; I have been to-night *exceedingly well*
cudgell'd; and I think the issue will be, I shall have
o much experience for my pains; (OTH II.3.364-7)

　これらはすべて exceedingly well の形で現れる。シュミットも mostly followed by *well* としてこの 4 例を，フランツは，シェイクスピアにおいては exceedingly のほうが使用度数が少ないと述べ，(15) を挙げている。これらから，exceeding が形容詞と副詞のみを修飾するように，exceedingly は well のみを修飾するように思われる。しかし OED には以下のようにある。

In an exceeding manner or degree.
2. Of degree: Above measure, extremely:
a. with verbs; formerly in extensive use, now chiefly limited to those that indicate emotion, feeling, or the expression of them.
b. with adjs. and advbs. Now only with the positive deg.; formerly occas. prefixed to *more, too*.
(OED, exceedingly)

　つまり，形容詞や副詞のみではなく動詞をも修飾するのである。しかしシェイクスピアの時代には，exceedingly well の形が主流だったと思われる。また，フランツがいうように使用頻度が高いことから，exceeding のほうが強意語としては一般的だったのであろう。しかし exceedingly とは異なり，動詞を強調しない exceeding の強意語としての機能は，次第に exceedingly に移っていった。

第二部　語彙

　以上に見られる passing と exceeding は現在分詞形の副詞だが，現在分詞形が副詞として用いられる理由は次のようなことである。現在分詞形は動詞だけでなく形容詞としても扱われる。16世紀頃から形容詞と副詞は形のうえで区別がなくなり，あらゆる形容詞が副詞としても用いられるようになった。そのため形容詞である現在分詞形も副詞として用いられるようになったのである。また，ラテン語の -ent '-ing' は現在分詞語尾で，excellent や abundant が副詞として強意語になっている。その類推で -ing 形も副詞として使用されるようになったのである。これとは別に，一見強意語としては不適切に思われる passing は，surpassing 'greatly exceeding or excelling others' の語頭 sur- 'super-' の脱落によるものなので，強意語に用いられるようになったのである。

第二節　形容詞と同形の副詞とその -ly 形の副詞 (B)

§1．形容詞と同形の副詞とその -ly 形の副詞
B-1．**clean**（12回）
  (17) Five summers have I spent in farthest Greece,
     Roaming *clean* through the bounds of Asia,
     And coasting homeward, came to Ephesus;　(ERR I.1.132-4)
  (18) Your lordship,
     though not *clean* past your youth, …,
     and I most humbly beseech your lordship to
     have a reverend care of your health.　(2H4 I.2.96-100)
  (19) indeed, it is a strange-disposed time;
     But men may construe things after their fashion,
     Clean from the purpose of the things themselves.　(JC I.3.33-5)
  (20) A pox of drowning thy-
     self, it is *clean* out of the way.　(OTH I.3.358-9)

(21) Sometime all full with feasting on your sight,
And by and by *clean* starved for a look;(SON 75.9-10)

'quite, entirely' を意味する clean は 12 例現れる。シュミットはこれら 12 例すべてを，シェーラーは (18) を挙げている。フランツは「シェークスピア時代において，今日の日用語におけるよりも広範囲に用いられた。今日の日用語でもそれはよく用いられる」(§372) として (15) と (21) の 2 例を挙げている。なぜ clean が強意語として使われるようになったのか，OED に詳しい説明がある。

II. Of degree.

5. Without anything omitted or left; without any exception that may vitiate the statement, without qualification; wholly, entirely, quite, absolutely.

This sense naturally arose from the consideration that when a substance is taken entirely out of any vessel, etc., without leaving a particle behind, the vessel is left clean, and its cleanness is a measure of the completeness of the removal. Hence *clean* was naturally used with all verbs of taking, driving, or going away, of losing, and thence of finishing up, completing, or performing any action.

a. with verbs of removal, and the like. (The use of adverbs or prepositional phrases qualifying the verb introduces const. c.)

b. with other verbs.

c. with prepositions and adverbs, as *against, without, beside, away, from, through, out, over*, etc.

　　d. with such adjectives as *contrary, different, other, contradictory, impossible, wrong*, etc.

(OED, clean)

つまり clean は，性質上強意語になりうるのである。また clean は，先に挙げた passing や exceeding のように形容詞や副詞のみではなく，動詞や前置詞など広範囲に用いられる。

B-2. **cleanly** (2 回)

(22) What, hast, not thou full often strook a doe,
And borne her *cleanly* by the keeper's nose ? (TIT II.1.93-4)

(23) The hot scent-snuffing hounds are driven to doubt,
Ceasing their clamorous cry till they have singled
With much ado the cold fault *cleanly* out; (VEN 692-4)

cleanly も強意語として 2 例現れる。OED に †b. Completely, wholly, entirely, quite; = CLEAN *adv.* 5. *Obs.* とあるように，clean と同じ用法である。そのため clean が強意語として生き残ったのに対して，cleanly は強意語の機能を失った。

B-1. **excellent** (20 回)

(24) 'So, so' is good, very good, very *excellent good*; and yet it is not, it is but so, so. (AYL V.1.27-8)

(25) *Excellent good*, i' faith. (TN II.3.45)

(26) *Excellent well*, you are a fishmonger. (HAM II.2.174)

(27) *Excellent well*. (OTH II.3.117)

(28) So 'tis. This comes off well and *excellent*. (TIM I.1.29)

'eminently, exceedingly' を意味する excellent は 20 例現れる。しかし，excellent の強意語の機能は現在はすでに廃用となっている。

†C. *adv.* = EXCELLENTLY. Obs.
a. With verbs.　b. With adjs. and ppl. adjs.; with the latter often hyphened.　c. With advbs. *well, ill.*

(OED, excellent)

a. には1483, 1607(28), 1642の3例, b. には1586, 1586, 1681, 1719の4例, c. には 1590, 1604(27), 1612, 1756の4例のみで, いずれも16,17世紀を中心に200年ほどで強意語の機能は廃れたことがわかる。しかしシェイクスピアに現れる20例中9例がexcellent goodの形で, excellent wellは2例, OEDに言及のあるexcellent illは1例もない。加えてexceedingly同様, With verbs. とあるが, シェイクスピアでは2例しかみられず, それ以外はほぼ形容詞と共に用いられている。シュミットは動詞5例を含む13例を挙げているが, そのうち動詞の3例は強意語にあてはまらない。つまりexcellentは主に形容詞を強調していたと思われる。またブルックは(26)を, フランツは(25), (27)を挙げている。

B-2. **excellently**（4回）

(29) I like the new tire within *excellently*, if
 the hair were a thought browner; and your gown's
 a most rare fashon, i' faith.（ADO III.4.13-5）

(30) I would be loath to cast
 a way my speech; for besides that it is *excellently*
 well penn'd, I have taken great pains to con it.（TNI.5.172-4）

(31) *Excellently* done, if God did all.（TN I.5.236）

(32) Therefore this letter, being so *excellently* ignorant,
 will breed no terror in the youth; he will find it comes
 from a clodpole.（TN III.4.188-90）

フランツは「はるかに稀ではあるがexcellentlyがexcellentと同じ意味で現われる」(§377)として(29)を例に挙げている。シュミットは, 上の4例とは別にAWW IV.3.210も強意語の例に加えているが, 実際は強意語ではない。OEDによると, このうち動詞を強調する用法はすでに廃用となっている。

 In an excellent manner or degree.

第二部　語彙

    2. In an unusual degree; exceedingly, superlatively, surpassingly:
    †a. with verbs (*obs*);   b. with adjs.: now only in good sense;
    c. with adv. *well* (*arch*.).

(OED, excellently)

a. は 1526, 1599(29) の 2 例のみで, 廃用となっている。つまり excellent と excellently は, ともに 16 世紀を中心に 'eminently, exceedingly' を意味する強意語として形容詞や副詞だけでなく動詞も修飾したが, 今ではその機能はほとんど廃れている。またこの時代, excellent は特に excellent good の形で用いられ, その影響からか excellently は今日良い意味でしか用いられない。

B-1. **marvellous** (20 回)

    (33) [Backare]! you are *marvellous* forward. (SHR II.1.73)
    (34) A mark *marvellous* well shot, for they both did hit [it].

(LLL IV.1.130)

    (35) I must to the barber's,
        mounsieur; for methinks I am *marvail's* hairy
        about the face; (MND IV.1.23-5)
    (36) A *marvellous* witty fellow, I assure you,
        but I will go about with him. (ADO IV.2.25-6)
    (37) *Marvellous* sweet music！(TMP III.3.19)

'extraordinarily' を意味する marvellous は, WIV II.2.115(38) を除く 20 例すべてが強意語として用いられている。強意語でない唯一の例は Mrs.Quickly の台詞である。

    (38) Her husband has a
        marvellous infection to the little page; and
        truly Master Page is an honest man. (WIV II.2.114-6)

これは，正しくは affection であるところを infection と言い間違えたマラプロピズムがからんでいる文で，ここでのみ marvellous は本来の意味の形容詞として用いられている。シュミットは joined only to adjectives and adverbs として 20 例全てを，OED は (35) を，フランツは「形容詞または副詞の前にだけ来る」(§384) として (33), (34), (36) を挙げている。つまり強意語の marvellous は形容詞と副詞のみを強調し，動詞には用いられなかった。シェイクスピアで頻繁に用いられている marvellous は，18世紀で強意語の機能は廃れた。

B-2. **marvellously** (2 回)

(39) Believe me you are *marvellously* chang'd. (MV I.1.76)

(40) But you must learn to
know such slanders of the age, or else you may be
marvellously mistook. (H5 III.6.78-81)

形容詞と副詞のみを修飾する marvellous とは逆に，marvellously を動詞に用いられている。シュミットは joined only to verbs としてこの 2 例を，フランツも「marvellous に反し marvellously は動詞に伴って，同じ意味で通用する」(§384) として (39) を挙げている。OED には説明はないが，実際にシェイクスピアは動詞のみを強調しているので，marvellous が形容詞と副詞を強調したのに対して，marvellously は動詞を強調する強意語であるといえる。また，marvellous の強意語としての機能は廃れたが，marvellously は残存している。

B-1. **wondrous** (22 回)

(41) I have but lean luck in the match, and yet is she a
wondrous fat marriage. (ERR III.2.92-3)

(42) That is hot ice and *wondrous* strange snow. (MND V.1.59)

(43) O my good lord, when I was like this maid,
I found you *wondrous* kind. (AWW V.3.309-10)

第二部　語彙

(44) My heart is *wondrous light,*
　　Since this same wayward girl is so reclaim'd.（ROMIV.2.46-7）
(45-Ff) I smell it:
　　Upon my life, it will do *wond'rous* well.（1H4 I.3.276-7,**Ff**）

　marvellousと共通の用法を持つのが'wonderfully'を意味するwondrousである。シュミットは adverbially before adjectives and adverbs として19例を，フランツも形容詞と副詞の前にのみ用いられるとして(41), (42), (45)の3例を，ブルックも(42)を挙げている。OEDにシェイクスピアの例はない。22例のうち，(45)はQqでは

(45-Qq) I smell it. Upon my life, it will do well.（1H4I.3.277, **Qq**）

となっているところを，Ffではwondrousが付け加えられている。シュミットとフランツはこのことを指摘してはいるが，なぜそうなったのか説明していない。これは，Qqは1行が11音節になっているので，Ffでは改行してwondrousを加えることによって10音節にそろえたためである。

B-2.　**wondrously**（1回）
　　(46) If I might beseech you, gentleman, to repair
　　　　some other hour, I should derive much from't; for
　　　　take't of my soul, my lord leans *wondrously* to dis-
　　　　content.（TIM III.4.68-71）

　marvellously同様，動詞を強調するwondrouslyが1例のみ現れる。シュミットもOEDもこの1例を挙げている。
　このように，marvellousとwondrousは，形容詞と副詞を強調するという共通の性質を持つ強意語で，それぞれに-lyをつけた副詞が動詞を強調する。また，marvellousはすでに廃用，wondrousも古語となっているが，marvellouslyとwondrouslyは今なお強意語として使われている。

第13章　強意語

B-1.　**sore**（11 回）

(47) Polyxenes is slain,
Amphimachus and Thoas deadly hurt,
Patroclus ta'en or slain, and Palamedes
Sore hurt and bruised.（TRO V.5.11-4）

(48) They say King John, *sore* sick, hath left the field.（JN V.4.6）

(49) We see the wind sit *sore* upon our sails,
And yet we strike not, but securely perish.（R2 II.1.265-6）

(50) The raddock would,
With charitable bill (O bill, *sore* shaming
Those rich-left heirs that let their fathers lie
Without a monument!)（CYM IV.2.224-7）

(51-Ff) Thus stands she in a trembling ecstasy,
Till cheering up her senses *sore* dismay'd,
She tells them 'tis a causeless fantasy,
And childish error that they are afraid;（VEN 895-8, **Ff**）

'grievously, violently' を意味する sore は 11 例現れる。このうち (51) は，Qq では sore ではなく all となっている。

(51-Qq) Thus stands she in a trembling ecstasy,
Till cheering up her senses *all* dismay'd,
She tells them 'tis a causeless fantasy,
And childish error that they are afraid;（VEN895-8, **Qq**）

これは音節をそろえるためではなく，Qq の頃には強意語としてよく使われていた all が，Ff の頃にはもの足りなくなったため，sore に代えることによって強調を表したのである。シュミットは 11 例すべてを，フランツは (47)，(48)，(49) を挙げている。OED は，

10. To a great extent; greatly, very much.

335

第二部　語彙

　　Chiefly in contexts suggestive of sense 6, but sometimes merely intensive.
　　11. With adjs. and advs.: Very, extremely, exceedingly. *Obs. exc. dial.*
　　　　　　　　　　　　　　　　　　　　　　　　(*OED*, sore)

として，10. に (50) を挙げている。シュミットやフランツは特に触れていないが，OED の 11. にあるように，シェイクスピアでは sore は形容詞と副詞の前にしか現れない。また，次に述べる sorely が動詞を修飾していることから，sore は marvellous や wondrous と同様の性質を持っていたことがわかる。

B-2．**sorely**（6 回）

　　(52) This drum sticks *sorely*
　　　　in your disposition.（AWW III.6.44-5）
　　(53) For after the stout Earl Northumberland
　　　　Arrested him at York, and brought him forward,
　　　　As a man *sorely* tainted, to his answer,（H8 IV.2.12-4）
　　(54) Alack, the night comes on, and the [black] winds
　　　　Do *sorely* ruffle; for many miles about
　　　　There's scarce a bush.（LR II.4.300-2）
　　(55) The heart is *sorely*
　　　　charg'd.（MAC V.1.53-4）
　　(56) I have done ill,
　　　　Of which I do accuse myself so *sorely*
　　　　That I will joy no more.（ANT IV.6.17-9）
　　(57) I did so; but thou strik'st me
　　　　Sorely, to say I did.（WT V.1.17-8）

sore と同じ意味で，動詞を強調する sorely が 6 例現れる。シュミットは 6 例すべてを，フランツは「特に動詞に伴って現れる」（§391）として

(53),(57)を挙げている。しかし OED には,

> 2. a. In such a manner as to cause great pain or bodily injury; severely. Also *fig.*
> 3. In such a manner as to press hardly or severely upon a person or thing.
> 4. To a great extent; in a high degree.
>
> (OED, sorely)

とあるうち,強意語に該当する 4. の例は (54) のみで,(57) は 2. の例に,(53),(56) は 3. の例にある。これは OED の誤りで,これらの例はいずれも強意語である。

以上見てきた強意語 clean, excellent, marvellous, wondrous, sore は,いずれも 10 例以上用いられていることから,よく使われた強意語だということがわかる。また,それぞれに -ly をつけた形に比べ,使用頻度ははるかに高い。しかし clean を除き,いずれも今日強意語の機能を失っている。逆に,-ly 形は cleanly 以外今日なお強意語として残っている。

B-1. **horrible**(3 回)

(58) So soon as ever
thou seest him, draw, and as thou draw'st, swear
horrible;(TN III.4.177-9)

(59) But tell me,
Hal, art not thou ***horrible*** afread?(1H4 II.4.365-6)

(60) ***Horrible*** steep.(LR IV.6.3)

'exceedingly' を意味する horrible と horribly の関係は興味深いものがある。シュミットはこれら 3 例を,OED は C. as *adv.* Horribly, terribly; usually as a mere intensive = Exceedingly(cf. HORRIBLY). として (60) を挙げている。horrible や terrible は元々恐ろしいという概念を表しているの

第二部　語彙

で，強意語になりやすい。

B-2, **horribly**（8 回）

(61) by my troth, it is no addi-
tion to her wit, nor no great argument of her folly,
for I will be *horribly* in love with her.（ADO II.3.233-5）

(62) He is as *horribly* conceited of him; and pants
and looks pale, as if a bear were at his heels.（TN III.4.294-5）

(63) By this leek, I will most *horribly* revenge —
I eat and eat — I swear —（H5 V.1.47-8）

(64) But he (as loving his own pride and purposes)
Evades them with a bumbast circumstance
Horribly stuff'd with epithites of war,（OTH I.1.12-4）

(65) she is *horribly* in love with him, poor beast,（TNK V.2.62）

horrible は 3 回，horribly は 8 回強意語として現れる。ただし horribly の 8 例のうち 3 例は，Qq では horribly で現れるところが Ff では horrible となっている。

(66-Qq) My niece is *horribly* in love with a thing you
have, sweet queen.（TRO III.1.97-8, **Qq**）

(66-Ff) My neece is *horrible* in love with a thing you
have sweete Queene.（TRO III.1.106-7, **Ff**）

(67-Qq) Art thou not *horribly*
afraid?（1H4 II.4.369-70, **Qq**）

(67-Ff) Art not thou *horrible* afraid?（1H4 II.4.410, **Ff**）

(68-Qq) Well, thou wilt be *horribly* chid to-morrow
when thou comest to thy father.（1H4 II.4.373-4, **Qq**）

(68-Ff) Well, thou wilt be *horrible* chidde to morrow,
when thou commest to thy Father:（1H4 II.4.413-4, **Ff**）

シュミットは，これらすべての例を挙げ Qq と Ff との違いを指摘してはいるが，なぜそのようになったのかについては触れていない。しかしこれらの例も wondrous 同様，Qq では 3 音節の horribly を 2 音節の horrible に代えることで，音節をそろえたのである。horribly について OED は

> In a horrible manner, or to a horrible degree; so as to make one shudder or tremble; dreadfully, awfully, frightfully: sometimes as a strong intensive = Exceedingly (properly before an adj. having an objectionable sense).
>
> (OED, horribly)

として (61) を挙げている。ここに properly before an adj. having an objectionable sense とあるように，シェイクスピアでは conceited, stuff'd, afraid, chid などの語の前で用いられている。

B-1．**grievous**（3 回）

(69) Rumor if abroad
　　That Anne, my wife, is very *grievous sick*;
　　I will take order her keeping close.（R3 IV.2.50-2）

(70) he cannot come, my lord, he is *grievous sick*.（1H4 IV.1.16）

(71-Qq) Old John of Gaunt is *grievous sick*, my lord,
　　Suddenly taken, and hath sent post haste
　　To entreat your Majesty to visit him.（R2 I.4.54-6, **Qq**）

3 例のみ強意語として用いられるのが grievous である。ただし，このうち (71) の grievous は Ff では very となっている。

(71-Ff) Old John of Gaunt is *very sick* my Lord,
　　Sodainly taken, and hath sent post-haste
　　To entreat your Majesty to visit him.（R2 I.4.55-7, **Ff**）

このことから grievous は 'very' を意味していることがわかる。またこれ

第二部　語彙

ら 3 例はすべて grievous sick の形で用いられているので，grievous は sick のみを強調するといえる。シュミットは (70), (71) を，フランツは (71) を挙げている。OED は quasi-*adv.* として 1596(70) のみ例に挙げており，更に他の作家の例がないことから，シェイクスピアだけが grievous を強意語に用いたといえる。

B-2. **grievously** (6 回)

(72) My daughter takes his going *grievously*. (TGV III.2.14)
(73) You say he has been thrown in the rivers,
　　 and have been *grievously* peaten as an old oman.
　　　　　　　　　　　　　　　　　　　　　　　　(WIV IV.4.20-1)
(74) I will tell you — he beat me *grievously*, in the shape
　　 of a woman; for in the shape of man, (WIV V.1.20-1)
(75) I do suspect thee very *grievously*. (JN IV.3.134)
(76) If it were so, it was a grievous fault,
　　 And *grievously* hath Caesar answer'd it. (JC III.2.79-80)
(77) What are you here that cry so *grievously*? (OTH V.1.53)

　grievously は grievous よりも多く現れる。シュミットは 'painfully, heavily' として (73), (74), (77) を，'distressfully' として (72), (76) を，'criminally' として (75) を挙げているが，これらはいずれも強意語である。OED は (76) を挙げている。

> 2. In a great or serious degree; heavily, deeply, strongly, exceedingly, etc. (In early, and occas. in mod. use, with more or less suggestion of the etymological sense.)
>
> 　　　　　　　　　　　　　　　　　　　　　(OED, grievously)

　以上の horrible と grievous はそれぞれ 3 例現れる強意語である。horribly(8 例) や grievously(6 例) のほうが多く現れているが，それはおそらく強意語としての歴史が長いからであろう。初出年を示す。

horrible — c1400　　　grievous — 1596
horribly — 1340　　　grievously — 1340

B-1. **damnable**（2 回），**monstrous**（2 回）

わずか 2 例強意語として用いられているのが damnable と monstrous である。

(78) Is it not meant *damnable* in us, to be
trumpeters of our unlawful intents?（AWW IV.3.26-7）

(79) That thou betrayedst Polixenes, 'twas nothing —
That did but show thee, of a fool, inconstant,
And *damnable* ingrateful;（WT III.2.185-7）

(80) I'll speak in a *monstrous* little voice, "Thisne!
Thisne! Ah, Pyramus, my lover dear! thy Thisby
dear, and lady dear!"（MND I.2.52-4）

(81) Thou this to hazard needs must intimate
Skill infinite, or *monstrous* desperate.（AWW II.1.183-4）

damnable についてシュミットは両方を，フランツは(79)を例に挙げている。OED には，†B. as *adv*. Damnably, execrably; also as a strong intensive. *Obs*. とあり，1611(79)を初例に 1668, 1678, 1712-35 の 4 例しかなく，シェイクスピア時代の約 100 年後には強意語の機能は廃れている。monstrous についてはシュミットもフランツもブルックもこの 2 例を挙げている。OED は，

†8. a. Used as a colloquial or affected intensive. *Obs*.
b. quasi-*adv*. in the sense: Exceedingly, wonderfully 'mighty'. Now mainly *U.S.*　　　　　　　　　　　　　　（OED, monstrous）

として b. の例に (80) を挙げている。Now mainly U.S. は，この時代の英語がアメリカに受け継がれているという証拠である。

第二部　語彙

B-2．**damnably**（1 回），　**monstrously**（0 回）

シェイクスピアは damnably を 1 回のみ，monstrously は 1 度も用いていない。

(82) I have misus'd the king's press *damnably*.（1H4 IV.2.14）

2. In a 'damnable' way, execrably, confoundly; sometimes merely as a strong intensive. (Now considered vulgar or profane.)

（OED, damnably）

2. †a. In an unnatural or extraordinary manner.
b. To a monstrous degree; in later use often as a mere intensive, 'hugely', 'vastly.'

（OED, monstrously）

damnably に関して OED は，1596(82) を初例に 1667，1687，c1753，1843 の 5 例を挙げている。monstrously については，a. は 1555，1588，1646，1797 の 4 例のみで廃れているが，b. は今日でも用いられている。

B-1．**abundant**（1 回），　**intolerable**（1 回），　**plaguy**（1 回）

ただ 1 回強意語に用いられるのが abundant, intolerable, plaguy で，フランツもシュミットもその 1 例しかないとしている。

(83) …, and, Mercury, lose
all the serpentine craft of thy caduceus, …,
which short-arm'd ignorance itself knows is so
abundant scarce, …（TRO II.3.10-7）

(84) Her only fault, and that is faults enough,
Is that she is *intolerable* curst
And shrowd and froward, …（SHR I.2.88-90）

(85) He is so *plaguy* proud that the death-tokens of it

Cry 'No recovery.' (TRO II.3.117-8)

†B. as *adv*.Intolerably, insufferably; also, as a strong intensive. Exceedingly, extremely. *Obs*.

(OED, intolerable)

B.as adv. = PLAGUILY Usually indicating a degree of some quality that troubles one by its excess; but sometimes humorous, or merely forcibly intensive. *colloq*.

(OED, plaguy)

abundant に関して OED には，quasi-adv. としてシェイクスピア以外のa1725 の例しかない。次に挙げる abundantly が同じ機能を持っていたため，ほとんど強意語として用いられなかったと思われる。intolerable には，1592，1596(84)，1645，1716 の 4 例のみである。つまり強意語として一時的に用いられ，約 100 年ほどで廃れた。plaguy にはこの例が挙げてある。フランツは plaguy を「下層の日用語に属していた」(§388) といっているが，この台詞はギリシア軍の将軍 Ulysses のもので，シェイクスピアは plaguy をこの強意語の 1 回しか用いていないため，実際どの階級の人々が用いていたかはわからない。おそらくフランツは，口語表現ということで下層の日用語としたのだろう。だが，上層階級でも口語表現は用いられていた。

B-2. **abundantly**（1 回）， **intolerably**（0 回）， **plaguily**（0 回）

abundantly は 1 例，intolerably と plaguily はシェイクスピアには現れない。

(86) For though *abundantly* they lack discretion,
Yet are they passing cowardly.（COR I.1.202-3)

Overflowingly, exceedingly, enough and to spare; hence, in large measure, plentifully, copiously, amply, sufficiently for all purpose.

(OED, abundantly)

第二部　語彙

†b. As a strong intensive: Excessively, extremely, 'awfully'. *Obs.*

(OED, intolerably)

In a plaguy manner; *colloq.* vexatiously, 'pestilently', confoundedly, exceedingly.

(OED, plaguily)

OED には，abundantly は c1382 年から 8 例あり，今日でもその機能は廃れていない。intolerably には 1768, 1821 の 2 例しかないので，ほとんど強意語として使われなかったことがわかる。plaguily は 5 例あり，plaguy 同様口語ではあるが現在でも強意語として使われる。

以上，特徴的な形容詞と同形の強意語をみてきたが，これらは -ly 形の用例が比較的少ない。というのも，副詞語尾 -ly は ModE. に現れるため，シェイクスピアの時代では未だそれほど知られていないからである。例えば exceedingly, cleanly, excellently, marvellously, sorely, wondrously はその語尾 -ly のない形が 10 例以上用いられているのに対して，-ly 形の副詞は 5 回程度しか現れず，なかでも wondrously は 1 回しか用いられていない。そこで，逆に -ly 形では頻繁に現れるが，-ly のない形では全く用いられていない強意語をみていく。

B-2. **clearly**（3 回）

(87) A most extracting frenzy of mine own
　　　From my remembrance *clearly* banish'd his.（TN V.1.281-2）

(88) 'Tis strange to think how much King John hath lost
　　　In this which he accounts so *clearly* won.（JN III.4.121-2）

(89) O, bravely came we off,
　　　… we bid good night,
　　　And wound our tott'ring colors *clearly* up,
　　　Lost in the field, and almost lords of it!（JN V.5.4-8）

'completely, entirely' を意味する clearly は 3 例現れる。シュミットは (87) と (88) は強意語, (89) は強意語ではないとしているが, これはシュミットの誤りである。フランツは「昔はその意味・用法において clean と接触していた。第十六, 第十七世紀に入ってそれは 'completely, entirely, quite' の意味に用いられた」(§373) として (87) と (89) を挙げている。OED にも †8. Thoroughly; completely; unreservedly; entirely; = CLEAN. Obs. とあるので, clearly は cleanly 同様, clean と同じように用いられていた。また, clean と次に挙げる clear が強意語として生き残ったのに対して, clearly は cleanly 同様廃用となった。OED は 'manifestly; evidently' として (88) を挙げているが, これは OED の誤りでこれも強意語である。このようにみてみると, シュミットや OED が間違っていることから, clearly は意味の区別がしにくいことがわかる。

B-1. **clear** (0 回)

シェイクスピアでは強意語として現れないが, clear は clean と同じ性質をもっている。OED には, clear が clean の影響を受けて副詞として用いられるようになったとある。

> B. *adv*. [*Clear* is not originally an adverb, and its adverbial use arose partly out of the predicative use of the adjective, as in 'the sun shines clear'; partly out of the analogy of native English adverbs which by loss of final -*e* had become formally identical with their adjectives, esp. of CLEAN *adv*.; which it has largely supplanted.]
> 5. a. Completely, quite, entirely, thoroughly; = CLEAN. *Obs*. exc. *dial*. *U.S.*
> b. With *away, off, out, through, over* and the like; esp. where there is some notion of getting clear of obstructions, or of escaping; = CLEAN.
> (OED, clear)

b. の用法は clean の c. の用法と同じものだが, clean が c1500 から c. の

345

用法で用いられたのに対し，clear は 1600 から b. の用法で用いられはじめた。このことから，clear は clean の影響で強意語に用いられるようになったことがわかる。また clean 同様 clear も今日なお強意語の機能を保っている。フランツも「off, away の如き副詞と結んだ clear は，今日未だこの意味で用いられている」(§373) と述べている。

B-2. **cruelly**（1 回）

(90) But, good Kate, mock me
    mercifully, the rather, gentle Princess, because I love
    thee *cruelly*. (H5 V.2.201-3)

'extremely' を意味する cruelly はただ 1 度現れる。シュミットもフランツも OED もこの例のみを挙げている。

B-2. **cruel**（0 回）

cruel はシェイクスピアには現れない。フランツは「未だ方言に特有である，そしてまたアメリカの通俗語にも現われる」(§374) と述べている。

5. as *adv*. Cruelly, distressingly; hence as a mere intensive = exceedingly, very. *Obs.* exc. *dial*.

(OED, cruel)

B-2. **mainly**（5 回）

(91) In this I do not call your faith in question
    So *mainly* as my merit. (TRO IV.4.84-5)
(92) These four came all afront, and *mainly* thrust
    at me. (1H4 II.4.200-1)
(93) But tell me
    Why you [proceeded] not against these feats
    So criminal and so capital in nature,
    As by your safety, greatness, wisdom, all things else

You *mainly* were stirr'd up. (HAM IV.7.5-9)
(94) for I am *mainly* ignorant
What place this is, and all the skill I have
Remembers not these garmants; (LR IV.7.64-6)
(95) Twenty times had been for better,
For there the cure lies *mainly*. (TNK V.2.7-8)

'very'を意味する mainly は 5 例現れる。シュミットは (95) を除く 4 例を，フランツとブルックは (94) を挙げている。OED は a. の例に (93) と (94) を挙げている。

 †2. In a great degree; greatly, considerably, very much, a great deal. Also *occas*. entirely, perfectly. *Obs.*
 †b. Abundantly, copiously; lavishly. *Obs.*

(OED, mainly)

これらの用法はすでに廃用になっているが，以下の説明が続く。

 c. Used as an intensive with adjs. and advs. = Very, exceedingly. = MAIN *adv.* Now *dial.*

(OED, mainly)

つまり，シェイクスピアの時代に用いられたa. の意味は 19 世紀になって廃れたが，1670 年以降は c. の意味で，形容詞と副詞にのみ用いられるようになった。

B-1. **main**（0 回）
　main の初例は 1632 年で，シェイクスピアの時代にはまだ強意語として現れていない。

 adv. Now *dial.* Very, exceedingly. (After the 17th c. chiefly in representations of rustic or illiterate speech.)

第二部　語彙

(OED, main)

B-2. **merely**（14 回）

(96) that I
drave my suitor from his mad humor of love to a
living humor of madness, which was, to forswear
the full stream of the world, and to live in a nook
merely monastic.（AYL III.2.417-21）

(97) 'tis an unweeded garden
That grows to seed, things rank and gross in nature
Possess it *merely*.（HAM I.2.135-7）

(98) …, and
Give up yourself *merely* to chance and hazard,
From firm security.（ANT III.7.46-8）

(99) That which I show, heaven knows, is *merely* love,
Duty, and zeal to your unmatched mind,（TIM IV.3.515-6）

(100) We are *merely* cheated of our lives by drunkards.

（TMP I.1.56）

'absolutely, entirely' の意味の merely は 14 例現れる。フランツとストッフェルは (96)，(98) を，OED は (97) を例に挙げている。シュミットは 14 例挙げているが，そのうち OTH I.3.334 は強意語ではない。merely には c1580 年から 'only' の意味もあるので，強意語との区別が難しいのである。OED には 1564, 1597, 1601, 1602(97), 1613, a1619, 1633, 1728, 1788 の 9 例あるが，16-18 世紀に頻繁に使用されたため今日強意語の機能は廃れ，'only' の意味のみ残っている。

B-1. **mere**（1 回）

(101) Ay, surely, *mere* the truth, I know his lady.（AWW III.5.55）

merely と同じ意味の mere は 1 回現れる。OED には 1534, 1577,

1601(101),1618,1635 の 5 例あり，merely 同様，一時的に頻繁に使用されたためすでに強意語の機能は廃れている。

B-2．**shrewdly**（10 回）

(102) This practice hath most *shrewdly* pass'd upon thee;

(TN V.1.352)

(103) I see my reputation is at stake,

My fame is *shrowdly* gor'd.（TRO III.3.227-8）

(104) He's *shrewdly* vex'd at something.（AWW III.5.89）

(105) I wish we may; but year have I a mind

That fears him much; and my misgiving still

Falls *shrewdly* to the purpose.（JC III.1.144-6）

(106) The air bites *shrowdly*, it is very cold.（HAM I.4.1）

'grievously' の意味の shrewdly (shrowdly) は 10 例現れる。シュミットは 10 例すべてを，フランツは (104) と (106) を，ブルックと OED は (104) を挙げている。OED には，

> 5. Qualifying a word or phrase expressive of a painful or adverse condition, menacing or disquieting action, violent or oppressive treatment; passing into a mere intensive: Grievously, intensely, seriously.
>
> （OED, shrewdly）

という強意語の説明のほかに，

> †2. Of wounding, hurting, cutting: Sharply, severely.　Often in fig. context. *Obs.*
>
> （OED, shrewdly）

として (103) と (106) が例にあるが，これは OED の誤りでこの 2 例も強意語である。

第二部　語彙

B-1．**shrewd**（1 回）

(107) Why, now is Henry king and Margaret queen,
　　　And Humphrey Duke of Gloucester scarce himself,
　　　That bears so *shrewd* a maim: two pulls at once ──
　　　His lady banish'd, and a limb lopp'd off.　(2H6 II.3.39-42)

10 回現れる shrewdly に対して，shrewd は 1 回しか現れない。

6. As an intensive, qualifying a word denoting something in itself
bad, irksome, or undesirable: Grievous, serious, 'sore.'
†a. of injury, loss, disease, etc. *Obs.*
†b. of temptation. *Obs.*

(OED, shrewd)

OED には a. の例に (107) がある。shrewd は強意語としてはすでに廃用となっている。

B-2．**throughly**（17 回）

(108) Sirra Biondello,
　　　Now do your duty *throughly*, I advise you.　(SHR IV.4.10-1)
(109) my bosom as a bed
　　　Shall lodge thee till thy would be *throughly* heal'd;
　　　And thus I search it with a sovereign kiss.　(TGV I.2.111-3)
(110) I am informed *throughly* of the cause.　(MV IV.1.173)
(111) To-morrow toward London back again,
　　　To look into this business *thoroughly*,
　　　And call these foul offenders to their answers,
　　　　　　　　　　　　　　　　　　　　(2H6 II.1.197-9)
(112) My point and period will be *throughly* wrought,
　　　Or well or ill, as this day's battle's fought.　(LR IV.7.95-6)
(113) Nay, these are almost *thoroughly* persuaded;

350

　　　　For though abundantly they lack discretion, (COR I.1.201-2)
(114) The next advantage
　　　Will we take *throughly*. (TMP III.3.13-4)

'thoroughly' を意味する throughly(thoroughly) は 17 例現れる。シュミットはこれら 17 例すべてを，フランツは (109), (112), (113) の 3 例を，ブルックは (111) を挙げている。OED は throughly の 1. に (110) を，thoroughly の 2. に (111) を挙げている。

　1. Fully, completely, perfectly; = THOROUGHLY 2.
　　　　　　　　　　　　　　　　　　　　　　　　　（OED, throughly）
　2. In a thorough manner or degree; in every part or detail; in all respects; with nothing left undone; fully, completely, wholly, entirely, perfectly.
　　　　　　　　　　　　　　　　　　　　　　　　　（OED, thoroughly）

B-1. **through** (4 回)
　(115) He's not yet *through*
　　　　warm. (TRO II.3.221-2)
　(116) Like [one] that draws the model of an house
　　　　Beyond his power to build it, who, half *thorough*,
　　　　Gives o'er, (2H4 I.3.58-60)
　(117) It pierc'd me *thorough*,
　　　　And though you call my course unnatural, (PER IV.3.35-6)
　(118) I would revenges,
　　　　That possible strength might meet, would seek us *through*
　　　　And put us to our answer. (CYM IV.2.159-61)

'fully, completely' を意味する through(thorough) は 4 例現れる。シュミットは，(116) は Ff では through になっていることを指摘したうえで，4 例すべてを挙げているが，OED にはシェイクスピアの例はない。

II. 4. Qualifying adjs. and pa. pples.: Through the whole extent, substance, or thickness; throughout; hence, entirely, completely, thoroughly.　†a. Standing before a pple. or adj.;=THUROUGH *adv.* 4.*Obs.*

(OED, through)

§2. Bの強意語の特徴

§1ではシェイクスピアに現れる強意語をみてきた。B-1, abundant, clean, clear, cruel, damnable, excellent, grievous, horrible, intolerable, main, marvellous, mere, monstrous, plaguy, shrewd, sore, through, wondrousは形容詞と同形の副詞である。なぜ形容詞と副詞が同形なのか。フランツは以下のように述べている。

　　古英副詞接尾辞 -e は，どの語尾音 -e でも同じように，第十五世紀以来黙音になり，そのため副詞はエリザベス時代以来しばしば形容詞の形であらわれる：OE *hearde* ― ModE *hard*, OE *fæste* ― ModE *fast*, OE *déope* ― ModE *deep*, OE *rihte* ― ModE *right*, OE *fæʒere* ― ModE *fair*, OE *lange* ― ModE *long*, OE *hlúde* ― ModE *loud*; OE *sáre* ― ModE *sore*, OE *wíde* ― ModE *wide*. この類の副詞のほかに別の一類がある。その中性形が副詞的に用いられる形容詞がそれである：OE　*ʒesund* ― ModE *sound*, OE *sláw* ― ModE *slow*. この両類の語は中世英語時代に，古代フランス語由来の，すでに古仏語で副詞として機能のあった中性形形容詞：*quite, close, just, round, plain* によって増加した。そういうわけで第十六世紀には古い時代からの形容詞の語形をもつ副詞が相当数存在したのである。それ以来あらゆる形容詞がまず副詞としても用いられることがあるのである。接尾辞 e のほかにすでに古代英語にははるかに多くあらわれる副詞語尾 -líce, -lice があって，それから ME -līch(e), -lĭch(e), ModE -ly が出たのである。-ly は副詞語尾中の語尾というべきものとなり，それによっていかなる由来の形容詞も副詞に変えることができるのであ

第13章　強意語

る。動詞概念を限定もしくは修飾する副詞はシェークスピアでは大部分の場合 -ly 形であらわれているが，無語尾類の影響はなお非常に大きくて前者と並んで同じ副詞がときおり形容詞形でもあらわれ，二重語形は実に古代英語法ですでに -e と -líce とで終る平行形式が存在していた場合ばかりでなく，ロマンス・ラテン語にも同じ形式が見られるのである：*deep*(OE *deópe*) — *deeply*(OE *deóplíce*), *sore*(OE *sáre*) — *sorely*(OE *sárlíce*); *sure* — *surely, natural* — *naturally*.

(フランツ『シェークスピアの英語』§241)

つまり，古英副詞語尾 -e の黙音化と中性形形容詞の副詞的用法により，形容詞と同形語の副詞が存在するようになったのである。ここに「動詞概念を限定もしくは修飾する副詞はシェークスピアでは大部分の場合 -ly 形であらわれている」とあるように，今までみてきた強意語は，clean や excellent 等の例外はあるものの，大部分 -ly 形が動詞を修飾している。

(22) What, hast, not thou full often strook a doe,
　　　And borne her *cleanly* by the keeper's nose ?（TIT II.1.93-4）
(31) *Excellently* done, if God did all.（TN I.5.236）
(39) Believe me you are *marvellously* chang'd.（MV I.1.76）
(46) If I might beseech you, gentleman, to repair
　　　some other hour, I should derive much from't; for
　　　take't of my soul, my lord leans *wondrously* to dis-
　　　content.（TIM III.4.68-71）
(82) I have misus'd the king's press *damnably*.（1H4 IV.2.13）
(88) 'Tis strange to think how much King John hath lost
　　　In this which he accounts so *clearly* won.（JN III.4.121-2）
(99) That which I show, heaven knows, is *merely* love,
　　　Duty, and zeal to your unmatched mind,（TIM IV.3.515-6）
(106) The air bites *shrewdly*, it is very cold.（HAM I.4.1）
(108) Sirra Biondello,

353

第二部　語彙

　　　　Now do your duty *throughly*, I advise you. (SHR IV.4.10-1)

このように -ly 形の副詞が動詞を修飾・強調する。また -ly 形の副詞は，形容詞と同形の副詞にある「形容詞と副詞のみに用いられる」というような特徴がないため，意味の特定が難しく，強意語とそれ以外の区別が困難である。そのため，シュミットも OED もしばしば間違っているのである。

第三節　C・D，名詞形の副詞と特殊例

C．**vengeance**(1 回)

　　(119) That's a brave fellow; but he's *vengeance*
　　　　 proud, and loves not the common people. (COR II.2.5-6)

55 例現れる vengeance の中で，ただ 1 例のみが 'extremely, intensely' を意味する強意語として用いられている。シュミットもフランツもブルックもこの 1 例のみとしている。OED は 1548, 1566, 1607(119), a1616, 1710-11 の 5 例を挙げ，この用法はすでに廃用としている。名詞の vengeance が強意語になったのは，名詞の意味に強意があるからである。

　　sb. 4. *with a vengeance*: b. As an intensive: With great force or violence; in an extreme degree; to an unusual extent.
　　†5. As *adv*. a. Extremely, intensely. *Obs*.
　　　　　　　　　　　　　　　　　　　　　(OED, vengeance)

C．**whoreson**

　　(120) Ah, you *whoreson* little valiant villain, you! (2H4 II.4.209)
　　(121) A *whoreson* cold, sir, a cough, sir which I
　　　　 caught with ringing in the King's affairs upon his
　　　　 coronation-day, sir. (2H4 III.2.181-3)
　　(122) A *whoreson* mad fellow's it was. (HAM V.1.176)

1 例のみの vengeance に対して，11 例現れるのが whoreson である。フランツは「一種の形容詞的強意語として，粗野な通俗語」(§396) であると述べ (121) を，シェーラーも (120) を挙げている。たしかに whoreson は，*whoreson* round man や *whoreson* upright rabbit, *whoreson* rascally tisick, *whoreson* mad ferrow's, *whoreson* indistinguishable cur, *whoreson* dead body から，一見すぐ後ろにくる形容詞を修飾している強意語のようにみえる。しかし実際は，形容詞とその後ろの名詞全体を修飾している形容詞の相当語であって強意語ではない。whoreson の前に a や you などがあることも，whoreson が形容詞である証拠である。ではなぜフランツやシェーラーは whoreson を強意語と間違えたのか。それは，2 人の挙げている 2 例が副詞と容易に間違えやすいものだからである。*whoreson* little valiant villain は whoreson の後が「形容詞＋形容詞＋名詞」となっているため，whoreson を形容詞に係る副詞ととってしまったのだろう。*whoreson* cold は他の例と異なり，「形容詞＋名詞」の形になっていないので，whoreson は cold に係る副詞のような印象を受ける。しかし実は，この cold は形容詞ではなく名詞である。この個所の cold が名詞であるということをシュミットを OED も述べている。そのため OED もシュミットも whoreson を強意語とはしていない。

> b. *attrib*.: commonly as a coarsely abusive epithet, applied to a person or thing: Vile, abominable, execrable, detestable, 'wretched', 'scurvy', 'bloody'; also sometimes expressing humorous familiarity or commendation.
>
> (OED, whoreson)
>
> Adjectively applied not only to persons, but to anything, as a term of reproach or ludicrous dislike, and sometimes (as in the language of Doll Tearsheet) used even in a tone of coarse tenderness:
>
> (*Shakespeare-Lexicon*, whoreson)

OED は (120), (121) を例に挙げている。シュミットも (120), (121) を含む

第二部　語彙

37例を挙げている。このように，一見強意語のように感じられる whoreson であるが，シュミットや OED のいうように形容詞の役割を持っているのであって，強意語ではない。つまり，フランツとシェーラーは間違っている。

D．**home**（45 回）

(123) and to the head of Angelo
　　　 Accuse him *home* and *home*．（MM IV.3.142-3）

(124) Single you thither then this dainty doe,
　　　 And strike her *home* by force, if not by words;
　　　 This way, or not at all, stand you in hope．（TIT II.1.117-9）

(125) But I will punish *home*．（LR III.4.16）

(126) Mend and charge *home*,
　　　 Or, by the fires of heaven, I'll leave the foe
　　　 And make my wars on you．（COR I.4.38-40）

(127) Before and in Corioles, let me say,
　　　 I cannot speak him *home*．（COR II.2.102-3）

(128) Satisfy me *home*,
　　　 What is become of her?（CYM III.5.92-3）

(129) I will pay thy graces
　　　 Home both in word and deed．（TMP V.1.70-1）

特殊な強意語として home がある。シュミットは to the quick, so as to make the intended effect として 31 例挙げている。フランツは以下のように述べて (123)，(125)，(126)，(127) の 4 例を挙げている。

> 動詞に伴う home は，一つの行為をその最後の限界，その目的まで（勢いよく）貫徹することを示す，それからさらに，達成されれば生々しく意識に上ってくるような目的の遂行を示す，ゆえに 'sensibly, to the quick' の意がある。今は home のこの副詞的用法はかなり制限されている。

第13章　強意語

(フランツ『シェークスピアの英語』§381)

4.a. Of physical actions: To the point or mark aimed at; to its ultimate position, as far as it will go; so as to reach, touch, or penetrate effectually; into or in close contact; closely, directly.
5. *fig.* a. To the very heart or not root of a matter; into close and effective contact; so as to touch, reach, or affect intimately; closely, directly, effectively, thoroughly, out of out. *to bring a charge home to* (a person): to fix it upon him, convict him of it.

(OED, home)

OED は (128) を挙げている。OED の 4. も 5. も 1540 年代から用いられている。このように，home は動詞に伴って，その行為の目的の達成を示す強意語である。home は元々副詞なので，制限されてはいるけれど，今日でもなお強意語として用いられている。

結　論

第一節～第三節でみてきた強意語を，OED を基に以下の表にまとめる。

		初例	最終例		OED例	Sh.例			初例	最終例		OED例	Sh.例
exceeding		1535	1857	arch.	8	19	exceedingly	a	1535	a1843		8	4
								b	1535	1881		8	
passing		1387	1891	arch.	9	25	passingly		c1380	1887	arch.	7	0
abundant		a1725		obs.	1	1	abundantly		c1382	1880		8	1
clean	a	a1000	1883		11	12	cleanly		c1050	1655	obs.	8	2
	b	c1380	1867		7								
	c	c1500	1857		9								
	d	1538	1883		8								
clear	a	1513	1886	obs.	10	0	clearly		1377	1816	obs.	7	3
	b	1600	1883		8								
cruel		1573	1888	obs.	6	0	cruelly		c1385	1883		6	1
damnable		1611	1712-35	obs.	4	2	damnably		1596	1843	vulgar	5	1

357

第二部　語彙

excellent	a	1483	1642	obs.	3	20	excellently	a	c1460	1599	obs.	2	4
	b	1586	1719	obs.	4			b	1526	1826		6	
	c	1590	1756	obs.	4			c	1529	1712		3	
grievous		1596		obs.	1	3	grievously		1340	1894		11	6
horrible		c1400	1843		8	3	horribly		1340	1884		11	8
intolerable		1592	1716	obs.	4	1	intolerably		1768	1821	obs.	2	0
main		1632	1892	dial.	9	0	mainly	a	c1400-50	1800	obs.	10	5
								c	1670	1890	dial.	5	
marvellous		c1330	1777	obs.	8	20	marvellously		c1330	1881		9	2
mere		1534	1635	obs.	5	1	merely		1564	1788	obs.	9	14
monstrous	a	1710-11	1852	obs.	2	2	monstrously	a	1555	1797	obs.	4	0
	b	1590	1942		12			b	a1674	1904		6	
plaguy		1584	1884	colloq.	7	1	plaguily		a1586	1826	colloq.	5	0
shrewd		1387	1819	obs,	11	1	shrewdly		1551	1863		12	7
(shrowd)		1482	1623		4	0	(shrowdly)		c1533	1673		8	3
sore	10	c1440	1812		8	11	sorely		1562	1891		7	6
	11	1474	1860	obs.	6								
through		c1440	1901	obs.	8	2	throughly		c1440	1885	arch.	9	13
(thorough)		a1240	1853	obs.	14	2	(thoroughly)		1473	1878		7	4
wondrous		a1557	1856	arch.	7	22	wondrously		1500-20	1905		7	1
vengeance		1548	1710-11	obs.	5	1							
home	4	1548	1897		13	45							
	5	1542	1895		13								

　本論では，シェイクスピアの英語を中心に強意語の特徴をみてきた。特定の強意語を頻用するとその意味は弱まる傾向にあり，それを補う別の単語が必要となる。こうして強意語は次から次へと生み出され，いずれ衰退していく。Mod.E に強意語としての *very* が現れるまで，OE 以来実に様々な語が強意語として用いられた。OE 〜 ME: swiðe; swýðe(本来 'strong')。ME 〜 late ME: full; pure, その間 swiðe は 'quickly' の意味へと変わり，very が 'true, genuine' の意味でフランス語から借用された。Late ME 〜 early Mod.E: exceeding; right; passing; wondrous; very; など。Mod.E: very; quite; so; vastly; awfully; jolly; mighty, など。シェイクスピアの時代にも多くの強意語が現れ，シェイクスピアは様々な強意語を使用している。本論では取りあげなかったが，*full* が 61 例，*right* も 70 例用いられている。第 2 節 §2 で述べたように，Mod.E に副詞語尾 -ly が

現れてからは，すべての形容詞が -ly を付けることによって副詞として使われるようになった。シェイクスピアはその変遷期にいたので，形容詞形の強意語と，シェイクスピアの少し以前に現れ，特に上流階級の知識人に好んで使われた -ly 形の強意語とを自由に使用している。

　シェイクスピアの強意語の研究を通して，英語の生きた歴史を理解するのに大きな成果を得ることができた。上記の表からもわかるように，abundant, cruel, damnable, exceeding, excellent, grievous, intolerable, marvellous, mere, passing, shrewd, through, wondrous 等の形容詞形の強意語は廃用，あるいは古語となったのに対し，abundantly, cruelly, exceedingly, excellently, grievously, horribly, marvellously, monstrously, shrewdly, sorely, wondrously 等 -ly 形の副詞は生きた強意語として根強く残っている。つまり，形容詞形の副詞が時代とともに使われなくなるにしたがって，形容詞形の強意語も使われなくなっていった。一方，cleanly, clearly, intolerably, mainly, merely, throughly 等は，頻繁に用いられたためすでに強意語の機能を失っている。

本章の参考文献

McKnight, G.H., *English Words and Their Background*, Gordian, 1923, rpt. 1969

Stoffel, C., *Intensives and Down-toners*, Carl Winter, 1901
〔乾・東・木村　訳述『強意語と緩和語』英語学ライブラリー，研究社，64, 1971〕

市河三喜　『英文法研究』(増訂新版)，研究社，1954

第二部　語彙

第 14 章　go と walk の意味変化
―基本語彙の意味変化研究の視点―

はじめに

　英語の歴史上，数多く見出すことができる単語の意味変化ついて，非常に興味深い記述がブラッドリ (H.Bradley) の『英語発達小史 (*The Making of English*)』にある。

> 一般的な意味をもっている語に対して，さらに特殊な意味が加わるとき，意味の曖昧という不都合が生じても不思議はない。その際，特殊な意味の方がすたれることが多いが，その理由は，それと同じ特殊な意味しかもたない別の語が頻繁に用いられる結果，そこから締め出されてしまうからである。例えば go は英語の動詞の中で最も広い意味をもつと思われるが，初期には限定された意味【「歩く」】でも使われていた。十七世紀末になってもなお英国の宗教作家バニヤン (John Bunyan, 1628-88) は，「走れるときは走り，走れないときは歩み (go)，歩めないときは這っていく覚悟だ」と記している。しかし，これは【go =「歩み」】すでにバニヤンの時代にあっても多少とも古風な表現であった。また，ドイツ語では gehen は今日でも広・狭両義で使われているが，現代英語では walk が go の狭義を表わしている。
>
> 　　　　　　　　　　（ブラッドリ『英語発達小史』寺澤芳雄訳，p.193）

　ブラッドリによると，go という単語は，元々は特殊な「歩く」という意味を持っていたが,その特殊な意味が長い歴史の中で徐々に廃れて,代わって一般的な広い意味が頻繁に使われるようになった。現在では「歩く」という意味を担っているのは walk であり，walk が go の元々の意味に取って代った。同じ「歩く」という意味に関係しているので，walk と go が相

関関係をなして意味変化したことは間違いない。では，walk と go はどのような相関関係をなして意味変化をしたのか。上述の文章の中でブラッドリは，「…その理由は，それ【＝ go】と同じ特殊な意味しかもたない別の語【＝ walk】が頻繁に用いられる結果，そこから締め出されてしまうからである」と述べているから，go は，初めは一般的な意味と「歩く」という特殊な意味を持っていた。その証拠に，ドイツ語では今でも go は広い意味と狭い意味の両方を維持している。ところが，walk が初めから持っていた特殊な「歩く」という意味で頻繁に用いられたために，「移動する」という広い意味とともに，やはり「歩く」という意味も持っていた go に意味変化が生じ，go の持っていた「歩く」という意味は閉め出されてしまった。本論では，walk と go という単語の意味変化について，これらふたつの単語の相関関係を考慮に入れながら考察し，更には，英語本来の基本単語の意味変化研究の方法を追究する。

　特殊な語が多くそれだけに意味変化も比較的把握しやすい外来語，また，意味や形態に関して言及している文献，辞書も数多い外来語とは違って，日常基本語であるがために，意味の変化は実に微妙であり跡づけが難しい。従来の意味変化研究，語彙変化の研究がともすると外来語に偏っていて，英語の基本語彙の意味変化研究が乏しいのはこのためである。go と walk も意味変化の跡づけが難しいために，筆者個人の解釈，見解は極力排除するように努めた。そして，可能な限り論点を絞り明確にするために，意味変化の証拠と説明を，OED[2]，シュミット (A.Schmidt) の *Shakespeare Lexicon*，ブラッドリの『英語発達小史』という，3 点の信頼できる辞書，文献の記述に依拠するところが大きくなったことは必然的な結果である。

第一節　go の意味変化

　OED を参照しながら go と walk の意味変化をたどってみる。OED の go の項目の冒頭には，go のたどった意味変化の全体像について次のよう

第二部　語彙

な記述がある。

> An intransitive verb of motion, serving as the most general expression (I) for a movement viewed without regard to its point of departure or destination; (II) for a movement *away from* the speaker, or from the point at which he mentally places himself; and (III) for a movement *to* or *towards* a place which is neither in fact nor in thought that occupied by the speaker. The verb is thus on the whole coextensive in meaning with the Latin *ire*; in the branches II and III it admits of being contrasted with COME(=L.*venire*). Besides this general sense, it had formerly a special application to *walking* as distinguished from other modes of progression; possibly this may be the primitive sense, but only faint traces of it remain in current English. Like *come*, it is applied both to self-originated and to impressed movement, but the former application is felt to be the primary one.
>
> (OED, go)

つまり，go の意味は大きく3つの意味区分が可能である。
（Ⅰ）出発点もしくは目的地を明確に示さない動き。
（Ⅱ）話者（が意識においている場所）から離れる動き。
（Ⅲ）実際にも意識の上でも話者の関与しない場所への移動。
更に，go はこれら3つの意味の他に，「歩く」という具体的な意味を持っていた（（Ⅰ）の中に含まれている）。しかも，それが go の元々の意味である。

> I. Of movement, irrespective of the point of departure or destination.
> †1. a. = To walk; to move or travel on one's feet (opposed to *creep, fly, ride, swim,* etc.); to move on foot at an ordinary pace (opposed to *run,* etc.).
>
> (OED, go)

この項の説明にみられる go は，現代の意味である「(その手段・方法は問

わずに）ある場所から別の場所へ移動する」ではなくて，'to walk（足で歩く）'という特定の移動の手段・方法を表している。つまり現代の walk と同じ意味を表していたということに他ならない。OED に掲載されたこの項の引用例は，1000 年－1836 年となっており，なかでも 16, 17 世紀の例文が数多くみられる。つまり，go は 1.a. の 'to walk' という意味で 16, 17 世紀にかなり頻繁に使用されていたという印象を受ける。しかし，本論の「はじめに」で引用したブラッドリの説明にもあるように，この「歩く」という意味での go の使用は 16, 17 世紀にはすでに古い用法であったはずである。従って，16, 17 世紀の例として「歩く」という意味での go の引用例を多数掲載している OED と，16, 17 世紀には go の「歩く」という意味は古風になっていたというブラッドリの記述には矛盾がある。しかし，OED の go の項の編者が，当の『英語発達小史』の著者ブラッドリであるということから解決の糸口を見出すことができる。ブラッドリは，『英語発達小史』の中でバニヤン (J.Bunyan) から，

> I am resolved to run when I can, to go when I cannot run, and creep when I cannot go.（走れるときは走り，走れないときは歩み (go)，歩めないときは這っていく覚悟だ。）(*The Pilgrim's Progress*, 2, 313)

という一文を引用し，また, neither to ride nor go（乗馬でも徒歩でもなく）という古い表現を例に挙げている。このふたつの例に共通してみられる特徴がある。それは，「歩く」という意味で使用されている go が, 意味の上で，明らかに対比している単語と並置して使われていることである。すなわち，run 対 go, creep 対 go, あるいは ride 対 go というように，go と対比する形で，「歩く」とは別の手段による移動の意味を表す動詞を並置させることによって，go が「歩く」の意味で使われていることが明らかな例文を挙げているのである。

　次に，OED の go の 1.a. に挙げてある引用文を検討してみる。c1000 年の *Ags. Gosp.* Matthew xi. 5 を初出として，c1200, a1300 年と続く中で，c1386 年のチョーサーですでに go と ride が並置して用いられ，1387,

第二部　語彙

1412-20, c1450, 1523 年と続くが, 1587 年からは a1592, 1605, 1611, 1628, 1633, 1661, 1684, 1751, 1768 年そして最終例が 1836 年となっている。これらの例を検討してみると, 注意すべき点がふたつある。ひとつは, これらの例の, 特にチョーサー以降の例はいずれも, go が「行く」ではなく「歩く」を意味することを明らかにするために, 他の動詞 (ride, run, creep, swim, creep) が必ず並置・対比されていることである。もうひとつは, 引用例は厳選して 50 年から 100 年に 1 例という OED の原則に反して, go='to walk' で用いられた 16, 17 世紀の例が例外的に際だって多数掲載されていることである。特に 1587 年から 1768 年までの 81 年間で 10 例を数える。このことは, 16, 17 世紀に「歩く」を意味する go が頻繁に用いられたかのような印象を受ける。しかし, 事実は逆である。単独で用いられた場合,「歩く」の意味は早くから walk に限定されて用いられるようになり, go が例外的に「歩く」の意味で用いられるのは, 必ず他の動詞と並置される場合に限られるようになり, しかもその例は極端に少ないので, 16, 17 世紀に go が「歩く」の意味で他の動詞と並置して用いられた例を収集できた限りのすべて OED は掲載した, と考えられる。この推測は, ブラッドリの『英語発達小史』の go に関する記述と, OED の go の項目の執筆・編集がブラッドリであることを思い合わせると, 間違いないように思われる。

　以上に述べてきた go の「歩く」という意味とは全く異なった意味が, II, III の意味である。これらは現代英語にみられる go の普通の意味である。

II.Uses in which movement *from* a place is the primary notion.
21. a. To move away, depart, leave a place.　Const. *from*, †*of*.
22. a. To begin to move from a given point or state, to begin any action; esp. in imperative *go!*, said by the starter in a race, etc. Of an explosive = *to go off* (see 85 c); also *fig*. HERE *goes*, THERE *goes*, TOUCH *and go*: see these words.　*from the word go*: from the start, from the very beginning (colloq., org. *U.S.*).

III.Uses in which the prominent notion is that of the destination or direction. Here the verb is distinguished from COME by the implication that the movement is not towards the speaker, or the person whose point of view he for the movement assumes.

30. a. To move, take one's way, pass, or proceed to or towards a place, into the presence of a person, or in a specified direction. Const. *to*, *towards*, *into*, or with any prep. or adv. indicative of motion whither.

(OED, go)

Ⅱの下位区分の 21.a. の意味は,移動の動き自体を表すのではなく単に「出発する」を意味し,初例は 1000 年であり,Ⅰの 1.a. と同時期である。「出発する」という意味の使用例はその後もみられ,22.a. 以下の意味はここから発展していった。というのは,22.a. 以降の意味は c1200 年以降の例文しかみられず,15 世紀以降,現代英語期に近づくにつれ頻繁に使用されるようになっている。Ⅲの「実際にも意識の上でも話者の関与しない場所への移動」という意味区分についてみてみると,この意味での用法が現代英語では普通であり,come と対をなす意味であるが,古期英語,中期英語時代には比較的例がみられない。ただし,30.a. に限っては初例が 971 年である。OED の例文の中にはシェイクスピアが使用した例文もある。

1591.SHAKS. *Two Gent*. III.i.388 Must I goe to him?

といったふうに,「ある場所に向かって移動すること ('to move')」を表している。この意味では「目的地点,方向」が強く意識されており,'to move' という一般的な広い意味で目立って使われるようになったのは,16,17 世紀以降のことである。以上に述べたことから,'to move' という一般的意味は古期英語から存在してはいる。しかし,引用された例から考えると,時を経るにつれてその意味範囲は拡大している。意味区分Ⅱにしても Ⅲ にしても,15,16 世紀を境にその使用頻度はかなり増え,意味

第二部　語彙

範囲もかなり広がっている。

以上に述べてきたことから，go の 'to move' の意味での使用は古期英語，中期英語ではそれほど多くはなく，近代英語期に入って確実に発展し，元来の意味からの急速な拡大をみせている。その例を挙げてみる。

25. a. Of money: To be parted with, to disappear, be expended or spent. Const. *in*.

27. a. To cease to exist or to be present; to be taken away, lost, or consumed; to come to an end, be abolished.

28. a. To 'depart this life', die.

31. With implication of an additional meaning.

a. The place mentioned as the destination is often intended to include, or simply stand for, what is done there; as in *to go to the* BALL, *to* BED (also *to go into, to bed to*), *to* CHURCH, *to* COURT, *to* GRASS, *to* MARKET, *to* PRESS, *to* SCHOOL, *to* STOOL, etc.

32. Instead of, or in addition to, the place of destination, the purpose or motive of going is often indicated.　This may be expressed in various ways:

36. *trans*. a. To risk, adventure (a certain sum), to stake, wager. Also *absol*.; sometimes with indirect object. *to go better*, in certain card games, to offer a higher stake than is named in the adversary's challenge; so *to go one better*: hence often *fig*. to outbid or outdo somebody else. Similarly (*U.S.*) *to go* (an amount) *better*: to raise the bet by (so much); *to go* (a person) (*one*) *better*; to outbid or outdo (someone).

39. a. To pass *to* a person; to fall to his lot; to be allotted or awarded to him; to pass into his hands, into his pocket, under his control, etc.

44. To pass into a certain condition. Chiefly implying deterioration.

(OED, go)

このような発展, 派生を続けながら, 現在の 'to move' という意味が確立した。

以上にみてきたように, go の I, II, III の意味発展を総合して検討してみると, go という単語は, 古くは「歩く」という特殊な意味も「移動する」という一般的な意味も両方持ち合わせていたが, 特殊な意味である「歩く」が廃れていき, 一般的な意味である「移動する」のみが残った。すなわち, go の意味変化は「意味の一般化 (generalization)」の一例である。

> ある語に数個の新しい意味を生じさせた原因が類似性であり, その類似がたまたますべて同一種類のものであるときには, その後の意味は拡大され, 一般化することが少なくない。つまり, 従来適用されていた種々の事物をすべて表わすと同時に, それらのものと共通する性質をもっている他のすべての事物をも表わすことができるような意味を獲得するのである。
>
> (ブラッドリ『英語発達小史』p.188)

以上の引用にみられるように, 意味の一般化という現象は, 単語の歴史において最も普通な現象のひとつである。go の意味変化は次のように図式化できる。

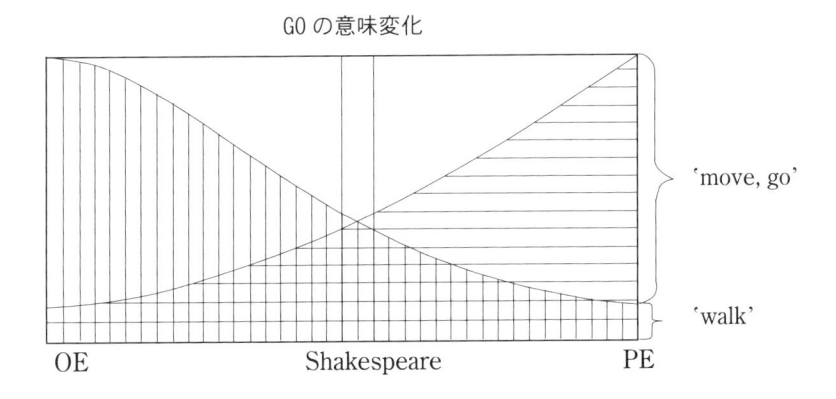

GO の意味変化

(図: 縦軸に 'move, go' と 'walk' の意味の割合, 横軸に OE, Shakespeare, PE の時代を示すグラフ)

go というひとつの単語に内在していた主従のふたつの意味が逆転したことがわかる。その意味の交代する時期が 16 世紀から 17 世紀にかけて

第二部　語彙

である。すなわち，シェクスピアの時代である.

第二節　walk の意味変化

　次に，現在「足で歩く ('to walk on foot')」という意味が定着している walk の意味変化を，OED を参照しながらみていく。
　walk の I の項をみると，

> †I. 1. *intr*. a. In OE. (str. vb.). Of the waves: To roll, toss.　　b. In early ME. of persons: To toss about restlessly. *Obs*.
>
> (OED, walk)

というように，現在の walk の「足で歩く」という意味とは全く違う「(波が)うねる，寝返りを打つ」という意味を持っていたことがわかる。中期英語期になると，

> II. *intr*. To journey, move about, esp. on foot.
> †2. To go from place to place: to journey, wander. Also with cogn. obj., to go (one's way).
>
> (OED, walk)

というように，古期英語期から中期英語期にかけて突然の意味変化をきたしている。この突然の意味変化ついては OED の中に説明がある。

> It is remarkable that to the end of the OE. period the sense of the str. vb. was 'to roll' and that from the beginning of the ME. period it was 'to move about, travel'.　The explanation of this apparently sudden change may be that the ME. sense had arisen in OE. as a colloquial (perhaps jocular) use, and that when the literary tradition was interrupted after the Conquest, and people wrote as they spoke,

the original meaning of the verb was no longer current.

(OED, walk)

　すなわち，IIの「歩く」という意味は，古期英語期にすでに口語表現では用いられており，それが，1066年に始まるノルマン・コンクェストによって，古期英語の文語の伝統が絶たれた。そのため，「歩く」という口語用法をそのまま書き記したことから，walkの「歩く」という意味が文語に登場するようになった。このようにして，walkの意味は「波が逆巻く」から「歩く」に変化した。

　次に，どのようにして中期英語期にwalkの「歩く」という意味が確立したのかについて考えてみる。

　先に挙げたIIの項にみられるように，中期英語期のwalkは，現在のwalkが持っているような限定された動きを表すものではなく，もっと広い一般的な意味を保持していた。特に2.の意味区分に関しては，'To go from place to place'という現在のgoの意味を持っており，13, 14世紀にはこの意味を持つwalkが文献にも登場する。ただし，この意味での使用例は1513年が最後となっており，その後使用された例がみられないことから，16世紀以降は完全に廃れてしまったと考えられる。この，一般的な広い意味から派生したと思われる例がいくつかみられるが，そのほとんどが14, 15世紀の使用であり，その後17世紀までの例文しか残っておらず，この意味でのwalkの使用が17世紀で終わっていると考えられる。なかには19世紀の例文もみられるが，これは古風な言い回しの文に使用されたという例である。このような非常に広い意味から，徐々に，足を使った動きを表す意味へと変化してきた。

5. a. To travel or move about on foot.　Also with advs. *about*, *on*, etc.
e. In express or implied contrast with *ride*.　Also colloq. to *walk it*.
f. More explicitly, *to walk on foot*, also (now rarely) *afoot*.　†Also *transf.* of a stream: To flow slowly (*obs.*).
g. With advs. *in*, *up*,†*forth*, and const. *into*, the use of this vb. instead

369

第二部　語彙

of the indefinite *come* or *go* sometimes implies an additional notion of absence of pausing or hesitation.　So, 'in the ceremonious language of invitation' (J.), *walk in* = 'come in' (now chiefly in rustic use). Similarly in the showman's 'Walk up! walk up!' when the show is on a raised platform. *to walk in* (sometimes const. *on*; cf. sense 13 c below): *spec.* to arrive unexpectedly; to enter premises, etc., with unwonted ease; to succeed against all expectations.

h. To move about or go from place to place on foot for the sake of exercise, pleasure, or pastime; to take a walk or walks.　†Also with *abroad. to walk out*: of a soldier off duty, to go into town on pass.

(OED, walk)

これらの説明より，単に場所から場所への移動を表した walk に 'on foot' という手段が加えられたということがわかる。「歩く」という意味では 14 世紀から使用例があるが，この頃にはまだ「足を使って」という意識は強くはなかったようである。というのも，OED の 5.g. につけられた注釈によると，

In general, the tendency to substitute 'come' or 'go' for this verb has become much more prevalent since the 16-17th c.

(OED, walk, 5.g.)

とされており，16，17 世紀まではまだ単に「移動する」という一般的な意味でこの単語を使用することが多かったと考えられる。16, 17 世紀以降は「足を使って歩く」という意味での使用例も次第に増えていっており，19, 20 世紀の例文も数多くみられる。シェイクスピアも，'on foot' を含意した意味で walk を使用している。その中の一文を引用すると，

1598 SHAKS. *Merry W*. I.i.291, I pray you Sir walke in.

といった使い方をしている。これは，「歩いて奥に入っていく」という動

作を示したものである。

　14世紀にはそれほど厳密ではなかったとしても，この頃からwalkは，一般的な意味から移動の動作を「足を使って」に限定した特殊な意味へと移り変わっていく。場所から場所への移動を表す際にも，'on foot'を含意する傾向が徐々に強くなっていく。これは，OEDの例文の年代をみてもわかるように，'on foot'を含むwalkの使用頻度は，現代英語期に近づくにつれ高くなっている。つまり，14世紀にはまだ特殊な使用だった'to move on foot'という意味が，現代英語期に近づくにつれ徐々に広く用いられるようになり，確立されてゆく。更に発展して，具体的に足を一歩一歩左右交互にかわして前へ進むといった動作を示すまでに至る。このことは，OEDの7.の意味区分に説明がなされている。

> 7. To go on foot at a walk: see WALK sb.[1] 5.
> a. Of human beings or other bipeds: To progress by alternate movements of the legs, so that one of the feet is always on the ground: contrasted with *run*, *hop*, etc.　*to walk through* (a dance) = 7e; similarly of an actor, *to walk through his part* (cf. quot. 1824); also simply *to walk through*, and *fig*.
> b. Of a horse, dog, or other quadruped: To advance by a gait in which there are always two feet on the ground, and during a part of the step three or (in slow walking) four feet: opposed to *amble*, *trot*, *gallop*, etc. Also said of a rider.
>
> (OED, walk)

　これにより，runやhopと移動の方法の違いが明確になった。

　以上のことをまとめると，walkは，古くは'go, come, move, pass, travel, etc.'の意味を含んだ，漠然とした一般的な意味を持っていたが，次第に「足で歩く，歩いていく」といった，特殊な意味に限定されるようになった。意味の特殊化の一例であり，英語の歴史の中ではよくみられる現象である。この現象についてブラッドリは次のように述べている。

第二部　語彙

…つまり広い意味を持つ語がその意味を狭め，以前その単語が表していた事物の中のある特殊な物にしか適用できなくなるような例も，一般化の例に劣らず多い。

（ブラッドリ『英語発達小史』，p.191）

walk の意味変化は以下のように図式化できる。

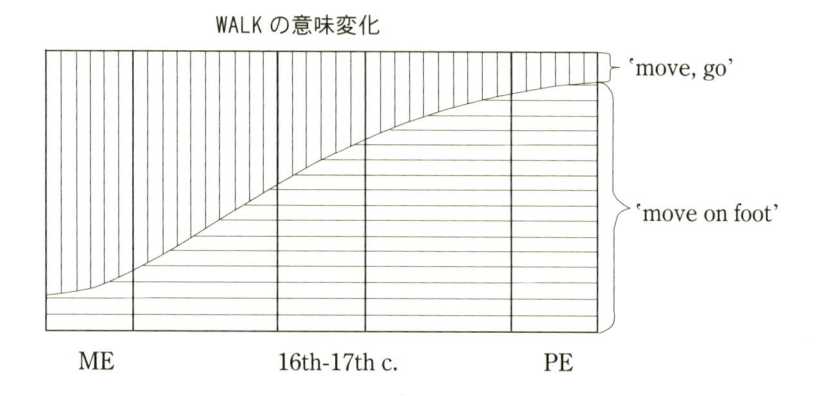

WALK の意味変化

```
ME        16th-17th c.        PE
```

'move, go'
'move on foot'

OED を参照して，go と walk というよく似た意味を持つふたつの単語の意味変化をたどってきた。このふたつの単語が経てきた，意味の一般化と特殊化という相反する意味変化には，互いに何らかの相関関係があると考えられる。そこで 1600 年前後に数多くの作品を残しているシェイクスピアが，このふたつの単語をどのような意味で使用しているのかを次の節で検討していく。

第三節　シェイクスピアの go と walk

§1　シェイクスピアにおける go

go と walk の意味の交代の時期である 1600 年前後に多くの作品を残したシェイクスピアは，go と walk をどのように使用していたのだろうか。

第14章　go と walk の意味変化

シュミットの *Shakespeare Lexicon* の go の項をみると，第1の意味として，

 1) to move step by step, to walk: （*Shakespeare Lexicon*, go）

が挙げてある。この意味は次のような文にみられる。

 I can *go* no further, （Tp. III.3.1）
 I can no further crawl, no further *go*, （Mids. III.2.444）
 Shall packhorese And holow paper'd jades of Asia,
 cannot *go* but thirty miles a day, （H4B II.4.179）
 ride more than thou *goest*, （Lr. I.4.134）

中にはその意味を特定しにくい場合もあるが，crawl や ride と組み合わせて使用された go は，シェイクスピアが「足で歩く」の意味を意識して使用していたことがはっきりとわかる。同様に第2の意味として，

 2) to walk leisurely, not to run: （*Shakespeare Lexicon*, go）

とあり，run と対比させることで，「足で歩く」を強調している例もみられる。

 we'll not run, nor *go* neither, （Tp. III.2.22）
 thou must run to him, for thou hast stayed so long that *going* will scarce serve the turn. （Gent. III.1.388）

このように，シェイクスピアも go が「足で歩く」という意味の場合には，「足で歩く」以外の手段による移動を表す他の動詞を並置し，対比させて，go の「歩く」という意味を明確にさせていた。また，シェイクスピアは総数としては他の単語に比べてかなり数多く go を使用しているが，1), 2) の「歩く」という意味で用いられた go はそれほど多くはない。従って，シェイクスピアの時代には，「歩く」という意味はすでに衰退しつつあった。
　次に，「話者の位置から離れてゆく，移動してゆく ('to depart')」という

第二部　語彙

第4の意味を検討する。

> 4) to depart (the opposite of to come):
> all this service have I done since I *went*, (Tp. V.226)
> to-morrow be in readiness to *go* (Gent. I.3.70)
> is the duke *gone*? (Meas. V.301)
> there's no *going* but by their consent, (Per. IV.6.208)
>
> (*Shakespeare Lexicon*, go)

これらの例では「話者，もしくは話者の意識にある中心から離れる，移動する」という意味で使われている。ここから発展して，次のような意味も現れてくる。

> Hence = to pass away, to vanish, to come to an end:
> how things *go* from him, (Tim. II.2.4)
> bruised pieces, *go*; you have been nobly borne, (Ant. IV.14.42)
> She is *going*, (H8. IV.2.99) (= dying)
>
> (*Shakespeare Lexicon*, go)

また，過去分詞形で用いられると，現在形で使われるのとは違った意味を持つ。

> Gone = a) past: Tuesday night last *gone*, (Meas. V.229)
> b) finished, consumed:
>   till either gorge be stuffed or prey be *gone*, (Ven.58)
> c) vanished, away: who is fled and *gone*, (Ado. V.2.101)
> d) lost, ruined, dead:
>   the party is gone, she is *gone*. (LLL I.4.68)
> e) overpowered by a sensation: York is too far *gone* with grief, (R2 II.1.184)
>
> (*Shakespeare Lexicon*, go)

第14章 go と walk の意味変化

go は，第4の「離れてゆく」から意味が広く派生している。言い換えれば，第1の「歩く」という意味は古くから使われてはいるが，そこから新しい意味が発展・派生するような活力は残っておらず，使用頻度も減っているので，もはや化石化した意味であるといえよう。反対に，第4の「離れてゆく」という意味は，新しい意味を発展させうる活力を持っており，シェイクスピアの時代には生産的であり，生きた意味だったと考えられる。

また，第5の意味，

> 5) to move, to pass in any manner and to any end; properly and metaphorically: the sound is *going* away,（Tp. III.2.157）
> here! *go*, the desk, the purse,（Err. IV.2.29）
> never going aright, being a watch, but being watched that it may still go right,（LLL III.194-195）
>
> (*Shakespeare Lexicon*, go)

をみると，第4の意味と似通った意味ではあるけれども，第4の意味よりも「足で歩く」という特定の意味から更に離れ，一層漠然とした広い意味になっている。この第5の意味からも，go は成句を数多く生み出している。その例を挙げてみる。

> to *go together* = to agree, to be in keeping: they(viz. honour and safety) do not *go together*（Ant. IV.15.47）
> *to go with* = a) to attend, to be with, to be applied to: let the proverb *go with me*: I'll be horn-mad.（Wiv. III.5.154）
>   b) to agree, to accord: your better wisdoms, which have freely *gone with* this affair.（Hml. I.2.15）
> *I am going to* = I am about to:（Gent. III.1.54）
> to go to it = a) to suffer death: three or four of his blind brothers and sisters *went to it*,（Gent. IV.4.5）
>   b) to fornicate: the wren *goes to it*,（Lr. IV.6.114）

375

第二部　語彙

Followed by an inf.; a) with *to*:　I *went to* seek him,（Err. V.225）
　b) without *to*, almost redundantly:
　　go sleep, and hear us,（Tp. II.1.109）
Joined to the following verb by *and*:
　　Wouldst thou have me *go and* beg my food,（As. II.3.31）
Joined to adverbs:
　　how he *goes about* to abuse me,（Meas. III.2.215）
　　shall make it *go* quick *away*（= pass）（Tp. V.304）
　　let *go by* the actor,（= leave him unpunished）（Meas. II.2.41）
to *go even* = to agree:　the rest *goes even*,（Tw. V.246）
　　to *go far*,（Wint. I.2.218）
　　when goes this *forward*?（Cor. IV.5.228）
　　to *go in* = a) to enter:　（Wiv. I.1.288）
　b) to have room enough:
　　he is too big to *go in* there,（Wiv. III.3.142）
to *go near* = to be like to:
　　it will *go near* to be thought so,（Ado IV.2.24）
to *go off* = a) to be discharged:　（H4B II.4.147）
　b) to depart:　the soul and body rive not more in parting than greatness *going off*,（Ant. IV.13.6）
　c) to be deducted:　I would the friends we miss were safe arrived. Some must *go off*,（Mcb. V.8.36）
　d) to fall, to be cut off:　*off goes* your head,（H4B IV.1.17）
　e) to be taken off:　this woman's an easy glove; she *goes off* and on at pleasure,（All's V.3.279）
to *go on* = a) to get on one's way, to set off:
　　go on before,（Gent. II.4.186）
　b) to continue:　（Ado V.1.1）
　c) to proceed:

it *goes on*, I see, as my soul prompts it,（Tp. I.2.419）
　d) to be put on: （All's V.3.279）
to *go out* ＝ a) to leave a place:
　　may I *go out* ere he come?（Wiv. IV.2.51）
　b) to set out, to march out: there are other men fitter to *go out*
　　than I,（H4B III.2.126）（＝ to march as soldiers）
　c) to cease, to be extinguished:
　　then *out* it *goes* (viz the candle)（H8 III.2.97）
to *go round* ＝ to turn round, to revolve:
　　cup us, till the world *go round*.（Ant. II.7.125）
to *go through* ＝ to do one's utmost: I do it for some piece of money,
　　and *go through* with all,（Meas. II.1.285）
to *go up* ＝ to be put up:
　　the sword *goes up* again,（Caes. V.1.52）
go to ＝ come! (a phrase of exhortation or reproof):（Shr. V.1.139）
　　　　　　　　　　　　　　　　　　（*Shakespeare Lexicon*, go）

　以上のような様々な成句が用いられていることから，go という単語がかなり幅広い意味で使用されるようになったことがうかがえる。ここで，注意しておかなければならないのは，様々な意味と様々な成句が発展し，形成されているのは「歩く」という古い意味からではなく，「離れる，移動する（'to depart, to move'）」という新しい意味からである，ということである。つまり，「離れる，移動する」という意味は，シェイクスピアの時代には，急速に使用頻度を高めてきた，活力を持った意味であった。
　go の意味変化について以上に述べてきたことを要約すると，シェイクスピアの作品の中で非常に頻繁に使用された go は，古期英語期からの第1の意味である「歩く」としてよりも，16 世紀頃から頻繁に使われるようになった「離れてゆく，移動する」という意味の方が勢いがあった。というのは，「歩く」という意味からの新しい意味の発展はみられないのに

対し,「出発する,移動する ('to move')」という意味からは新しい意味の発展が数多くあるということと,「離れてゆく,移動する」という意味から多数の成句が生み出されているからである。シェイクスピアの時代は,「歩く」と「離れてゆく,移動する」というふたつの意味の勢力が正に逆転する時期であり,「歩く」という特殊な意味が廃れ,「離れてゆく,移動する」という一般的な意味がこの時期を境にして主流になりつつあった。シェイクスピアは go が大きく意味を入れ替える瞬間の交叉点に位置し,go の新しい意味による成句を多数生み出し,新しい意味で用いることにより go の意味転換に大きく貢献した。

§2　シェイクスピアにおける walk

次に walk について考える。walk は中期英語期には,「歩く」ではなく,現在の go の意味である「離れてゆく,移動する」という意味でも広く使用されていた。walk の古い意味が現在の「足で歩く」という新しい意味に変化する過渡期にある,シェイクスピアの英語における walk の意味を検討する。

Shakespeare Lexicon の walk の項をみると,その第 1 の意味は,

1) to move slowly on the feet, to step along:

(*Shakespeare Lexicon*, walk)

となっている。シュミットが最初に挙げている「足で歩く」という意味での使用例はそれほど多くない。

when you walked, to *walk* like one of lions, (Gent.II.1.28-29)
to see him *walk* before a lady and to bear her fan, (LLL IV.1.147)
let me see thee *walk*, (Shr. II.258)
I can stand and *walk*, (Wint. IV.3.120)

はっきりと「足で歩く」という意味から発展したと思われるのが,

2) to move or go about for recreation or any other purpose:
(*Shakespeare Lexicon*, walk)

という第2の意味である。これは，歩くという動作そのものではなく「気晴らしなどの目的を持って歩き回る」という多少意味の幅を広げて使われている。そして，何か乗り物を使って動き回るという意味は全く含んでおらず「自分の足で歩く，散歩する」という意味で使用されている。つまり，動き回るという動作に自然と 'on foot' という概念が含まれている。この意味では以下のような使用例がある。

a turn or two I'll *walk*, to still my beating mind,（Tp. IV.162）
I had rather *walk* here,（Wiv. I.1.293）
will you *walk* with me about the town?（Err. I.2.22）

このようにみてくると，walk は 'to move on the feet' という意味をすでに確立しているかのようであるが，中にはまだ，次のような意味で使用された例も数多く残っている。

Much oftener used than in modern language = to go, to move, and even = to come: I pray you, sir, *walk* in,（Wiv. I.1.292）
you must *walk* by us on our other hand,（Meas. V.17）
pleaseth you *walk* with me down to his house,（Err. IV.1.12）
(*Shakespeare Lexicon*, walk)

どれも 'to go, to move' という広い意味で用いられているとは断定しがたい。つまり「足で」という手段を完全に排除した意味とは思えない，'to go (on foot)' というように，'on foot' が含意されている。更に，現在の go の意味である「離れていく」ことを表す使用法も挙げられている。

Often, like to go = to go away, to come away, to withdraw:
come, we will *walk*,（Meas. IV.5.12）
will you *walk*? dinner is ready,（Ado II.3.218）

第二部　語彙

   walk aside the true folk, and let the traitors stay, (LLL IV.3.212)
               (*Shakespeare Lexicon*, walk)

以上のような例文があり，どれも「今居る場所から離れる」という意味合いを持っている。ただし，これらの使用でも，「乗り物を使って」という含意はなく，あくまで 'on foot' という意味を念頭において使われていることに注意する必要がある。この他，walk には，

 3) to act and move on the feet in sleep:
  when was it she last *walked*, (Mcb. V.1.3)
 4) to move about as a spirit or spectre:
  the spirits o'the dead may *walk* again, (Wint. III.3.17)
  affairs that *walk*, as they say spirits do, at midnight, (H8 V.1.13)
               (*Shakespeare Lexicon*, walk)

という特殊な意味もみられ，特に，3) については OED をみるとシェイクスピアが初例である。これは夢遊病者が歩き回るという動作を表現しており，特殊ではあるけれども，その意味の裏付けとなっているのはやはり 'to go on foot' である。

 以上に述べてきたことを要約すれば，シェイクスピアの時代の walk は，いくぶん 'to go, to move' という意味を残してはいるけれども，'on foot' という動作の手段が意識の中にあったうえでの 'to go, to move' であった。更に，'to move on foot' がすでに第 1 の意味としてあり，そこからの意味の発展もみられることからも，この意味は徐々に浸透しており，単に 'to go' というだけの意味ではなくなっている。まだ完全に意味が移り変わってはいないけれども，シェイクスピアの時代にはかなり移り変わりが進んでいた。

 これまでみてきたように，シェイクスピアが作品を生み出した時代は，go, walk ともに元々持っていた意味から変化してゆく交替期となっている。そのため，シェイクスピアは，go, walk 双方の古い意味と新しい意味

とをかなり自由闊達に使い分けた。しかし、自由に使用されている中にも、その意味が廃れかけているものなのか、それともこれから発展していくものなのか、という使用上の違いははっきりとみて取ることができる。言語を自由奔放に駆使したといわれるシェイクスピアであるが、自由な使い方の中にもその時代なりの規則性があり、その規則性の中からシェイクスピア独自の言い回しや使用法を作り上げることで表現に幅を持たせている。go と walk の互い違いの意味の移り変わりを確認するために、次の節でOED の記述とシェイクスピアの実際の使用例とを比較検討する。

第四節　go と walk の意味変化

　第二節と第三節で考察した、go と walk の意味変化は微妙なので、念のためにもう一度検討する。
　OED によると、go は古期英語期には現在の「話者のいる位置から離れてゆく、移動する ('to move')」と「足で歩く ('to walk')」の両方の意味を持っていた。古期英語期には、「足で歩く ('to walk')」の意味の方が主流だったのだが、1600 年頃を境にして逆転した。ちょうどその逆転の時期に数多くの作品を残しているのが、シェイクスピアである。第一節で go の意味変化を時代を追って図に表した。
　その図にみられるように、シェイクスピアの時代は、特殊な意味の「足で歩く」と、一般的な意味の「移動する」というふたつの意味の勢力関係が逆転する交叉点となる時期である。そこで、シェイクスピアの作品における go を調べてみたところ、「足で歩く」の意味で使用された場合には、別の意味を表す単語（crawl, ride, etc.）が並置・対比して使用されている。他方、単独で使われた go の意味は、いずれの意味か特定しがたい場合もある。しかし、他の動詞と並置された場合以外は、「足で歩く」という意味が曖昧となり、漠然とした移動の意味を表しているので、この時代には、go を 'to walk' として解釈するよりも、広く 'to move' の意味で使用する方

が主流となりつつあった。シェイクスピアが 'to move' という広い意味から，新しい意味を発展させたり，新しい成句を多数作り出していることがその証拠である。[1]

　シェイクスピアは go という単語を頻繁に使用しており，その意味を拡大し，かなり自由に使用していたことも先にも述べた通りである。OEDにはシェイクスピアが初出となっている例が数多くみられる。つまり，シェイクスピア以前の作家が使用していなかった意味を作品に取り上げ，後世に残した。それらは，おそらく，シェイクスピア自身が全く新たに作り出したというよりも，一般民衆がちまたで口語として，あるいは俗語として実際に使用していた用法を，シェイクスピアが自分の作品の中で効果的に取り上げたということである。OEDでシェイクスピアを初例とする意味を挙げてみよう。

8. To be moving

a. Of persons, esp. in the sentry's challenge *who goes? who goes there?*

　　3*Hen. VI*, IV.iii.26 Who goes there?

d. *esp.* Of a watch or clock (with defining word or phr.): To maintain a (specified) action, to keep (good or bad) time. *Also transf.*

　　L.L.L. III.i.194 Neuer going a right, being a Watch: But being watcht, that it may still goe right.

14. a. To be known by (a name or title). *to go by or under the name or title of*: to be known as; also (of a literary composition), to be ascribed to.

　　Much Ado II.i.211 The Princes foole!.. It may be I goe vnder that title, because I am merrie.

16. Of a document, language, etc.: To have a specified tenor, to run.

　　Macb. I.iii.87 You shall be King. And Thane of Cawdor too: went it not so?

18. b. Of a contest, war, also a vote, an election: To issue, or result in some specified manner. Said also of a constituency in respect of its vote, or of a politician in respect of his decision to support one side or the other; *colloq.* often with an adjectival complement.

Lover's Compl. 113 On this side the verdict went.

21. †d. Use in *imp.* as a rebuke or remonstrance.

Rom. & Jul. I.v.88 You are a Princox, goe. *Hen.V.* V.i.73 Go, go, you are a counterfeit cowardly Knaue.

39. a. To pass *to* a person; to fall to his lot; to be allotted or awarded to him; to pass into his hands, into his pocket, under his control, etc.

Cor. II.iii.129 Let the high Office and the Honor go To one that would doe thus.

48. Uses of the pa. pple. *gone.*

c. Dead: departed from life. Also *dead and gone.*

John III.iv.163 If that yong Arthur be not gone already, Euen at that newes he dies.

f. *far gone*: In an advanced stage of a disease; deeply engaged or entangled; greatly fatigued or exhausted, etc. Usu. const. *in*; *spec.* extremely insane, drunk, or evil.

Rich. II, II.i.184 Yorke is too farre gone with greefe.

g. Lost, ruined, undone. Of a battle, game, etc.: Lost. †*to give for done*: to regard as hopeless.

Merch.V. III.v.20 Well, you are gone both waies. *Meas. for M.* V.i.302 Is the Duke gone? Then is your cause gone too.

53. **go before** ——. †b. To take precedence of, be superior to. *Obs.*

Cymb. I.iv.78 If she went before others I haue seene as that Diamond of yours out-lusters many I haue beheld.

67. **go upon** ——. d. To take in hand. Also in *indirect pass.*

Cor. I.i.282 Let's hence, and heare .. in what fashion .. he goes

第二部　語彙

Vpon this present Action.

68. **go with** ──── . b. to be associated with, be a concomitant of.

All's Well I.i.49 For where an vncleane mind carries vertuous qualities, the commendations go with pitty.

69. **go without** ──── . Not to have; to dispense with, put up with the want of.

Merch. V. I.ii.97 I hope I shall make shift to goe without him.

73. **go along.** b. *to go along with*: to proceed or travel in company with; †to follow intelligently (an exposition); to agree with or approve of (up to a specified point); to accompany, attend upon; to be the regular concomitant of; †to be classed together with.

Ham. I.ii.15 Nor haue we herein barr'd Your better Wisedomes, which haue freely gone With this affair along.

80. **go down.** c. To be overthrown; to fall *before* a conqueror.

Hen. V, III.Chor.34 The nimble Gunner with Lynstock now the diuellish Cannon touches, And downe goes all before them.

85. **go off.** a. To depart (often implying suddenness or haste); to start, set out. Of an actor: To leave the stage. At cards: to lead. *to go off at score. to go off at a tangent.*

Ant. & Cl. IV.xiii.6 The Soule and Body riue not more in parting, Then greatnesse going off.

d. To pass away, die.

Macb. V.viii.36 Mal. I would the Friends we misse, were safe arriu'd. *Sey.* Some must go off.

90. **go round.** a. To revolve, rotate. Of the head: To 'swim'.

Ant. & Cl. II.vii.124 Cup vs till the world go round. *Cymb.* V.v.232 b. To complete a revolution.

Meas. for M. I.ii.172 So long, that ninteene Zodiacks haue gone round.

94. **go together**. b. To be mutually concomitant or compatible.
Ant. & Cl. IV.xv.47, *Ant.* Of Cæsar seeke your Honour, with your safety. *Cleo*. They do not go together.

(OED, go)

　他の作家と比べた場合，シェイクスピアを初出とする例が非常に多い。しかし，go を例にとっても，ひとつの単語でこれだけの新しい意味をシェイクスピアがひとりで作り出したとは考えられない。シェイクスピア以前には，書き言葉で書かれた文献には記録されておらず，口語でしか用いられていなかった意味を，シェイクスピアが自らの文学作品の中に取り入れたと考えられる。そのひとつの証拠としてこれらの例文は，下層階級の者が発した台詞が多い。あるいは，貴族や王が発した台詞でも，皮肉や吐き捨てるような台詞であり，書き言葉を使うよりも話し言葉をそのまま台詞にしたほうが効果がある表現法である。すなわち，日常語を巧みに取り入れたのである。日常語の語彙を用いたシェイクスピアの技巧について，シェーラーは次のように述べている。

　　ドラマ (戯曲) でもっとも目立つ表現形式といえば, ダイアローグ (対話) である。そこで使われる日常語つまり話し言葉は，舞台上で技巧を凝らされていることが稀ではないにしても, 特殊な効果を発揮する。シェイクスピアの言葉が当時の民衆の言葉にもとづくものであるからには，彼の書いたダイアローグが，エリザベス朝時代の英語の，日常語の表現方法を反映するものであるとみてよい。（中略）
　　シェイクスピアの場合，下層階級（lower-class および lower-middle class）を代表する登場人物たちによる対話が，その技巧的でなくて生き生きとした言葉であって，検討にあたいするものとなる。

（シェーラー『シェイクスピアの英語』pp.133-4）

　またシェイクスピアは，劇的な効果をねらったというだけではなく，自分の表現したい意味・内容を表す語が従来の語彙にない場合には，過去に

第二部　語彙

記録されたことのない口語の単語を取り入れたり，新しい語彙を作り出したりした。英語は，ラテン語やフランス語，ギリシャ語に比べて語彙が貧弱であった。そのため，作家たちは様々な方法を用いてその語彙を豊富にしようと努めた。シェイクスピアが go を，「足で歩く」という古い意味よりも新しい「離れてゆく，移動する」という意味を日常口語から取りあげ，この意味で多数の初出例を残し，新しい成句を残しているということは，シェイクスピアの時代にはすでに口語のなかでは go='to depart, to move'「離れてゆく，移動する」という意味が定着していたということであり，「歩く」という意味よりも「離れてゆく，移動する」という意味の方が人々の間に浸透していた証拠である。

結　論

walk は，中期英語初期から 'to go, to move' という広い意味を持っていた。この一般的な広い意味からいくつかの新しい意味が派生して使われていたが，派生した意味はほとんど 14，15 世紀の使用であり，17 世紀になると例文もあまり残っていない。しかし，walk の 'to go, to move' という広い意味が廃れたのではなく，移動という動作を「足を使って」行う 'on foot' という意味が次第に強められた。'on foot' という意味が，'to go, to move' につけ加えられて使用されるようになったのは 14 世紀である。初めは，ride, crawl などと意味の区別をするために具体的な動作として 'on foot' の意味を持つようになった。その変化が 14 世紀頃から現れ，シェイクスピアの時代には 'on foot' の意味がかなり浸透している。シェイクスピアの使用例の中には ＝ to go, to move と区分され，明確に 'on foot' の意味で使われている例もある一方，まだ変化が完全に完了していなくて，'on foot' を含意して使われている例もある。いずれにしても，シェイクスピアにおける walk は，「(足を使って) 移動する 'to go (move) on foot'」という意味を確立しつつあった。

OED にみられるように，walk の 'on foot' を含意した語義も，16，17 世

第14章　goとwalkの意味変化

紀に最も発達しているという趣旨の記述が読みとれる。この時期はシェイクスピアが多くの作品を生みだした時代と重なっている。そのため，シェイクスピアの作品中のwalkが'on foot'を含意して使用されているのも当然である。

　ここで，ふたつの単語を合わせて考えると，次のような疑問が生まれてくる。なぜgoは'to walk'という狭い意味を捨てて，広く，一般的な意味を獲得し，他方，walkは'to go, to move'という広く，一般的な意味を捨てて，'on foot'という特殊な意味を持つようになったのか。このふたつの意味変化は，一見すると，お互いの意味を取り替えただけである。特にgoは，なぜ'to go (move) on foot'という主たる意味を捨ててしまったのか。実は，walkが先に'on foot'という意味を持つようになったことが理由として考えられる。つまり，元々は移動を表すだけだったwalkが，別の移動手段を表す単語(例えば，ride, crawl)とはっきり区別させるために，'on foot'という意味を含むようになった。そして徐々に'on foot'という意味合いが定着した。これが14世紀頃始まっていることに注意が必要である。

　goの'to walk'という意味が廃れたのは16世紀以前である。これに反比例してgoの'to move'という広い意味が強まってきた。一方，それまで'to move'という意味を担ってきたwalkが，14世紀頃から'on foot'という意味を含むようになり，'to move'という広い意味を持つ単語がなくなった。そのため，'to walk'と'to move'の両方を持っていたgoが，'to move'の意味を担わなければ都合が悪くなった。そこでgoは，'to walk'としてよりも'to move'としての意味を強く持ち，この新しい意味から急速に発達して意味を広げていった。また，'to move on foot'という意味はwalkがすでに担っていたので，goが持っていた'to walk'は次第に使われなくなった。walkの意味変化が14世紀であったことから，goも14，15世紀頃から徐々に変化を始めており，それが目立ってきたのが16, 17世紀であった。こうして，goとwalkはお互いに意味を交換して，現代の意味にたどりついたのである。

第二部　語彙

　一般的に，どの言語の場合でも基本的な語彙ほど意味変化の過程を跡付けることは難しい。本稿で取り上げた go と walk も個々の文脈における意味の特定は難しい。しかし，OED にみる限り，両語とも古期英語期，中期英語期，近代英語期を通じて徐々に，しかし確実に意味変化を生じている。基本語彙の意味変化の過程を跡づけた本論は基本語彙の意味変化研究へのひとつの試みである。

　英語史における基本語彙の意味変化を検討してみると，例えば，bear, carry, take の場合にみられるように，同じ「運ぶ」という「意味の場 (semantic field)」にあって，互いに相関関係を維持しながら，しかも意味・使用上の混乱を生じることなく，意味変化を続けてきた一群の語がある。[2] ところが，他方では，buy, sell, bring などのように，古期英語期以来ほとんど意味変化をしていない語もある。どのような語が意味変化を生じやすく，どのような語が意味変化を生じないのかということは大変難しい問題であり，ここで詳細に論じる余裕はないので，今後の課題としておく。[3]

注

(1) もちろん，シェイクスピア自身が新しい意味，新しい成句をすべて独自に発明し創作したというのではない。当時の一般民衆が無意識のうちに，近代という新しい時代を感じ取り，新しい時代の雰囲気にあった新しい意味，新しい成句を口語や，俗語でいち早く用いていたのを，語感の優れたシェイクスピアが敏感に聞き取り，自分の作品に取り入れたと考えられる。

(2) bear, carry, take の連鎖的意味変化を構造的意味論の立場から考察中である。さしあたり，拙著『英語の語彙史』に収録した諸論考および，拙論「carry の意味変化―基本語彙の意味・用法研究の視点」『英語青年』1998, 7（本書第 11 章）を参照。

(3) 言語には，生きて使用される限り変化し続ける側面と，一旦確立した音韻，形態，シンタックスの体系を堅持しようとする側面という相

第14章　goとwalkの意味変化

反する側面が共存する。この問題については，ここで詳細に論じる紙幅はないが，ソシュールの主張する，言語の可変性 (mutabilité) と不可変性 (immutabilité) というテーマであることを記しておく (F. de Saussure, *Cours de linguistique générale*, pp.104f.)。なお，この問題については，拙著『英語史への試み』第1部第1章「英語史研究への二つの視点」参照。

後注：「はじめに」で述べたように，walkとgoの意味変化は非常に微妙なので語彙・意味変化に関して信頼できる基本文献のみを利用した。なお，シェイクスピアからの引用文の厳密な校訂は，本論のテーマとは直接には関係しないので，OED，シュミットに引用されたままである。

【補説】市河三喜・嶺卓二編『詳注シェイクスピア双書』（研究社）の注釈にはいつも教えられることが多いので，本稿を鹿児島大学法文学部紀要『人文学科論集』に発表した際に，嶺卓二先生にお送りしたところ，先生から懇切丁寧なご返事をいただいた。先生の御批評は，筆者の凡庸さを思い知らされると同時に，シェイクスピアはいうまでもなく，チョーサーをも自家薬籠中のものとして読み込んでおられるフィロロジストとしての先生の研究姿勢に肌の粟立つのを感じた。なによりも「goとwalkの意味変化」を論じながら，先生が引用されているチョーサーからのgoとwalkの例はいずれも著者が以前読んだチョーサーにあったものばかりであり，記憶に残っている例ばかりであったにもかかわらず本論を書いている最中にはまったく思い至らなかったことは1学究として慚愧にたえない思いである。先生のご指摘は直ちに理解して本稿を書き直すことはできない。というよりも，まったく新たに想を練って書き直す必要がある。同時に，英語史を研究している学生，研究者にも有益な文章であると思われるので，先生のお許しを得てここに公開する。

第二部　語彙

嶺卓二先生の御手紙　（原文縦書き）

拝啓　昨年の年末，貴兄の論文三点拝受致しました。いずれもよく調べられ，多くの例文で傍証され（例文をみるだけでも面白く）敬服して拝読いたしました。私は今纏まったことを申し上げる余裕がないので，「goとwalkの意味変化」に関連して思いついたことを二，三付け加えさせていただきます。私もgoの意味はドイツ語のgehenとの比較から昔から多少気を引かれていました。rideとのcollocationで用いられる場合は実例より文法書の説明で最初に教えられたように記憶しております。その後Chaucerの原文を読むようになり，rideやrunのように対照的に用いられた例とは異なり，同じ方向の意味を重ねた，knight's Tale 2164: on which we trede and goonのような例に出会いました。また，Canterbury Tales, Prologue 377: It is full fair to been yclept 'ma dame'And goon to vigilyes al before, And have a mantel royalliche yboreもPrologue, 450: In al the parisshe wyf ne was then noon That to the offring bi-fore hir shoolde goon.もcontextから言ってwalkの意味だと思います。769 Ye goon to Caunterbury.は馬で行く巡礼等に言っていますのでむろん今日の意味ですし，12のgoon on pilgrimageも馬で行く人たちを主に言っているのでしょうが，この意味のphraseで初めて用いられたときはwalkの意味だったのではないかと思っております。私は足であるくことが唯一の交通機関だったときは二つの意味を分けて考えたのではなく，両方を一つにして考えていたのだと思っております。しかし，それが，例えば，馬に乗るようになると同時に人間の分析力も進みgoの意味に二つの要素があることに自然に気がつき，moveの方の広い意味が頻繁に使われるようになってきたのだと思っております。むろんこの時歩くほうはwalkが使われるようになったことと重大な関係があると思います。しかし，ある一定の状況下では廃れかけているgoをwalkに変えなくても，長い習慣の結果，話す方も聞く方も意味が通じ合い，ある場合に愛着を持っていつまでも使いたい気持ちが残ると思います。rideと共に用いられる場合も初めの中は

第14章　go と walk の意味変化

歩くにしろ，馬で行くにしろ行くことに重点があったのかも知れません。それが後には行くことは決まっていて，どういう行き方で行くかがより重要になって来て，つまり視点が変わって行った結果，対照的な意味になったのだろうと思っております。対照的表現は記憶に残り易く 17, 18 世紀まで続いても不思議ではないと思います。Pilgrim's Progress が載っていてこれは注目すべき点があります。それは，crowl はカタツムリのようにゆっくり歩むという意味でしょうが，ride といっしょに使うのはやや人工的に感ぜられます。おそらく Bunyan の生活環境では go も crawl も標準語よりずっと身近なものだったのかも知れません。そうすればよくわかります。前に挙げた Prologue の guildman の妻たち，Wife of Bath の場合も儀式的な context の中で用いられ，その意味で特殊な状況にあると思います。話は飛びますが，今日でも普通に用いられる go clothed, disguised, bare, naked の go は今日の元の意味が分からなくなり be 動詞と同じくらいになってしまいましたが，元は walk の意味だったのではないかと思っております。もっと時間をかけて思い出すとこのほかの phrase もでてくるかも知れません。とにかくいろいろな例を集めると go のそれぞれの意味が Chaucer の時代にどの範囲で使われたかが少しずつはっきりしてくるのではないかと思います。walk の場合には go に較べ残っている文献（すくなくとも OED の場合）が少なく，OE の意味から roam の意味に変わるまでの経過がよくわかりませんが，ME 時代の初期にこの意味になり，それが徐々に意味が変化していったようで，Chaucer の時代にはすでに今日の用法に近くなっています。しかし，Knight's Tale 194: She walketh up and down. 211(English) was in his walk and roamed down and down 等の例に元の意味をややしのばせております。Chaucer に go walked という表現が二度出て来ます。Book of the Duchess 387: I was go walked from my tree.（go = gone. walked は a-walketh の訛ったもので語尾は三人称動詞の語尾ではなく，一種の gerund のような役割をする接尾語）もうひとつは Summoner's Tale 1775: His felawe was go walked into toun. Forth with his knave. で，意味は弱められていますが，元は go = walk,

391

第二部　語彙

walked＝ a-roaming の意味で walked は go の内容を説明し，go に対して限定的に用いられた語として解釈しております。Mustanoya の説明 (A Middle English Syntax, p.582) はあまり説得力がないように思います。
私は数年前から健康が衰え，静かに余生を送っております。
貴兄がますますご健康でご活躍されるよう祈ります。
　　平成十三年一月十一日　　　　　　　　　　　　　　　　忽々

第15章 キャクストンの同義語反復構文

はじめに

　英語の語彙には外来語が多い。どれほど多いかは以下のように証明できる。

　シェーラー (M.Scheler) は，英語と起源を同じくするドイツ語とを比較して，同じ起源の言語であるのに，ドイツ語には外来語が少なく英語には非常に多い事実を指摘している。シェーラーは，サッカレー (William Thackeray) の『虚栄の市 (*Vanity Fair*)』(1847) の第2章からの一節を引用して，英語には外来語が非常に多いことを証明している。以下の引用文で，外来語はイタリック体で示されている。

> *Miss* Sharp's father was an *artist*, and in that *quality* had given *lessons* of drawing at *Miss* Pinkerton's *school*. He was a clever man, a *pleasant companion*, and a careless *student*, with a great *property* for running into *debt*, and a *partiality* for the *tavern*. When he was drunk he *used* to beat his wife and daughter; and the next morning, with a headache, he would *rail* at the world for its *neglect* of his *genius*, and *abuse*, with a good deal of cleverness, and sometimes with *perfect reason*, the *fools*, his brother *painters*.

この一節に用いられている92語(人名2語は考察の対象外)中，22語(24％)が外来語であり，全て普通の単語である。内訳は，名詞17語，形容詞2語，動詞3語である。これに対して，英語本来語は70語である。そのうち，普通の単語は21語(23％)で，49語(53％)は冠詞，接続詞，前置詞，代名詞などの不変化詞，即ち機能語である。機能語は繰り返されて用いられ

第二部　語彙

ている。例えば，a/an は 8 回，and は 7 回，the は 4 回，he は 4 回。繰り返し用いられる機能語を 1 回として数えると，上に述べた割合は変わってくる。即ち，上記の引用文は 60 の異なった語からなり，そのうち英語本来語で普通の単語は 21 語 (35%)，機能語は 18 語 (30%)，借用語の単語は 21 語 (35%) である。借用語の割合は 11% 増加して 35% になる。英語本来語の普通の単語は，日常生活に関する基本語彙が多いのが特徴である。

father, daughter, brother, wife, man world, deal, morning, headache, cleverness; careless, great, drunk, next, good; give, draw, run, beat, sometimes

ちなみに，上記の引用文のエリザベート・シュナック (Elisabeth Schnack) によるドイツ語訳 [*Jahrmarkt der Eitelkeit*, pp.21ff.) では，74 語のうち外来語はたった の 3 語である。Miss, school の翻訳 Institute, それに brother の翻訳 Kellegen の 3 語である。ドイツ語の翻訳文を示す。

Miss Sharps Vater war Maler gewesen, und als solcher hatte er an *Miss* Pinkertons *Institut* Zeichenunterricht gegeben. Er war ein gescheiter Mann, ein angenehmer Gesellschafter und ein sorgloser Kunstler mit starker Veranlangung zum Schuldenmachen und seine Frau seine Tochter, und wenn er am nachsten, Morgen mit, Kopfweh erwachte, dann verhohnte er die Welt, weil sie seine Begabung nicht erkannte, und verspottete —mit viel Schafsinn und manchmal auch mit gutem Recht— seine Dummkopfe von *Kollegen*.

では，両言語ともに同じ西ゲルマン語に属しているのに，なぜ英語には外来語が多くて，ドイツ語には少ないのか。

英語はその歴史上，常に色々な異民族と接触してきた。一方ドイツ語は，英語ほど外国語とは接触しなかったという見方が一番簡単な考え方である。しかし，事実は，ドイツ語も英語に劣らず異民族と接触してきた経緯がある。ドイツはヨーロッパ大陸の中心に位置し，ヨーロッパの心臓部

と称される。即ち、ドイツは険しい山に囲まれた盆地でもなければ、海により隔絶された島国でもない。北には海が開け、海に接して東西に広い平野が南へのびている。ドイツにも色々な民族がやってきたのである。そして、ドイツ語はラテン語をはじめとする外来語の氾濫に悩まされた時代もあった。しかし、有名なマルティン・ルター (M.Luther) をはじめとする多くの学者たちの国語愛護運動、ルネッサンスによる民族意識の目覚めと昂揚、17世紀に設立された各種の国語協会の活動、19世紀のドイツ帝国の建設、といった内的、外的要因があって、難解な外来語を排除することに成功したのである。このことに関する経緯については、拙著『英語史への試み』第3部「英語の外来語について―ドイツ語と比較して―」、福本喜之助『ドイツ語史よりみた外来語』を参照。

　同じインド・ヨーロッパ祖語、そしてゲルマン祖語から発達した、いわば兄弟言語であるのに、なぜ英語には外来語が多くてドイツ語には少ないのか。その理由は、英語とドイツ語がたどった歴史の違いにある。問題を外来語に限っていうと、同じように色々な異民族、色々な外国語と接触したのに、英語にだけ外来語が浸透している理由は、異民族、外国語との接触のあり方に原因がある。イギリスの歴史をみると、アングロ・サクソン人が、イギリスにやってきた異民族との接し方に顕著な特徴があることに気がつく。詳細は上記の拙著参照。

　英語の語彙を分析すると、専門的な用語に限らず、日常的な語彙にまで外来語が入っている。外来語の割合は、英語の語彙総数の内、大体、55％がフランス語とラテン語系、10％がギリシャ語系、5％が北欧語系、そして5％がその他の言語からの外来語であり、残りの約25％が英語本来語である。基本単語1000語をみても外来語が約半数を占める。基本語彙1000語の内、英語本来語約570語、北欧語系約40語、フランス語系約370語。本来語には、代名詞、冠詞、前置詞、身近な動詞が多いので使用頻度数は本来語が圧倒的に多い。しかし基本語の中にも、北欧語の they, their, them; both、フランス語の second がある。基本単語1000語から少し例を示す。

第二部　語彙

形容詞：　　本来語；pretty; high, wide, long, short, narrow; great, small, little, tall; sick,; storing; right, straight, wicked, bad, good; thick, thin, tight; wise, clever, etc.
　　　　　北欧語借用語；ugly, low; ill; weak; wrong; flat; loose, etc.
　　　　　フランス語借用語：beautiful (-ful は本来語); large; brave, just, honest; foolish (-ish は本来語), etc.
名詞：　　本来語；arm, back, body, bone, ear, eye, finger, foot, hair, hand, head, knee, mouth, neck, nose, shoulder, tooth, heart, mind; brother, daughter, father, mother, son, child, mean, wife, woman, girl, king, queen, lady, friend, etc.
　　　　　北欧語借用語；leg, skin; sister, husband, fellow
　　　　　フランス語借用語；face; family, parent, aunt, uncle, master, mistress, prince, princess, sir, gentleman (-man は本来語)

その他，time, day, night, year, month, week は本来語。hour, minute, second, season はフランス語。spring, summer, fall, winter は本来語であるのに autumn はフランス語。曜日の名前は本来語であるが，Saturday の前半 Satur- (= Lat. Saturni "Saturn (ローマ神話中の農耕の神・サトルヌスで，土星)") はラテン語。月名は January から December まですべてラテン語かフランス語。

　基本語彙に属する動詞約 30 はほとんどが本来語であるが，外国語である北欧語が混じる。

be, is, am are was, were; have, has; do, did; will, would; can, could; get, see, know, want, go, tell, think, say, call, take, come, make, give, send, let, talk, put, wait, etc.

第15章 キャクストンの同義語反復構文

このうち，get, call, take は北欧語。give の語頭音は北欧語の同族語 gefa の影響を受けている。北欧語は英語と同じ北ゲルマン語なので，英語に借用されても外来語という印象はない。フランス語は外来語という印象を受ける語が多いが，以下の動詞は古い時代に借用されたために，英語の発音法に適応していて外来語らしくみえないが，フランス語である。

> catch, change, cover, cry, dance, fail, finish, hurt, move, pass, pay, study, try, use, etc.

英語の語彙に外来語が多いということは，それだけ同義語が多いということである。

> acknowledge-confess, foregoing-preceding, deed-act, allow-permit, likely-apt, meet-assemble, lowly-humble, mirth-jollity, etc.

ふたつの類義語は，英語本来語と外来語であることが多い。上の例では，前に置かれたほうが本来語であり，後に置かれた方が外来語である（ただし，lowly の low はスカンジナビア語からの借用語）。そこで，英語には古くから類義語を重ねるという文体上の特色が発達した。同じ意味を持つふたつもしくはそれ以上の単語を，and, or で併置するのである。

キャクストン (William Caxton, *c*.1422-91) は，このような同義語反復構文 (repetitive word-pairs; double expresson = Jespersen, synonimy: doublet = Blake) を駆使した文体を特色とした。例を挙げる。

> Whan I consydere the *condycions and maners* of the comyn people whiche without *enformacion and lerning* ben *rude and not manered*,
>   (William Caxton, *Book of Good Manners*, Prologue II. 1-3)

本章では，英語における同義語反復構文の特色を明らかにし，同時に，同義語反復構文を駆使したキャクストンが，英語の語彙史上どのような貢献をしたかを明らかにする。

第二部　語彙

第一節　同義語反復構文の歴史

　同義語反復構文の一般的特徴は，上に述べたように，英語本来語と外来語との組み合わせであるが，場合によっては本来語と本来語，あるいは外来語と外来語の組み合わせも当然ある。また，同義語を重ねる意図は強調にある。あるいは，新しくて理解不十分な難しい外来語を使った場合，本来語や借用されてから時を経て一般の人々にも十分知れ渡っている易しい単語を重ねることによって，理解を助けるということにある。

> There is general agreement on the broad stylistic advantages of repetitive word pairs: refinement of meaning, enhancement of clarity and precision, and of course rhythmical emphasis.
> 　　　　(Kikuchi, Kiyoaki, "Aspects of Repetitive Word Pairs", p.2)

菊池清明が述べているように，リズムを整えるという目的もあるので，以下のように頭韻 (alliteration) や脚韻 (rhyme) を踏むことも少なくない。

　[頭韻の例]　E= English, F= French, ON= Old Norse,
　　　　　　　AF= Anglo-Norman French
　　spick and span,　safe and sound,　slow and sure,
　　(E)　　(ON)　　(F)　　　(E)　　　(E)　　(F)
　　hale and hearty,　bag and baggage,　with might and main,
　　(E)　　(E)　　(E)　　(F)　　　(E)　　　(E)
　　sum and substance,　part and parcel,
　　(E)　　(F)　　(F)　　　(F)
　[脚韻の例]
　　art and part,　fair and sure,　scot and lot,
　　(F)　(F)　(F)　　(F)　(F/ON)　(E)

really and truly,
　　(AN)　　　(F)

(Smith, pp.173ff., 中島文雄, pp.30ff.,)

　同義語反復構文の歴史を厨川文夫「英語における文体の一特色」によって概観する。同義語反復構文は古期英語までさかのぼることができる。アルフレッド大王 (Alfred the Great) の命を受けて，教皇グレゴリウス (Gregorius) の *Diaglogues* をラテン語から古期英語に翻訳したワルフェルズ (Wærferð) は，ラテン語の1語を翻訳するのに，古期英語の2語を接続詞（主に and）で連結したものをしばしば使う。[(1)] その結果，ラテン語のひとつの観念がほとんど等しい意味を持つ2語の組み合わせによって翻訳され，表現されている。その2語をつなぐ接続詞は，古期英語の and(=and), oððe(=or) が普通であり，否定の時は ne(=nor) を用いている。例えば，グレゴリウスのラテン語で dolerem("grief" accu. sg.) を，ワルフェルズは sar and sorge と翻訳している。古期英語の sār と sorge はいずれも "grief" という意味である。ワルフェルズは，このような表現を用いることによって詩的連想をも考えていたであろう。ともかく，sār and sorge という表現は，頭韻という古期英語に特徴的な詩法に合致し，同時に sā́r and só̆rge という「強弱強」のリズムにも合致する。こうして，頭韻を用いてふたつの類義語を接続詞 and で併置するという詩法が，古期英語の伝統になっていった。ワルフェルズの教えを受けたアルフレッドにも多い。例えば，アルフレッドがグレゴリウスの *Cura Pastoralis* をラテン語から古期英語に翻訳した文中で，per dolorem purugant（悲しみにより清む）は，ðurh sār ond ðurh sorge geclǣnsiað (H.Sweet, *King Alfred's West-Saxon Version of Gregory's Pastoral Care*, EETS., OS., No.45, p.34, l.4) と翻訳されている。アルフレッドによるビーダ (Bede) の *Historia Ecclesiastica* の翻訳，ボエティウス (Boethius) の *Cotton Metra* にも多くみられる (ex. mān and morðor ix, l.7, いずれも「罪」の意味)。古期英語の末期の alliterative prose になると，ますますこの構文は頻繁になる。

399

第二部　語彙

　例えば，ウルフスタン (Wulfstan) の *Sermo Lupi ad Anglos* は，翻訳文ではないのにこの構文が多い。

　中期英語期に入っても同義語反復構文の伝統は受け継がれてゆく。チョーサー (G.Chaucer) は，ボエティウスの『哲学の慰め (*De Consolatione Philosophiae*)』を中期英語の散文に翻訳した際，古期英語のワルフェルズと同じように，ラテン語の1語を，ほぼ意味の等しい英語の2語を and で併置して訳している。例えば，ラテン語の carmine "song" を英語の [by] his song and [his] ditee (Book3, metrum 12, 1130-5) に，ラテン語の modus "manner" を [the] manere or [the] gyse (Book 3, prosa 3, 680-5) と訳している。チョーサーの翻訳文の場合，併置された2語のうち1語はフランス語系，もう1語はゲルマン語系，主に英語本来語が多い。しかし，manere or gyse のように2語ともフランス語系の場合もある。逆に，ラテン語の currum "car" を中期英語の cart or wayn と訳している場合のように，ゲルマン語系の語ばかり2語という場合もある。また，『哲学の慰め』以外の翻訳でも同義語反復構文を用いている。それに頭韻を踏む場合も踏まない場合もある。[2]

　キャクストンも同義語反復構文を頻繁に使用しているが，ワルフェルズとは違う用い方をしている。フランス語から英語に翻訳する場合に，ラテン語の本文にある単語をそのまま翻訳に用いたときには，その語と，その語と同じ意味を持つ英語本来語の単語を併置して用いるというのがキャクストンの特徴である。キャクストンについては第三節で詳しく論ずる。

　同義語反復構文について付言しておくと，同義語反復構文はキャクストン以降，英語の文体上の一特徴として現代英語まで連綿として受け継がれてきた。例えば，ロビンソン (Ralph Robinson) が翻訳したトーマス・モアのユートーピア (*Utopia*, 1551) には，ほとんど毎頁にみられる。ロビンソンは，ワルフェルズ，アルフレッド，チョーサーと同じように，ラテン語の1語を，ほとんど意味の等しい英語2語を and や or で連結して訳している場合が多い。ロビンソンの私信にこの構文が多いので，ロビンソン自身の文体である。

accomplishment and fulfilling, mind and purpose, turn and translate, fruitful and profitable, etc.
    (W.D.Armes, ed., *The Utopia of Sir Thomas More*, p.3)

シェイクスピアにも，例えば *Hamlet* [3] に以下のような例がみられるが，その数は意外に少ない。[4]

 free and bounteous（I.iii. 92-3）
 to give words or talk with（I.iii. 134）
 it doth posset and curd,（I.v. 68-9）
 book and volume（I.v. 103）
 powerfully and potently（II.ii. 204-5）

同義語反復構文に類する慣用句は今日でも，以下のようにいろいろな型の音声・意味の対語をなして頻繁に用いられている。

well and truly, kith and kin, bag and baggage, pure and simple, arts and crafts, rough and ruin, at sixes and sevens, to turn and turn again, stocks and stones, etc., etc.
    (L.P.Smith, *Words and Idioms*, pp.163ff.)

第二節　同義語反復構文に関する先行研究

同義語反復構文に関する先行研究を検討する。

 Wærferð は当時の人々に，美文と感じられた文体で書こうとしたのだと思う。（中略）Wærferð が，ラテン語の一語を OE. の二語の連結で翻訳した意図には，(1) 詩に連想のあるような文体の要素を入れようとしたことと，(2) ラテン語の原文の意味を，できるだけ適確に OE. に移そうとしたこと [5] の二つの要素があったものと思う。

第二部　語彙

(厨川文夫「英語における文体の一特徴について」p.772)

厨川文夫によれば，同義語反復構文は，1語で十分な場合でも，2語を重ねることによってより優美な文体を作り上げることが目的であった。Sār and sorges はそのような例である。

> A greater assistance may perhaps have been derived from a habit which may have been common in conversational speech, and which was at any rate not uncommon in writing, that of using a French word side by side with its native synonym, the latter serving more or less openly as an interpretation of the former for the benefit of those who were not yet familiar with the more refined expression.
> (Jespersen, *Growth and Structure of the English Language*, §98)

イェスペルセン (O.Jespersen) は，この構文を二重表現法 (double expression) と称し，「より典雅な表現 (the more refined expression)」を求めての文体であることに注意している。

> In Chaucer we find similar double expressions, but they are now introduced for a totally different purpose; the reader is evidently supposed to be equally familiar with both, and the writer uses them to heighten or strengthen the effect of the style;
> (Jespersen, *Growth and Structure of the English Language*, §98)

> We very often see English authors use a native and a borrowed word side by side simply, it would seem, to amplify the expression, without modifying its meaning.
> (Jespersen, *Growth and Structure of the English Language*, §135)

同義語反復構文は，翻訳された単語を理解するためというより文体を高めるための手段と考えられていたのである。

> Passages like this were found in contemporary French works and

were no doubt imitated by Caxton.

(N.F.Blake, *Caxton's Own Prose*, p.41)

ブレイク (N.F.Blake) は，この構文を二重語 (doublet) もしくは三重語 (triplet) と称し，フランス語の模倣と考えているが，すでに述べたように，この構文は古期英語期に始まる英語本来の用法である。

The doublet was a form of stylistic embellishment used widely by English and French authors. (...) their use in Caxton as in most other authors is generally reserved for passages in the high style or for statements which call for particular emphasis.

(N.F.Blake, *Caxton and His World*, pp.141-2)

上記のブレイクの主張はイェスペルセンと一致する ('to heighten or strengthen the effect of the style' §98)。

菊池は，*The Owl and the Nightingale* の同義語反復構文には会話調の文体が認められるという (pp.9-13)。この意見はイェスペルセンと一致する ('derived from a habit which may have been common in conversational speech' §98)。*The Owl and the Nightingale* にみられる同義語反復構文を，その意味に基づき以下の3種類に分類している。

(1) nearly synonymous
(2) antithetical
(3) enumerative

また菊池は，イェスペルセン ('to amplify the expression, without modifying its meaning' §135) に類する意見を述べている。

... the result, in the case of word pairs, is to produce a neat parallelism or balance in syntax with virtually no increment of meaning.

(Kikuchi, Kiyoaki, "Aspects of Repetitive Word Pairs", pp.8-9)

第二部　語彙

更に菊池は，同義語反復構文には冗長な要素が認められるという ('redundant elements' p.8)。この意見は，ケルナー (L.Kellner) の同義語反復構文は冗長な類語反復である ('tiresome tautology') という味方と一致する。ただし，ケルナーはそのような類語反復が優雅な文体と考えられていたと述べている。

> (...) to convey an idea through the medium of as many words as possible was considered as a beauty of style.
> 　　　　　　(L.Kellner, *Caxton's Blanchardyn and Eglantine*, p.cxii)

同義語反復構文に関する学者たちの見方は以下のように要約されよう。

同義語反復構文は，借用されたばかりの馴染みのない難しい外来語に，英語本来語，もしくは借用されて久しい，従って日常語となっている易しい外来語を併置することによって，難しい外来語を理解させるという意図で考え出された構文である。と同時に，同じ意味を持つ単語を反復することが高雅な文体であると考えられていた。更には，同義語反復構文が醸しだす会話風の文体が書き言葉に反映され，それが当時の読者に理解しやすい効果を生むとも考えられていた。以上のような好意的な評価がある一方，余り繰り返されると，冗長な類義語反復となって退屈な悪文になるという否定的な評価を下す学者も少なくない。ともかく，キャクストンが頻用した同義語反復構文は長く近代英語にまで存続した。

第三節 キャクストンの同義語反復構文

キャクストンはイギリスで印刷を開始し，ヨーロッパの古典を次々に英語に翻訳していった。その翻訳の中でキャクストンは同義語反復構文を頻繁に使用した。キャクストンの同義語反復構文についてケルナーは次のように述べている。

第15章　キャクストンの同義語反復構文

Generally, one French expression is rendered by two consecutive synonyms; sometimes the first of these is the word of the original, sometimes another; sometimes one is French, the other Saxon; sometimes one strange, the other familiar:-

(L.Kellner, *Caxton's Blanchardyn and Eglantine*, p.cxii)

また，伊藤正義は中期英語のキャクストン版 *Æsop* を日本語に翻訳し，そのはしがきで次のように述べている。

注目すべきことは，キャクストンではシノニミー【synonymy】がマショー[6]よりもはるかに頻繁に使われ，多用というよりは濫用といえるほどの様相を呈しているという点である。すなわち，伝記部では二百余，寓話部では七百余，全体では一千近い実例を拾うことができるのである。そしてこれは次の三種に分類できる。[1]ラテン系の語(フランス借入語やラテン借入語)とゲルマン系の語(古期英語や北欧借入語)との組み合わせ（例えば先の vergoyne and shame），[2]ラテン系の語同志の組合わせ（例えば先の peryll and danger），[3]ゲルマン系の語同志の組み合わせ（例えば先の loked and beheld）である。そして三者の出現率はほぼ2対1対1である。

(伊藤正義訳『イソップ寓話集』解説 pp.287-8)

それでは，翻訳ではなくキャクストン自身が書いた文章では，同義語反復構文はどのような扱いを受けているのだろうか。本章ではブレイクの *Caxton's Own Prose* (1973) を原典資料として調べてみた。以下がその結果である。

キャクストンの同義語反復構文一覧（総計　85例68種類）
 ADVERTISEMENT (c.1477)
  wel and truly (3)
 AESOP (March 26, 1484)
  Incipit

第二部　語彙

　　　historyes and fables (1)
　Conclusion
　　　sorowe and care (16), supposynge and wenynge (26), prechyng and techynge (54)
ART OF DIEING (c.1490)
　Incipit
　　　arte and crafte (2)
BLANCHARDIN AND EGLANTINE (c.1489)
　Prologue
　　　reduce and translate (10), armes and warre (17), see and knowe (19), grace and love (20), steadfaste and constaunt (22), short and transytorye (50)
BOETHIUS (c.1478)
　Epilogue
　　　craftely and curiously (11), noble and famous (14), hard and difficile (21), transitorie and mutable (31), digne and worthy (34), erudicion and lernyng (34), ignoraunt and not knowyng (35), frende and gossib (36), body and corps (46)
BOOK OF GOOD MANNERS (May 11, 1487)
　Prologue
　　　condycions and maners (1), enformacion and lernyng (2), rude and not manerd (3), good and vertuous (6), request and desyre (19), rude and unparfyght (29), joye and blysse (33)
CANTERBURY TALES (Second Edition) (c.1484)
　Prologue
　　　noble and famous (4), noble and grete (11), bokes and treatyces (18), ryme and prose (19), quyck and hye (21), astate and degre (27), true and correcte (38), many and dyverse (40), trewe and correcte (51), hurtyng and dyffamyng (54), achyeve and

accomplysshe (61), honour and glorye (62), auctour and maker (65), good and vertuous (67), short and transytorye (68)

CATON (c.1484)

Prologue

auncyent and renommed (12), fraternyte and felauship (14), assiste, ayde and counceille (16), noureture and lyvynge (18), bodyes and lyves (27), auctor and maker (31), rewle and governe (33), noble and wyse (53), honoure and worshyppe (55), acytejeve and accomplysshe (74), laude and glorye (75), erudicion and lernynge (75), reguyre and byseche (77), correcte and amende (79)

CHARLES THE GREAT (December 1, 1485)

Prologue

affermed and corrobered (5), auncient and olde peple (8), good and vertuous (9), digne and worthy (10), vertuous and noble (18), prynces and barons (20), ystoryes and mater (29), helthe and savacion (44), noble and worthy (48), hystorye and lyf (49), estate and degree (51), ystorye and lyf (52), ystoryes, actes and lyves (55), desyre and requeste (59), correcte and amende (64), laboure and occupye (75)

Epilogue

desyred and requyred (1), noble and moost (4), trans[l]acyon and reducyng (10), short and transytorye (13)

LANDCHRONICLES OF ENG (First Edition) (June 10, 1480)

Prologue

compiled and chapitred (8)

Conclusion

save and kepe (1), honour and wurship (4), infidelis and mysscreauntes (7), fynysshid and accornplisshid (15)

第二部　語彙

CONFESSIG AMANTIS (September 2, 1483)

Prologue

hystoryes and fables (8&10), book and reef (10)

翻訳作品の前書き，あとがきに付けられたキャクストン自身の散文中に，85対におよぶ同義語反復構文が見出される。ブレイクは次のように述べている。

> This use of doublets, in which two words are used instead of one, has aroused some controversy among Caxton scholars as to whether he used too many of them. (...) It occurs frequently in the works he translated, though there do tend to be more doublets in his translations than in their sources. (...) Consequently in his works we find it particularly in his prologues and epilogues, and also at the beginning and end of paragraphs and chapters.
>
> (N.F.Blake, *Caxton and His World*, pp.141-2)

ところで，上記の一覧には頭韻，脚韻を踏んだ対がない。このことは菊池の次の一節とは矛盾する。

> (...) it may be noted that in the class of nearly synonymous word pairs, 28 of 74 examples are alliterative (about 38%). This ratio equals that of alliteration for all the word pairs in prose writings which Irma Koskenniemi has examined for the Old English to the early Middle English period (358 instances out of 939).
>
> (Kikuchi, Kiyoaki, "Aspects of Repetitive Word Pairs", pp.7-8)

上の一覧を品詞別に分類してみると名詞が圧倒的多数をなし，ついで形容詞，動詞，副詞と続く。

品詞別分類表

　[名詞] (68例中34例 ---50%)

第15章　キャクストンの同義語反復構文

historyes and fables, sorowe and care, supposynge and wenynge, prechyng and techynge, arte and crafte, armes and warre, grace and love, erudicion and lernyng, frende and gossib, body and corps, condycions and maners, enformacion and lerayng, request and desyre [desyre and requeste], joye and blysse, bakes and treatyces, ryme and prose, astate and degre [estate and degree], hurtyng and dyffamyng, honour and glorye, auctour and maker, fraternyte and felauship, noureture and lyvynge, bedyes and lyves, honoure and worshyppe [honour and wurship], laude and glorye, auncient and olde peple, prynces and barons, ystoryes and mater, heithe and savacion, hystorye and lyf [ystorye and lyf], actes and lyves, trans[l]acyon and reducyng, infidelis and mysscreauntes, book and leef

[形容詞]（68例中19例---27.9%）

stedfaste and constaunt, short and transytorye, noble and famous, hard and difficile, transitorie and mutable, digne and worthy, ignoraunt and not knowyng, rude and not manerd, good and vertuous, rude and unparfyght, noble and grete, quyck and bye, true [trewe] and correcte, many and dyverse, auncyent and renommed, noble and wyse, vertuous and noble, noble and worthy, noble and moost

[動詞]（68例中13例---19.1%）

reduce and translate, see and knowe, achyeve and accomplysshe, assiste, ayde and counceille, rewle arid governe, requyre and byseche, correcte and amende, affermed and corrobered, laboure and occupye, desyred and requyred, compiled and chapit red, save and kepe, fynysshid and accomplishid

[副詞]（68例中2例---2.9%）

wel and truly, craftely and curiously

409

第二部　語彙

　次に語源別に分類してみる。本来語と外来語，外来語と外来語，それに本来語と本来語の3種類である。同義語反復構文には外来語，特にフランス語が多数用いられている。このことは，キャクストンが外来語を積極的に英語に導入しようとしていたことを示している。

語源別分類表　F= French, L= Latin, AF=Anglo-Norman French
　[本来語対外来語]（68例中32例 ---47%）
　　　supposing(F) and wenynge, prechyng(F) and techynge, arte(F) and crafte, armes(F) and warre, grace(F) and love, stedfaste and constaunt(L), short and transytorye(F), hard and difficile(F), eraftely and curiously(F), digne(F) and worthy, erudicion(L) and lernyng, ignoraunt(F) and not knowyng, bed,y and corps(F), enformacion(F) and lernyng, good and vertuous(AF), joye(F) and blysse, noble(F) and grete, bakes and treatyces(AF), true [trewe] and correcte(L), many and dyverse(L), auctour(AF) and maker, fraternyte(F) and felauship, noureture(F) and lyvynge, noble(F) and vryse, honoure(F) and worshyppe [honour and wurshipl, requyre(F) and byseche, helthe and savacion(F), noble(F) and worthy, hystorye(L) and lyf [ystorye and lyf], ystoryes(L), actes(F) and lyves, noble(F) and moost, save(F) and kepe
　[外来語対外来語]（68例中29例 ---42.6%）
　　　historyes(F) and fables(F), reduce(L) and translate(L), noble(F) and famous(AF), transitorie(F) and mutable(L), condycions(F) and maners(AF), rude(F) and not manerd(AF), request(F) and desyre(F) [desyre and requeste], rude(F) and unparfyght(F), ryme(F) and prose(F), astate(F) and degre(F) [estate and degree], hurt yng(F) and clyffamyng(F), achyeve(F) and accomplysshe(F), honour(F) and glorye(F), auncyent(F) and renommed(F), assiste(F), ayde(F) and counceille(F), rewle(F) and

第15章　キャクストンの同義語反復構文

governe(F), laude(F) and glorye(F), correcte(L) and amende(F), affermed(F) and corrobered(F), auncient(F) and aide peple(AF), vertuous(AF) and noble(F), prynces(F) and barons(F), ystoryes(L) and mater(F), laboure(F) and occupye(F), desyred(F) and requyred(F), trans[l]acyon(F) and reducyng(L), compiled(F) and chapitred(F), infidelis(L) and mysscreauntes(F), fynysshid(F) and accomplisshid(F)

[本来語対本来語]（68 例中 7 例 ---10.3%）

wel and truly, sorowe and care, see and knowe, frende and gossib, quyck and hye, bodyes and lyves, book and leef

上の一覧表中，以下に示す語は注意を要する。下線を施した単語はキャクストンが従来からある語に新しい意味を付加した語である。また，イタリック体の語はキャクストンが英語史上初めて用いた語である。いずれも意外に少数である。

キャクストンを初例とする意義・単語

<u>reduce</u> and translate, *ystores* and mater, *hystorye* [*ystorye*] and lyf, *ystoryes*, actes and lyves, trans[l]acyon and *reducing*

さらに，以下の語はキャクストンが外来語の形態をそのまま英語に取り入れた例であるが，英語に定着したのは chapitre (chapter) のみである。

assiste, ayde and <u>counceille</u>, affermed and <u>corrobered</u>, compiled and <u>chapitred</u> (OEDによればCaxtonが初例), <u>infidelis</u> and mysscreauntes

以上に取り上げてきたキャクストンが用いた同義語反復構文は，そのほとんどがすでに意味の定着していた語に，全く新しい語もしくは新しい意味を持つ語とを連結したものであるが，後者は廃用になっている場合が多い。廃用になった語，廃用になった意味で用いられた語を下線で示す。

<u>reduce</u> and translate, stedfaste and <u>constaunt</u>, hard and <u>difficile</u>,

411

craftily and <u>curiously</u>, digne and worthy, <u>erudicion</u> and lernyng, frende and <u>gossib</u>, body and <u>corps</u>, condycions and maners, <u>rude</u> and unparfyght, <u>bokes</u> and treatyces, estate and <u>degre</u>, true [trewe] and <u>correcte</u>, noureture and lyvyng, affermed and corrobered, auncient and olde <u>peple</u>, laboure and <u>occupye</u>, trans[l]acyon and <u>reducyng</u>, <u>book</u> and leef

　翻訳ではなく、キャクストン自身の書いた散文に用いられた同義語反復構文の特徴を結論づけていうならば、以下のようになるであろう。
　(1) 同義語反復構文には外来語が多い。
　(2) 同義語反復構文によってキャクストンが英語に導入した新しい意味はごく少数である。
　(3) キャクストンが借用元の言語の形のまま英語に導入した単語はほとんど英語に定着しなかった。
　以上の要約に基づき、英語の語彙の歴史におけるキャクストンの同義語反復構文の意義を考えてみる。まず第1に、キャクストンの同義語反復構文使用は過剰といえる。例えば、*Art of Dieing*(c.1490)の前書き(Incipit)は、わずか2行足らずであるのに同義語反復構文が2回使われている。

Here begynneth a lityll treatise *shorte and abredged* spekynge of the *arte and crafte* to knowe well to dye.

(N.F.Blake, *Caxton's Own Prose*, p.57)

　第2に、キャクストンは積極的に外来語、特にフランス語を英語に取り入れようとした。キャクストンの散文に用いられた同義語反復構文68例中、61例が外来語を用いている。第3に、そのような営々たる努力にもかかわらず、キャクストンが英語に取り入れようとした単語、あるいは新しい意味はほとんど英語に定着せずに廃用に帰した。結局、キャクストンは英語の語彙の発展にはそれほど貢献できなかった。キャクストンには、英語という言語がどのような語彙を必要としているのかを見通すだけの才覚に

第15章 キャクストンの同義語反復構文

欠けていた。従って，次のようなブレイクの評言は的を射ている。

> There is no conscious attempt to enrich the language by using French words, (...). In this respect Caxton was not an innovator, and in his own prose one tends to find words which were fashionable at the end of the fifteenth century but which were not brand new.
> (N.F.Blake, *Caxton's Own Prose*, p.36)

> (...) generally where a doublet occurs it is made up of two words which had been in the language for sometime, or were difficult words in the French sources are rarely made part of a doublet if they are taken over into his English. This was because Caxton was not sure of their exact meaning. It is doubtful whether his use of doublets was inspired by a desire to enrich the English word stock. It is a stylistic devise which he sometimes used unconsciously, and at other times merely to give his English a more dignified and fashionable appearance.
> (N.F.Blake, *Caxton and His World*, p.142)

そして，ブレイクは次のように結論づける。

> We may, I think, conclude that Caxton was not interested in enlarging his own vocabulary or even in enlarging the English wordstock. Most of the new words in his translations probably found their way there by chance, and when left to his own resources Caxton's vocabulary was certainly limited.
> (N.F.Blake, *Caxton's Own Prose*, p.36)

　結局，キャクストンの同義語反復構文は，当時の流行の文体とはなったが，キャクストンの英語の語彙への貢献は多大であったとは言い難いし，キャクストンの言葉に関する感性・才覚が不足していた。

第二部　語彙

結　論

　同義語反復構文は，同じ単語を繰り返すことによって意味を強調することができた。あるいは，難しい外来語を英語本来語と併置することにより理解を確実にすることができた。また，意味の類似した単語を繰り返すことが優美な文章と考えられた。いずれにしても，この構文は，冗長な類語の反復にすぎないとする否定的な見方もある一方，愛用する文人もあって，古期英語以来連綿として受け継がれ，近代英語にもかなり頻繁に用いられ，現代英語でも，特に慣用句などには様々な発音・形態上の特色を備えて活用されている。

　キャクストンの同義語反復構文の全貌を知るためには，膨大な数の彼の翻訳した作品を調査しなければならないことはいうまでもないが，キャクストンが翻訳作品につけた前書き，あとがきにみられる同義語反復構文の例だけでも，キャクストンの同義語反復構文の特質をかなり正確に把握できたと確信している。

　ただし，今後に残された問題も多い。例えば，キャクストンの同義語反復構文は，どこまでがフランス語そのままの借用でどこまでがキャクストン自身の発明なのか。あるいは，同義語反復構文は即ち，フランス語の単語を英語で定義していることになるので，イギリスの外国語辞書・英語辞書編纂者が，同義語反復構文を辞書編纂に利用していることも十分にあり得る（注5参照）。また，シェイクスピアには同義語反復構文が意外に少ない。これはシェイクスピアが頻繁に用いた「二詞一意(Hendiadys)」との混同を避けるためと考えられるが,詳しい調査を必要とする(注4参照)。本稿では，and を用いた構文に限って調査したが，or, nor を用いた構文もある。これらの問題は今後の課題とする。キャクストンが用いた同義語反復構文は，コードリの辞書 (R.Cawdrey, *A Table Alphabeticall*, 1604) に始まる英語辞書の発達と関係があると思われるが，この問題も今後の課題である。これらの問題については Y. KAGEYAMA, *Reflections on Caxton's Recuyell of the Historyes of Troye*, 2001 を参照。筆者は景山氏によって教

えられるところが多かったが，調査するまでには至っていない。

注

(1) *Bischofs Wærferth von Worcester Übersetzung der Dialoge Gregors des Grossen* (Bibliothek der angelsächsischen Prosa, 5. Bd.) Leipzig, 1900, revised by Hans Hecht
(2) W.W.Skeat (ed.), *The Complete Works of Geoffrey Chaucer*, Oxford, 1920
(3) The Arden Shakespeare, *Hamlet*
(4) シェイクスピアに同義語反復構文が少ないのにはシェイクスピアに頻出する「二詞一意 (Hendiadys)」との混同による混乱を避けるためと考えられるが，本稿とは別に論じなければならい。さしあたり，シェイクスピアの「二詞一意」については拙著『英語の語彙史』第 12 章を参照。
(5) 「ラテン語の原文の意味を，できるだけ的確に OE. に移そうとしたこと」は，イギリスの外来語辞書がラテン語の単語に英語の意味をつけたときにこの構文を利用した可能性があることを，本論初出の際，景山泰彦先生に指摘され，現在調査中である。
(6) Julien Macho, *Les subtilles fables de esope*, Lyon, 1490.

本章の参考文献

Blake, N.F., *Caxton and His World*, Andre Deutsch, 1969
-------------, *Caxton's Own Prose*, Andre Deutsch, 1973
Jespersen, O., *Growth and Structure of the English Language*, Basil Blackwell, 1909, 1947^9
Kellner, L., *Caxton's Blanchardyn and Eglantine*, Oxford University Press, 1890

第二部　語彙

Kikuchi, Kiyoaki, "Aspects of Repetitive Word Pairs", *POETICA*, Shubun International, 1995

Smith, L.P., *Words and Idioms*, Constble, 1925

伊藤正義　訳　『ウイリアム　キャクストン　イソップ寓話集』岩波ブックサービスセンター，1995

厨川文夫　「英語における文体の一特徴について」『厨川文夫著作集（上）』所収，金星堂，1981

中島文雄　『英語学概論（上）』河出書房，1951

補足：Y. KAGEYAMA, *Reflections on Caxton's Recuyell of the Historyes of Troye*, Maruzen, 2001.（本書は本論の初出発表後の出版）

あとがき

　本書は，シェイクスピアの英語に関するいろいろな問題を取り上げ，英語史全体の視点から究明しようとした論文集である。文法，語彙，意味，形態が主たる研究対象である。

　シェイクスピアの文学に関する研究は文字通り汗牛充棟をなし，枚挙にいとまがないが，シェイクスピアの英語そのものを論じた書物，論文は多くはない。確かに，フランツ (Franz, W., *Die Sprache Shakespeares in Vers und Prosa*, 1939[4]：斎藤・山口・太田共訳『シェイクスピアの英語－詩と散文－』1968)，アボット (Abbott, E.A., *A Shakespearian Grammar*, 1929)，シュミット (Schmidt, A., *Shakespeare Lexicon*, 1923[4])，また，シェイクスピア専門ではないが *OED* (*The Oxford English Dictionary*, 1989[2]) といった大部な辞書・研究書があり，シェイクスピアの英語そのものを研究するには標準的，かつ不可欠の文献である。最近出色のシェイクスピアの英語に関する研究であるブレイク (Blake, N.F., *A Grammar of Shakespeare's Language*, 2001) といった研究文献もある。しかし，ブレイクがかなり個別のテーマに踏み込んでいるものの，ほとんどが総合的・総論的参考文献であり，シェイクスピアの英語の個々の問題を扱ったものではない。ブルック (Brook, G.L., *The Language of Shakespeare*, 1976：三輪他訳『シェイクスピアの英語』1998)，シェーラー (Scheler, M., *Shakespeares Englisch: Ein sprachwissenschaftliche Einführung*, 1982：岩崎・宮下共訳『シェイクスピアの英語－言葉から入るシェイクスピア－』1990)，大塚高信(『シェイクスピアの文法』1976)，荒木一雄・中尾祐治(『シェイクスピアの発音と文法』1980)はいずれも教えられるところは多いものの，手近な入門書・概論書である。

　これに対し，本書は，概論・入門書ではなくシェイクスピアの英語にみられる文法，語彙，意味に関する個別のテーマを取り上げ，英語学，特に英語史の視点から考察した論文集である。

本書のうち，「あとがき」，「序論」，第6章につけた参考論文「附：itsとベン・ジョンソンの *The English Grammar*」を除いて，本体をなす論文はすべて筆者の指導のもとに鹿児島大学法文学部人文学科英語英米文学科の学部学生が作成した卒業論文に，構成，内容，書式，文体などに大幅な推敲を加えたものである。各論文の執筆者名と卒業年度は初出一覧として掲載した。個々の論文間に書式，文体などに不統一があるのはそのためである。怠惰な筆者の行き届かない指導にもかかわらず，指示された研究方法を十分に理解し，与えられた参考文献と資料とを読み解き，ねばり強く勉強した英語学専攻の学生諸姉には心から感謝するとともに敬意を表したい。偶然か，それとも時代の風潮を反映してか，すべて女子学生の論文である。なお，本書所収の論文のおよそ倍の論文がまだ残されているが，時間の不足と筆者の怠慢のために，すべての論文を公刊できるまでには整理できていない。割くことのできた時間の範囲内で整理できた論文をとりあえず公刊する。

　文法に関する問題をテーマとする論文を第1部，語彙をテーマとする論文を第2部に大きくわけ，おおよそ，それぞれわかりやすいものから難しいものへという順序に掲載した。なお，論文としての完成度には差がある。学生の書いた論文をほとんどそのまま掲載することのできた論文もある（「第8章　一致の問題」，「第12章　品詞転換」，「第13章　強意語」）。他方，時間不足，準備不足，テーマが難解，あるいは初めて論文というものを書いたために生じた経験不足で，予定通りに仕上げることができなかったなどといったことが原因で，未熟のままの論文もある。従って，ほとんどの章に，構成，内容，書式，文体面で大幅に加筆した。加筆の程度は，例えば「第3章　進行形」は，他の論文と比較すると未熟な点があり，かなり加筆した。「第14章　goとwalkの意味変化」は優れた論文だが，学部学生には内容が難しすぎて日本語が晦渋になってしまったので，筆者が趣旨をふまえて全面的に書き換えた。いずれの論文も程度の差こそあれ加筆した。卒業論文そのものはすべて英文で書かれているが，本書では，日本語で書かれた下原稿に基づいている。

あとがき

　中央であれば最新の情報を容易に得ることができ，大学の数も種類も多く，いろいろな分野の優れた研究者・指導者も多く，切磋琢磨しあう学生数も多い。しかし，いかに交通機関が発達し，メディアが日進月歩しているとはいえ，中央から遠く離れた鹿児島という土地柄と，指導するのが浅学菲才の筆者一人という事情を考慮すれば，本書に収録した論文は，いずれも学部学生の卒業論文としてはよくできていると自らは評価している。本書を出版することにより，優れた論文を書き上げた学生たちにいささかなりとも報いることができたことを素直に喜びたい。

　方法論と参考文献をできるかぎり明示し，考え方・書き方もわかりやすいように努力したので，でき具合はともかく，英語史・シェイクスピアの英語をテーマとする卒業論文の見本としても利用していただけると思う。ただし，参照している文献・資料が少なくて古いことと，英語学の新しい知見が不足しているのは，指導した筆者の怠慢のせいである。筆者の怠慢を象徴するのが「第5章　命令文の thee」である。この論文にはミルウォード (Celia Millward) の "Pronominal Case in Shakespearean Imperatives," (*Language*, 42, 1966) を当然書き始めの段階から参照するように指導すべきであった。ミルウォードの論文は，30年前，筆者が名古屋大学院生であった頃，荒木一雄先生の指導の下に演習で読むはずであったラス (Roger Lass, *Approaches to English Historical Linguistics-An Anthology*, 1969) に収録されており，鉛筆の書き込みもある。しかし，平成12年にこの論文が作成されるときには失念していたので参考にしていない。しかも，シェイクスピアの英語を調べるときの必須文献のひとつであるサーモン (V.Salmon and E.Burness, eds., *A Reader in the Language of Shakespeare*, 1987, John Benjamins) にも収録されており，当然目にしているはずであった。また，初出の *Language*, 42, 1966 も平成14年に図書館を通して複写で入手していたことが，今回，本書出版のための原稿の照合中に判明した。即ち，ミルウォードの論文は筆者の研究室に3種類の形で存在したのに参照しなかったのである。ミルウォードの論文は本書の「第5章　命令文の thee」とは趣旨もアプローチの仕方も違うが「thee が古い再帰代名詞の名

残である」という指摘はある。筆者の不勉強を象徴する事件として記しておく。

　市河三喜・嶺卓二編『詳注シェイクスピア双書』(研究社)にはいつも教えられているので，鹿児島大学法文学部紀要『人文学科論集』に発表した「第11章 carry の意味，用法」「第13章 強意語」と『鹿大英文学』に発表した「第14章 go と walk の意味変化」を，嶺卓二先生にお送りしたところ，先生からご返事というかたちで懇切丁寧な御批評をいただいた。ご返事は筆者一人で読むにはもったいないほど研究上の示唆に富んでいるので，先生のお許しを得て「第14章 go と walk の意味変化」の章末に掲載させていただいた。このご返事を読ませていただいただけでも，筆者には本書を出版した意味があったと思っている。嶺卓二先生にはこの場を借りて衷心からお礼申し上げます。

　シュミット，フランツ，アボット，OED など一般的な参考文献の他には，故細江逸記博士の注釈(*Macbeth, Tempest, The Merchant of Venice, Julius Caesar*)には殊のほか教えられることが多く，学問的触発を受けた。なによりも個々の事項について手際よく説明するのではなく，問題となる点を明記し，他に当たるべき文献への指示もなされており，興味深く，勉強になったことを記して感謝します。荒木一雄・中尾祐治『シェイクスピアの発音と文法』は，概論書でありながら，個々のテーマ，特殊研究への参考文献の指示が適切になされており，示唆されるところが大きかったことを記して感謝します。

　本書所収の論文のテーマは多岐にわたっている。従って，筆者の不勉強のために根本的に間違った結論となっている場合もあるかもしれない。評価できる点があるとすれば学生たちの努力の成果であり，誤解，事実誤認があればすべて筆者の責任である。どの論文も，論文作成上の見本，たたき台，試論であることをご承知おきいただきたい。シェイクスピアからの引用もコンコーダンス(M.Spevack, *The Harvard Concordance to Shakespeare*, 1973, Olms. 及び *A Complete and Systematic Concordance to the Works of Shakespeare*, 1968, Olms.)からであったり *Riverside* 版から

あとがき

であったりしているが，必要な場合には 4 種類のフォリオ版 (rpt., 1985, Brewer) とクォート版 (rpt., 1975, 南雲堂) を参照し引用してできる限りシェイクスピア原典にもとづいて論じている。

its に関する章がふたつあるのは，エリザベス女王訳『哲学の慰め』とベン・ジョンソンの *The English Grammar* (1640, 1692^2) という全く別の原典資料を用いて論じていて，内容上一本にするには無理があるからである。また，its 成立に関する理論的背景は，人称代名詞全体の通時的観点からの長く複雑な説明を要するので別稿にしたい。さしあたり，本書の「序論」と拙稿「ソシュール入門」(『知のポリフォニー』2003, 松柏社, 所収) を参照していただきたい。

「第 15 章 キャクストンの同義語反復構文」はシェイクスピアとは直接関係ないようにみえるが，古期英語に始まり中期英語を経て，近代・現代英語に至るまでの英語の語彙の特徴を明らかにしようとする研究の第一歩である。同義語反復構文は近代英語の文体上の一特徴であるにもかかわらずシェイクスピアには意外に見出されないという意味で特に問題がある。

論旨・言語事実には正確を期したが，多様なテーマからなる 15 編の論文に間違いや誤解が全くないとはいえない。特に，諸種の原典資料・参考文献からの引用には注意したが，引用間違いや読み違いがあるかもしれない。論文中の各種の引用文，即ち，*Riverside* 版，スペバックの 2 種類のコンコーダンス，シュミットの *Lexicon*，4 種類のフォリオ版，各種のクォート版，OED，そして無数の参照文献からの引用については，助手の内田裕子さんがいちいち原典にあたって訂正を施し正確を期してくれた。更に，本書の校正と索引，全体の書式の統一など面倒な仕事のほとんどに，内田裕子さんに多大の援助を得た。厄介極まるこの作業のおかげで本書の信頼性を格段に高めたことを衷心からお礼申し上げる。ただし，この種の仕事に完璧は期しがたい。ご指摘・ご教示をいただければ幸いである。

参考文献は，それぞれの章で特に参考にした文献を各章末にあげ，さらに全体にわたる文献を巻末にまとめてあげた。

本書を仕上げるに際し，シェイクスピアの奥深さ，幅の広さ，難しさを

改めて身にしみて実感した。本書は「蛇に怖じず」の一例である。

　　平成17年3月7日　　　　　　　　　　　　　　三輪伸春

参考文献
一次資料

The Authorized Version (1611) in *English Hexapla,* rep., 1975, AMS

Ben Jonson, ed. C.H.Herford & E.M.Simpson, Oxford:Clarendon Press

Butler, C., *The English Grammar*, 1634, rpt., 1967, 英語文献翻刻シリーズ第4巻, 南雲堂.

Cooper, T., *Thesaurus linguae Romanae et Britannicae*, 1565,rpt., マイクロフィッシュ版, Scolar

Clark, W,G. & Wright,W.A., *The Works of Shakespeare*, 1864, rpt.AMS,1974

Dryden, J., *Defence of the Epilogue: or an Essay on the Dramatic Poetry of the Last Age*, 1672, rpt.,1967, 英語文献翻刻シリーズ 南雲堂

Elyot, T., *The Dictionary of syr Thomas Elyot knyght*, 1538, rpt., マイクロフィッシュ版, Scolar

Evans, G.B. ed., *The Riverside Shakespeare*, Boston: Houghton, 1974

Florio, J. *A Worlde of Wordes*, 1598, rpt., マイクロフィッシュ版, Scolar

Hinman, C., *The Norton Facsimile: The First Folio of Shakespeare*, Norton, 1968

市河三喜・嶺卓二編注『詳注シェイクスピア双書』研究社

Jonson, B., *The English Grammar* **First Edition** (1640), rpt. マイクロフィッシュ版, Scolar,

Second Edition (1692), rpt. 南雲堂, 1968, 石橋幸太郎　解説

大塚高信編, *A Facsimile Series of Shakespeare Quortos*, 1975, 南雲堂

Penberton, C.(ed.) *Queen Elizabeth's Englishings of Boethius*, Plutarch, and Horace, EETS.OS.,113,1899;, New York: Kraus rpt., 1981.

Robinson, F.N. ed., *The Works of Geoffrey Chaucer*, 1957

Pope, A., ed., *The Works of Shakespeare*, 6 vols., London, 1723-5, rpt.,AMS

Thomas Th, *Dictionarium Linguae Latinae et Anglicanae*, 1587

Wallis, J., *Grammatica Lingvae Anglicante*, 1653, 1765^6 : J.A.Kemp, trans. *John Wallis Grammar of the English Language*, Longman, 1972

二次資料

Abbott, E.A., *A Shakespearean Grammar*, London: Macmillan, 1870, rpt.,1971, 千城書店

Barber, C., *Early Modern English*, London: André Deutsch, 1976

Berlin, B., & Kay, P., *Basic Color Terms: Their Universality and Evolution*, Stanford: CSLI Publications, 1999

Biese, Y.M., *Origin and Development of Conversions in English*, Helsinki: Annales Academiae Scientiarum Fennicae B 45, 1941

Bladin, V., *Studies on Denominative Verbs in English*, Uppsala, 1911

Blake, N.F., *A Grammar of Shakespeare's Language*, Basingstoke: Palgrave, 2002

Blake, N.F., *Caxton and his World*, London: André Deutsch, 1969

Blake, N.F., *Caxton's Own Prose*, London: André Deutsch, 1973

Blake, N.F., *Shakespeare's Language*, London: Macmillan, 1983〔森裕希子 訳『シェイクスピアの英語を考える』紀伊国屋書店，1990〕

Bradley, H., *The Making of English*, London: Macmillan, 1904, 1968〔寺澤芳雄 訳『英語発達小史』岩波書店，1982〕

Brook, G.L., *A History of The English Language*, London: André Deutsch, 1958

Brook, G.L., *The Language of Shakespeare*, London: André Deutsch, 1976〔三輪伸春・佐藤哲三・濱崎孔一廊 ほか訳『シェイクスピアの英語』松柏社，1998〕

Brunner, K., *Die englische Sprache I und II: Ihre geschichtliche Entwicklung*, Tübingen: Max Niemeyer Verlag, 1960, 1962〔松浪有・小野茂 他訳『英語発達史』大修館書店，1973, 1977〕

Brunner, K., "Expanded Verbal Forms in Early Modern English," *English Studies* vol.36, 1955

Curme, G.O., *Principles and Practice of English Grammar*, New York: Barnes,1947〔貴志謙二 訳『カーム英文法―原理と実践―』篠崎書林，1958, 1975〕

Curme, G.O., *Syntax*, Boston: D.C. Heath, 1931, rpt.1959, 丸善

Dyce, A., *A Glossary to the Works of William Shakespeare*, London:

Bickers, 1880, New York:Dutton,1902

Ekwall, E., *A History of Modern English Sounds and Morphology*, Alan Ward trans., Oxford: Blackwell, 1975

Franz, W., *Die Sprache Shakespeares in Vers und Prosa*, Halle: Max Niemeyer, 1939〔斎藤静・山口秀夫・太田朗　共訳『シェークスピアの英語―詩と散文―』篠崎書林，1958，訂正増補版 1982〕

Franz, W., "Zur Syntax des älteren Neuenglisch," *Englische Studien*, 1892-95〔宮部菊男・藤原博・久保内端郎　訳『初期近代英語の研究』南雲堂，1991〕

Guiraud, P., *La Sémantique*, Presses Univ. de France, 1958〔佐藤信夫訳『意味論』白水社，1990

Halliwell, J.O., *Dictionary of Archaic Words*, London , Smith, 1850, rpt. London: Bracken,1989

細江逸記，『シェイクスピアの英語』篠崎書林，1946

細江逸記注釈，*Julius Cæsar*，泰文堂，1934

細江逸記注釈，*Macbeth*，泰文堂，1937

細江逸記注釈，*The Merchant of Venice*，泰文堂，1938

細江逸記『ジョージ・エリオットの作品に用ひられたる英国中部地方言の研究』泰文堂，1935

Jespersen, O., *A Modern English Grammar on Historical Principles*, VII vols, London: George Allen , 1909-49

Jespersen, O., *Growth and Structure of the English Language*, Oxford: Basil Blackwell, 1938, 1967[9]

Jespersen, O., *Language: Its Nature, Development and Origin*, London: George Allen & Unwin, 1922

Jespersen, O., *Progress in Language: with Special Reference to English*, London: Swan Sonnenschein, 1894, rpt. , 1989,Benjamins

Kellner, L., *Caxton's Blanchardyn and Eglantine*, Oxford: Oxford University Press, 1890

Knight, C., *Shakespeare : Pictorial Edition*, London: Charles Knight, 1838-43

Lehrer, A., *Semantic Fields and Lexical Structure*, Amsterdam-London: North-Holland, 1974

McKnight, G.H., *English Words and Their Background*, New York: Gordian Press, 1923, rpt. 1969

Mackay, C., *A Glossary of Obscure Words in Shakespeare and his Contemporaries*, London; Sampson,1887

Marchand, H., *The Categories and Types of Present-day English Word Formation*, München: C.H.Beck, 1969.

Millward, C., "Pronominal Case in Sheakesperean Imperatives," Language 42, 10-7; 1966, *A Reader in the Language of Shakespearean Drama*, Amsterdam: John Benjamins, 301ff, rpt. 1987

Moore, S., *Historical Outlines of English Sounds and Inflections*, Ann Arbor: George Wahr, 1951, 1969

Moore, Smith, G.C., *The Life of Henry the Fifth*, London: Blackie, Glasgow and Dublin, 1901

Mossé, F.A., *Histoire de la forme Périphrastique 'être + participe présent' en Germanique*, 1938,〔高橋博　訳『ゲルマン語・英語迂言形の歴史』,：青山社，1993〕

Mossé, F.A., *Esquisse d'une Histoire de la Langue Anglaise*, 1947, 1958 〔郡司利男・岡田尚　訳『英語史概説』開文社，1963〕

Murray, J.A.H., Bradley, H., Craigie, W.A., Onions, C.T., *The Oxford English Dictionary*, Second Edition, Oxford: Oxford University Press, 1989

Nares,R., *A Glossary ; or, Collection of Words, Phrases, Names, Allusions to Customes, Proverbs,&c.*, Londopn;Triphook, 1822, 1882[2]

Onions, C.T., *A Shakespeare Glossary*, Oxford: Oxford University Press, 1986,1986[2]

Pennanen, E.V., *Notes on The Grammar in Ben Jonson's Dramatic Works*, Acta Academiae Socialis, Series A. vol. 3, 1966, Julkaisija, Yhteiskunnallinen, Korkkeakoulu, Tampere.

Poutsma, H., *A Grammar of Late Modern English Part II*, Groningen: P. Noordhoff, 1916

ポワリエ，M. 『エリザベス朝英語概説』手塚喬介・秋元実治　訳注，：篠崎書林，1979

Salmon, V., "Sentence Structure in Colloquial Shakespearian English,"

Transaction of the Philological Society, 105-40; 1965, *A Reader in the Language of Shakespearean Drama,* Amsterdam: John Benjamins, 265ff, rpt. 1987

Samuels, M.L., *Linguistic Evolution: With Special Reference to English,* Cambridge: Cambridge University Press, 1972〔桑原輝男　監訳『言語の進化』：研究社，1984〕

Scheler, M., *Shakespeares English: Eine Sprachwissenschaftliche Einführung,* Berlin: Erich Schmidt, 1982〔岩崎春雄・宮下啓三　共訳『シェイクスピアの英語―言葉から入るシェイクスピア―』英潮社新社，1990〕

Scheler, M., *Der englische Wortschatz;* Berlin: Erich Schmidt,1977〔『英語語彙の歴史と構造』大泉昭夫　訳，南雲堂，1986〕

Schmidt, A., *Shakespeare Lexicon,* Berlin: Walter de Gruyter & Co., 1962^5

Smith, C.A., "Shakespeare's Present Indicative s-Endings with Plural Subjects: A Study in the Grammar of the First Folio," *Publications of the Modern Language Association of America* vol.XI,4, 1896

Smith, C.A., "The Chief Difference between the First and Second Folios of Shakespeare," *Englische Studien* vol.30, pp.1-20, 1902

Smith, L.P., *The English Language,* London: Oxford University Press〔東浦義雄　註＜英語の発達＞：成美堂，1960〕

Smith, L.P., *Words and Idioms,* London: Constble, 1925

Spevack, M., *A Shakespeare Thesaurus,* Hildesheim: George Olms, 1993

Spevack, M., *The Harvard Concordance to Shakespeare,* Hildesheim: George Olms, 1973

Spevack, M., *A Complete and Systematic Concordance to the Works of Shakespeare, 9 Volumes,* Hildesheim: George Olms Verlagsbuchhandlung, 1968-80

Starnes, De W.T. &. Noyse, G.E., *The English Dictionary from Cawdrey to Johnson 1604-1755* 1946, rpt.1991,John Benjamins

Stoffel, C., *Intensives and Down-toners, A Study in English Adverbs,* Heidelberg: Carl Winter, 1901〔乾亮一・東信行・木村健夫　訳述　英語学ライブラリー 64『強意語と緩和語』：研究社，1971〕

Sweet, H., *A New English Grammar: Logical and Historical Part I*, London: Oxford University Press, 1891

Tatlock, J.S.P. & Kennedy, A.G., *A Concordance to the Complete Works of Geoffrey Chaucer*, Gloucester: Peter Smith, 1963

Trnka, B., *On the Syntax of the English Verb from Caxton to Dryden, Travaux du Cercle Linguistique de Prague 3*, Prague, 1930, Kraus Reprint, 1974〔齋藤靜 訳注『動詞文章法史的概論』: 篠崎書林, 1956〕

Ullmann, S., *Semantics: An Introduction to the Science of Meaning*, Oxford: Basil Blackwell & Mott, 1962〔池上嘉彦 訳『言語と意味』: 大修館書店, 1969〕

Visser, F.Th., *An Historical Syntax of the English Language Part II*, Leiden: E.J.Brill, 1972

Voges, F., *Der reflexiv dativ im Englischen*, New York: Johnson Corporation, 1883

Wright, J., *The English Dialect Grammar*, Oxford: Oxford University Press, 1905

Wyld, H.C., *A History of Modern Colloquial English*, Oxford: Basil Blackwell, 1936[3]

Wyld, H.C., *A Short History of English*, London: John Murray, 1927

Wyler, S., *Colour and Language: Colour Terms in English*, Tübingen: Gunter Narr Verlag Tübingen, 1992

荒木一雄 英文法シリーズ第5巻『関係詞』研究社, 1954

荒木一雄・宇賀治正朋 英語学大系第10巻『英語史ⅢA』大修館書店, 1984

荒木一雄・中尾祐治 『シェイクスピアの発音と文法』荒竹出版, 1980

荒木一雄・安井稔編 『現代英文法辞典』三省堂, 1992

市河三喜 『英文法研究』増訂新版, 研究社, 1954

伊藤正義 訳 『ウイリアム キャクストン イソップ寓話集』岩波ブックサービスセンター, 1995

乾亮一 英文法シリーズ第15巻『分詞・動名詞』研究社, 1954

今井邦彦・中島平三 現代の英文法第5巻『文(Ⅲ)』研究社, 1978

上野久徳 『広辞林』第6版, 三省堂, 1925

参考文献

江川泰一郎　『英文法解説』改訂新版，金子書房，1964
遠藤敏雄　『英文学に現れた色彩』プレス，1971
太田朗　英文法シリーズ第12巻『完了形・進行形』研究社，1954
大塚高信・中島文雄編　『新英語学辞典』研究社，1982
大塚高信　『シェイクスピアの文法』研究社，1976
大塚高信　編　『新英文法辞典』改訂増補版，三省堂，1970
小川三郎　英文法シリーズ第16巻『不定詞』研究社，1979
小野茂・中尾俊夫　英語学大系第8巻『英語史Ⅰ』大修館書店，1980
香川勇・長谷川望　『色彩語辞典』黎明書房，1998
河合茂　『英文法概論』京極書店，1939
Kikuchi, Kiyoaki, "Aspects of Repetitive Word Pairs," *Poetica,* Shubun International, 1995
郡司利男　『英語学ノート』こびあん書房，1978
五島忠久　英文法シリーズ第7巻『数と性』研究社，1954
柴田省三　英語学大系第7巻『語彙論』大修館書店，1975
須賀川誠三　『英語色彩語の意味と比喩―歴史的研究―』成美堂，1999
須賀川誠三　『構造・意味の分化―英語史研究―』ニューカレントインターナショナル，1987
厨川　文夫　「英語に於ける伝統的文体の一特色」『厨川文夫著作集（下）』金星堂，1981
寺澤芳雄　編　『英語語源辞典』研究社，1997
中尾俊夫　『英語発達史』篠崎書林，1979
中尾俊夫・児島　修　『歴史的にさぐる現代の英文法』大修館書店，1990
中島文雄　『英語学概論（上）』河出書房，1951
中島文雄　編　『英文法辞典』河出書房，1955
中島文雄・寺澤芳雄　共編　『英語語源小辞典』研究社，1970
成沢義雄　「初期近代英語の命令文」宮城教育大学紀要　第八巻，1973
原田茂夫　「Shakespeare に於ける進行形」久留米大学論叢，1956
原田茂夫　「Shakespeare に於ける進行形（2）」久留米文学会紀要，1956
福村虎次郎　『英語態（Voice）の研究』北星堂，1965
藤木白鳳　『コングリーブの英語』大阪教育図書，1991
宮内秀雄　英文法シリーズ第13巻『法・助動詞』研究社，1955
三輪伸春　『英語史への試み－附：言語過程説論争―』こびあん書房，

1988
三輪伸春　『英語の語彙史―借用語を中心に―』南雲堂，1995
安井稔　『英語学研究』研究社，1960
安井稔　『英文法総覧』開拓社，1982
〔補〕
KAGEYAMA, Y., *Reflections on Caxton's Recuyell of the Historyes of Troye*, Maruzen, 2001
バン・デル・ラーン　『動詞進行形の研究』斎藤静　訳，篠崎書林，1953
チョーサー,G『完訳　カンタベリー物語』桝井迪夫　訳，岩波文庫，1995

索 引

単語索引

a(-)-ing 37-9, 48-9, 54-5
abode 298ff.
abundant 342
abundantly 343
awake thee 138ff.
barn 301
black 266ff.
blue 5-6, 252ff.
bonnet 11-3
brown 262f.
cap 11-3
carry 270ff.
catched 241ff.
caught 241ff.
clean 328ff., 357
cleanly 330, 357
clear 345f., 357
clearly 345f., 357
cleave 281-3
compeer 301, 309
consort 302
convive 302
cooling 52
cow 314
cruel 346, 357
cruelly 346, 357
damnable 341, 357
damnably 342, 357
drug 302
elbow 314
elf 303, 311f.
exceeding 326, 357
exceedingly 326f., 357
excellent 330f., 358
excellently 331f., 358
-eyed, -ey'd 5, 262ff.
fare 147
fig 303

fit 303, 312f.
flap-dragon 303f., 310f.
get 143ff.
glutton 304
gossip 316
go 360ff.
green 251-2
grey, gray 250ff.
grievous 339f., 358
grievously 340f., 358
hat 11-3
her 161, 189-92
his 152ff., 168ff., 176ff., 189ff.
home 356f.
horrible 337f., 358
horribly 338f.,358
information 16
intelligence 16
intolerable 342
intolerably 343
its 16, 152ff., 168ff., 176ff.,183ff.
it 155-7, 180ff., 194-5
it's 152ff., 180ff., 184ff.
lethargy 304
livery 304
main 347
mainly 346f.
marvellous 332f.
marvellously 333
mere 348f., 357
merely 348f., 358
monstrous 341, 358
monstrously 342, 358
motion 13-5
niggard 305
of it 152ff., 168ff., 176ff.
orange 252ff.
passing 320f., 325ff., 357

431

passingly 325f., 357
pink 252-2
plaguily 343, 358
plaguy 342, 358
property 305f.
purple 252-2
relish 306
re 306, 311
red 252-2
servant 306f.
she 161
shrewd 350, 358
shrewdly, shrowdly 349, 358
smutch 314f.
sol 307, 311
sore 335f., 358
sorely 336f., 358
spright 307, 312
strumpet 307f.
surety 308
tetter 308

thee 16-8, 134ff.
thereof 152, 159f., 176, 180ff., 190ff.
thou 16-8, 137-45
through, thorough 351f., 358
throughly, thoroughly 350, 358
thyself 134, 142
torture 315ff.
vengeance 354, 358
virginal 309
virgin 308
walk 360ff.
which 107ff.
whipping 45f.
white 252f.
whoreson 354ff.
who 104ff.
whom 131
wondrous 333f., 358
wondrously 334f., 358
yellow 261-2

事項索引

意味の一般化 (generalization) 360ff.
意味の場 (semantic field) 10ff.
強意語 320ff.
共時態 (synchrony) 7ff.
クォート版 (Quarto) 3, 4, 39, 48-9, 173
牽引 (attraction) 196ff.
ゲルマン語 1ff.
三重語 (triplet) 403
進行形 38-9, 86ff.
人称代名詞 16-9
数異分析 (Numerical Metanalysis) 200ff.
ゼロ派生 (zero-derivation) 286ff.
態 (voice) 58ff.
大母音推移 (Great Vowel Shift) 4
通時態 (diachrony) 7ff.
転移修飾語 (transferred epithet) 4
同義語反復構文 (repetitive word-pairs)
　　393ff.

動詞活用語尾 212ff., 230ff.
動名詞 (Gerund) 25ff.
動詞的性質 25ff., 58ff.
名詞的性質 25ff., 58ff.
二詞一意 (Hendiadys) 414
二重語 (doublet, synonimy) 393ff.
二重表現法 (double expression) 402
品詞転換 (conversion of the part of speech),
　　機能転換 (functional shift), ゼロ派生
　　(zero-derivation) 285ff.
ファースト・フォリオ (First Folio) 4, 48,
　　51, 173, 195
フォリオ版 (F1, F2, F3, F4) 48, 54, 205ff.
不定詞 58ff.
受動態不定詞 59ff.
受動不定詞, 能動態不定詞 59ff.
ロマンス語 1ff.

執筆者一覧

各章の執筆者と卒業論文提出年（いずれも3月）

第1章　山口　ひとみ　（平成15年）
A Study of Gerund in Shakespearean English

第2章　坂口　久美子　（平成15年）
A Study of the Passival infinitive － With Special Reference to Shakespearean English －

第3章　内田　暁子　（平成15年）
A Study of Progressive Form in English

第4章　太田　絵美　（平成13年）
A Study of Relative Pronoun in English

第5章　山下　恭子　（平成12年）
A Study of Imperatives in Shakespearean English

第6章　原田　美智子　（平成15年），森　直美（平成3年）
A Study of Neuter Gentive Pronoun ITS － With Special Reference to The English Grammar of Ben Jonson －

第7章　茶屋　妙子　（平成14年）
A Study of Neuter Genitive Pronoun ITS － With Special Reference to the English of Queen Elizabeth's Translation of De Consolation Philosophiae －

第8章　石川　綾香　（平成14年）
A Study of Agreement in Shakespearean English

第9章　太田絵美の期末レポートに加筆（平成12年）

第10章　末原　美和子　（平成14年）
A Study of Color Terms in English

第11章　稲田　靖子　（平成7年）
A Study of Semantic Change

第12章　吉永　まどか　（平成14年），中村　真美（平成9年）
A Study of Functional Shift in Shakespeare

第13章　内田　裕子　（平成12年）
A Study of Intensives in English － With Special Reference to Shakespeare's English －

第14章　木村　千恵　（平成8年）
A Study of Semantic Change － The Semantic Field of GO and WALK －

第15章　沖田　操　（平成9年）
A Study of Repetitive Word Pairs

著者紹介

三輪伸春　1946年岐阜県瑞浪の生まれ。南山大学外国語学部卒業、同大学院言語学修士課程修了、名古屋大学大学院博士課程中退。鳥取大学講師、助教授を経て、1980年鹿児島大学法文学部助教授、1990年教授。主な業績：『英語史への試み：附－言語過程説論争－』1988年、こびあん書房、『英語の語彙史－借用語を中心に－』1995年、南雲堂、A.O. サンヴェッド『チョーサーの英語』（共訳）1994年、松柏社、G.L. ブルック『シェイクスピアの英語』（共訳）1998年、松柏社、C.S. デイヴィス & J. レヴィット『英語史でわかるイギリスの地名』（監訳）2005年、英光社、『現代英文法辞典』（項目執筆）1991年、三省堂、『新英和大辞典（第6版）』（語源欄執筆）2002年、研究社、『現代言語学の潮流』（第3章「構造言語学」執筆）2003年、勁草書房、『知のポリフォニー』（第Ⅳ部「構造としての言語：ソシュール」執筆）松柏社、2003年、他。

シェイクスピアの文法と語彙
英語史で読むシェイクスピア

2005年9月30日　　初版発行

著　者　　三輪伸春
発行者　　森　信久
発行所　　株式会社　松柏社
　　　　　〒102-0072　東京都千代田区飯田橋1-6-1
　　　　　TEL　03 (3230) 4813（代表）
　　　　　FAX　03 (3230) 4857
　　　　　e-mail: info@shohakusha.com

装幀　熊澤正人＋中村聡（パワーハウス）
組版・印刷・製本　モリモト印刷（株）
ISBN4-7754-0090-8
© Nobuharu Miwa 2005
Printed in Japan

本書を無断で複写・複製することを禁じます。
落丁・乱丁は送料小社負担にてお取り替え致します。